普通高等学校"十三五"省级规划教材
高等职业院校汽车类规划教材

汽车文化

主　审　王爱国
主　编　王云霞　张书诚
副主编　伍东升　马海珍　姜能惠
编写人员（以姓名笔画为序）
　　　　丁　芳　马海珍　王云霞
　　　　伍东升　汪　飞　张书诚
　　　　张海涛　姜能惠　洪　诚
　　　　倪晋挺

中国科学技术大学出版社

内容简介

本书主要讲述汽车发明与发展简史、世界主要汽车公司及商标、汽车性能参数与基本常识、汽车新技术与未来汽车、汽车外形与色彩、汽车驾驶考试与安全驾驶、汽车与运动、汽车时尚等内容，可供汽车类相关专业学生学习汽车基本知识，也是感受并传播汽车文化的平台。

本书适合作为中职、高职汽车类专业教材，也可供感兴趣的人员参考。

图书在版编目(CIP)数据

汽车文化/王云霞,张书诚主编.—合肥:中国科学技术大学出版社,2022.2
高等学校"十三五"省级规划教材
ISBN 978-7-312-05370-2

Ⅰ.汽⋯ Ⅱ.①王⋯ ②张⋯ Ⅲ.汽车—文化—高等职业教育—教材 Ⅳ.U46-05

中国版本图书馆CIP数据核字(2022)第026188号

汽车文化
QICHE WENHUA

出版	中国科学技术大学出版社 安徽省合肥市金寨路96号,230026 http://press.ustc.edu.cn https://zgkxjsdxcbs.tmall.com
印刷	安徽省瑞隆印务有限公司
发行	中国科学技术大学出版社
经销	全国新华书店
开本	787 mm×1092 mm 1/16
印张	17.5
字数	421千
版次	2022年2月第1版
印次	2022年2月第1次印刷
定价	48.00元

前　言

从"操吴戈兮被犀甲,车错毂兮短兵接"的肆意疆场,"公车千乘,朱英绿縢,二矛重弓"的极尽奢华,"彼路斯何,君子之车"的芳心暗许,到"车到山前必有路"的豁达态度,再到"还似旧时游上苑,车如流水马如龙"的似水流年,车承载了人们的情感与时代的文化。

一百多年前,汽车诞生了,颠簸的车轮承载着人类改造世界的梦想,在漫漫长路中不断摸索着,跌跌撞撞地前进着。自此,世界变小了,人与人更近了,生活节奏更快了。汽车彻底改变了人们的生活,使世界以风驰电掣般的速度变化着。汽车对于人类而言不仅是一种交通工具、一项科技,更是一种象征、一种理想的寄托。

"文化"一词的含义博大精深,是指人类在自身的发展过程中创造的精神财富。人们对其的理解各有不同,一部分人把它看作精神生活的价值,一部分人只把艺术、文学归于此类,还有一些人把它视为经济任务的意识形态。汽车文化以汽车产品为载体,影响着人们的思想观念和行为,在汽车的设计、生产和使用中,从汽车的外表到内饰,从风格到品质,都深深地打下了文化的烙印。

本书不仅仅是对汽车知识的介绍和普及,更是对浓郁的汽车文化的提炼和升华。愿越来越多的读者通过阅读本书能爱上汽车,享受汽车文化带给我们的精神愉悦。

本书将知识性与趣味性融为一体,较为详细地阐述了汽车的发展历程、汽车的分类与性能、汽车的基本构造、汽车品牌、汽车运动及安全行车等内容,对汽车展览会、汽车俱乐部、自驾游等也作了充分介绍。同时,本书着重介绍了中国的汽车文化,以开阔学生的视野,体现中国的文化自信。

本书为高等学校学生了解汽车基础知识,感受、传播和弘扬汽车文化提供了一个很好的平台。需要指出的是,虽然本书是为在校大学生编写的教材,但内容翔实、语言流畅、图文并茂、可读性强,对于汽车行业的各类从业人员及广大汽车爱好者来说,同样是一本很好的读物。

本书为安徽省高水平高职教材,参加本书编写的人员有:安徽职业技术学院汪飞(项目1),安徽机电职业技术学院张海涛(项目2),安徽机电职业技术学院姜能惠(项目3),合肥职业技术学院伍东升(项目4),安徽机电职业技术学院丁芳(任务5.1、任务5.2),安徽机电职业技术学院倪晋挺(任务5.3、任务5.4),安徽职业技术学院张书诚(项目6),安徽机电职业技术学院王云霞(项目7),安徽工业经济职业技术学院马海珍(项目8),安徽机电职业技术学院洪诚(项目9)。

安徽机电职业技术学院的王爱国教授作为主审,对全书进行了审阅,并提出了许多宝贵的意见,在此谨向王教授致以深深的谢意!

本书在编写过程中参考了大量的国内外文献,除了在参考文献中列出的以外,还包括其他一些资料,在此对相关文献的原作(著)者表示真诚的感谢。最后,还要感谢所有支持本书编写和出版的各界人士。由于编写者水平有限,书中难免存在疏漏和不足之处,恳请广大读者指正。

编 者

2021年6月

目　　录

前言 ·· (i)

项目1　汽车引领世界文明——瓦特造"车" ··· (1)
　　任务1.1　汽车改变物质世界 ·· (1)
　　任务1.2　汽车引领精神文明 ·· (7)

项目2　汽车发展与历史——温故知"车" ··· (12)
　　任务2.1　汽车的诞生与发展 ·· (12)
　　任务2.2　国外汽车工业发展概况 ·· (22)
　　任务2.3　中国汽车发展史 ··· (32)
　　任务2.4　汽车在国民经济中的作用 ··· (42)

项目3　汽车公司与商标——秉烛谈"车" ··· (47)
　　任务3.1　著名汽车公司简介 ·· (47)
　　任务3.2　汽车车标及含义 ··· (65)

项目4　汽车性能与常识——慧眼识"车" ··· (87)
　　任务4.1　汽车的分类 ··· (87)
　　任务4.2　车辆识别代号 ·· (101)
　　任务4.3　汽车产品型号 ·· (106)
　　任务4.4　汽车基本性能参数 ·· (112)
　　任务4.5　汽车主要性能指标和构造 ··· (116)

项目5　汽车技术与未来——登峰造"车" ··· (124)
　　任务5.1　汽车新技术 ··· (124)
　　任务5.2　汽车轻量化 ··· (142)
　　任务5.3　汽车底盘新技术 ··· (148)
　　任务5.4　未来汽车 ·· (171)

项目6　汽车造型与色彩——走马观"车" ··· (180)
　　任务6.1　汽车造型 ·· (180)
　　任务6.2　汽车色彩 ·· (192)

项目 7　汽车驾驶与安全——走马上"车" ……………………………………………(199)
任务 7.1　左行右行通行规则 ……………………………………………………(199)
任务 7.2　考取驾驶证 ……………………………………………………………(212)
任务 7.3　新交规的变化 …………………………………………………………(218)
任务 7.4　汽车安全驾驶 …………………………………………………………(220)

项目 8　汽车运动与激情——腾云驾"车" ……………………………………………(230)
任务 8.1　汽车运动概述 …………………………………………………………(230)
任务 8.2　一级方程式锦标赛 ……………………………………………………(237)
任务 8.3　其他汽车赛事 …………………………………………………………(246)

项目 9　汽车时尚与文化——出谋划"车" ……………………………………………(253)
任务 9.1　汽车展览会 ……………………………………………………………(253)
任务 9.2　汽车网站 ………………………………………………………………(257)
任务 9.3　汽车时尚 ………………………………………………………………(260)

项目 1　汽车引领世界文明——瓦特造"车"

知识目标

1. 了解汽车诞生之前的车辆发展,掌握汽车诞生的相关知识。
2. 了解各国汽车工业的发展概况。
3. 了解各国汽车名人。
4. 掌握我国汽车及汽车工业的发展情况。

当一种消费品已经达到一定数量时,它自然就会在人们生活中发挥其"使用价值"以外的作用,从而也就能形成其自身的一种文化。汽车也不例外。

人类历史进入现代社会以来,还没有任何一件产品能够像汽车那样,对人们的出行、交往、生活、观念,对社会的经济、交通、科技、就业,对人类的资源、能源、环境、城市等众多方面,产生如此强烈而深远的影响。汽车产业的发展,使得汽车产品进入平常百姓家庭,汽车已成为一种现代生活方式的代表。

任务 1.1　汽车改变物质世界

汽车是人类史上最伟大的物质发明之一,在其诞生后的一百多年间,世界的物质生产格局发生了天翻地覆的变化。人类有了这种既可以独立担负运输职能,又可作为与其他运输方式进行衔接运输的高效工具,使得社会生产与分工更广泛、更充分、更富有效率,极大地促进了社会物质文明的发展。另一方面,汽车方便了人们的出行,彻底改变了落后的交通面貌,成为人们不可或缺的重要消费品。

1.1.1　汽车促进经济发展

1. 促进相关产业的发展

汽车是价值高、批量大的产品,是世界上唯一的一种零件数以万计、年产量以千万计、保有量以亿计、售价以万元计的商品。它能够创造巨大的产值，有力地拉动一个国家国民经济的综合发展。

世界上发达国家的汽车工业发展都与国民经济发展直接相关，并基本保证与GDP同步增长。日本经济高速发展的15年间，国民生产总值增长了6倍，而汽车工业的产值却增长了57倍。美国、德国、法国、意大利和英国的汽车工业在国民生产总值中所占比重为40%～90%。汽车经济拉动了国民经济的增长，汽车工业已成为各主要汽车生产国的支柱产业。

从我国经济增长的实际情况看，2000～2004年，汽车工业每年新增产量所形成的增加值平均占当年全部新增GDP的11.6%，平均可带动当年GDP增长1个百分点以上。2007年汽车工业直接的增加值占GDP份额的1.8%，对GDP的贡献率达到3.6%。

汽车工业是一个高投入、高产出、集群式发展的产业部门。汽车工业自身的投资、生产、研发、供应、销售、维修，前序的原材料、零部件、技术装备、物流，后序的油料、服务、报废回收、信贷、咨询、保险直至广告、租赁、驾驶员培训、汽车运输、汽车救援、汽车美容、汽车运动、加油站、基础设施建设、汽车旅游、汽车旅馆、汽车影院、汽车餐厅等，构成了一个无与伦比的长链条、大规模产业体系。汽车产业链长、辐射面广，能带动钢铁、机械、电子、橡胶、玻璃、石化、建筑、服务等150多个相关产业的发展，汽车消费的拉动作用范围大、层次多，已经成为社会经济的主导产业。

2. 提高出口和外汇收入

汽车工业是资金和技术密集的大批量生产产业，并不是任何国家都有条件发展的。但世界上所有的国家都需要大量汽车，这就使汽车工业成为了强大的出口产业。同时，汽车工业也成为世界制造业中创汇最高的产业之一。第二次世界大战后，汽车"国际贸易第一大商品"的地位从未被撼动。2006年世界汽车产品贸易额突破万亿美元，其中，日本汽车出口连续5年实现增长，出口量达到596.67万辆，自1987年以来再次超过国内总产量的50%。德国的汽车出口业是欧洲最大的对外经济贸易，2006年出口量达390万辆，出口总值达1700亿欧元，比上年增长8%，占德国出口总额的17%。在一些发展中国家，如巴西、墨西哥、马来西亚，都把汽车作为出口创汇的重要手段。

自我国加入世界贸易组织后，我国的汽车出口快速增长。2005年我国的汽车国际贸易首次实现顺差，汽车产品出口创汇197亿美元，其中，汽车零部件、附件及车身出口额达85亿美元，占汽车产品出口的43%。2006年汽车产品出口总值达281.44亿美元，其中，摩托车出口量及创汇额继续保持稳定增长，累计出口857.72万辆，创汇30.44亿美元；汽车出口量达34.35万辆，出口金额达31.34亿美元。在统计的七大类汽车出口商品中，发动机，汽车零件、附件及车身，汽车，摩托车轮胎和其他汽车相关商品等四大类商品出口创汇215.54亿美元，占汽车商品出口创汇总额的76.6%。2007年上半年，我国汽车整车出口仍保持强劲增长势头，出口各类汽车整车(含成套散件，含装有发动机的汽车底盘)24.1万辆，同比增长71.2%；出口金额27亿美元，同比增长110.7%，出口数量和金额已经分别达到了2006年全年的70.1%和86.2%。

3. 增加国民收入和财政收入

汽车工业由于广泛地采用先进技术，带来了较高的劳动生产率，并且在工业化发展阶段始终以较高的增长速度发展，为社会创造了大量财富。据国际统计数据测算，汽车工业人均创造的附加价值是全部工业平均额的2.57倍。2010年日本全国汽车各项相关税收总金额为76948亿日元，占本国全部税收的10.7%，是仅次于个人所得税和企业法人税的第三大财源。在我国，汽车相关税收也是主要税种，2008年和2009年，汽车工业全年产品销售税金分别达到474.3亿元、529.2亿元。2009年我国汽车工业产值达3.2万亿元，直接和间接的税收达到4000亿元。

汽车产业在增加国民收入和财政收入、带动国民经济发展的联动作用方面可从汽车运动中窥见一斑。F1赛车(FIA Formula 1 Word Championship，世界一级方程式锦标赛，简称F1)的观众，70%左右来自于举办地以外的其他地方，每年众多的观众从世界各地赶到举办地区观看比赛。从以往举办赛事的地区相关部门的统计来看，F1举办时，可以使方圆200 km的旅馆全部爆满，这大大促进了当地旅游、航空、餐饮、酒店以及周边地区商业的发展。以上海举办F1赛事为例，据有关部门的测算，F1带给中国的经济效益可分为三个部分：

① 赛车场及其周边地区土地和房产的升值，估计将达300亿元。
② 赛车场核心辐射区各产业进入成熟期后可望每年产生上百亿元的营业收入。
③ F1大赛期间的门票、电视转播和赛场广告，以及给当地带来的丰厚税收。

汽车运动、摩托车运动及汽车车展等宣传的是一种车文化，带来的是一种新生活方式和消费理念。通过车与人的交流，使人们更深地领略汽车车速的刺激和车的魅力，让人们感受车文化带给自己的快乐和精神享受，从而使人们产生购车的愿望和冲动，因而提高汽车消费，进而拉动经济增长。

4. 创造就业机会

汽车产业的升级，可以创造大量的就业机会。有统计数字表明，汽车工业每提供一个就业岗位，上下游产业的就业人数增加10~15名。在几个主要汽车生产国和消费国的发达国家，与汽车相关的工业和服务业都拥有较高的就业人数，尤其是汽车服务业的就业人数自20世纪80年代以来大幅度增长，就业比重明显提高。据德国汽车工业协会统计，1997年德国汽车产业的直接和间接就业人数达到500万人，其中汽车产业直接就业人数为67万人，配套工业行业间接就业人数为98万人，与汽车销售和使用有关的间接就业人数为335万人，汽车产业间接就业人数为直接就业人数的6.5倍。

汽车产业对扩大就业途径，带动间接就业特别是服务业就业的增长，具有非常重要的作用。据相关资料显示，2007年汽车产业直接就业人数为265万人，带动间接就业人数高达3000万人，与直接就业人数之比超过了11，占全国城镇就业人数的11.2%。2008年汽车产业、与汽车产业相关的上游产业及主要服务业使3700万人就业，占全国城镇就业人数的12%。

目前，世界主要汽车生产国汽车产业提供的就业机会，约占全国总就业机会的20%。在我国,2005年汽车产业就业人数已达4215万人,占全国就业人数的10%。有专家预测,到2030年,汽车产业就业人数将达1亿人以上。

5. 带动社会产业结构升级

汽车消费的扩大促使汽车进入普通家庭,由此带动了消费的升级,进而带动产业的升级。汽车工业能够通过带动相关产业而促使整个国家产业结构向高级化转换。发达国家在产业结构转换中,汽车工业的发展起到了极为重要的作用,正如前述,冶金、能源、制造、化工、交通、电子等一大批相关产业的发展,无不是由汽车工业的发展带动起来的。20世纪60年代初,日本产业发展政策规定,汽车工业为重要战略产业,其实施结果是汽车工业的发展带动了相关工业的发展,从而推动了整个产业向高级化产业结构发展。

汽车是综合性、高密度的技术密集型工业产品,汽车工业的发展促进了先进生产方式的产生与完善。汽车工业是世界上第一个全球化的工业。目前,全球汽车工业在国民生产中的比重增加,对促进产业结构由粗放型向深加工型及高附加值型的转变,具有重大的战略意义。

1.1.2 汽车对科技的影响

车的发展史本身就是一部科学技术进步史。车的发明、发展是随着科技的进步而实现的,从战车的出现到现代车辆的普及,科学技术的发展与进步功不可没。同时,车的发展,尤其是现代汽车工业的发展,又刺激和促进了科技进步。

1. 汽车是科学与技术密切结合的产物

汽车真正的发展,归功于内燃机的出现。内燃机为人类进入工业革命提供了新的动力,汽车由此才真正得到发展和普及,使人类告别了马车,进入了汽车时代,人类的工业文明也得以在更深层次上继续发展。汽车是科学与技术的结晶,是现代技术发展的产物。汽车诞生一百多年来,各种有关汽车的技术及生产方式,使得汽车的面貌日新月异,汽车工业日益强大、成熟。内燃机技术、变速器技术、底盘/驱动技术、汽车轮胎技术、车身技术和现代科学技术紧密结合,都已经发展到了相当高的水平。汽车发动机功率大大提高,燃油消耗率大大降低,实现了汽车高功率、高速度和高经济性的相互协调。

20世纪70年代以后,汽车在安全、节能和环保方面又有了新的突破和进展。蓄电池、各种电机性能的改进,推动了新能源汽车的诞生。特别是电子技术与汽车技术的结合,使得汽车技术又有一个新的飞跃。计算机辅助设计、计算机辅助制造、机器人等高新技术,都已广泛应用于汽车工业,大大减轻了汽车制造过程中的繁重劳动,缩短了设计制造时间,并提高了设计精度。

现代汽车是一个集多学科、高技术于一体的现代化机电产品,它涉及空气动力学、人机工程学、结构力学、机械工程学、热力学、流体力学、材料学、工业设计学等多个学科。机械、电子、化学、材料、光学等众多学科技术领域取得的成就都在汽车上得到了体现。如今各种先进技术和装备,如微型电子计算机、无线电通信、卫星导航等新技术、新设备和新方法、新材料广泛应用于汽车工业中,汽车正在走向电子化、网络化、智能化、轻量化、能源多样化。同时,汽车的能耗、噪声和污染等公害也日益减少,安全性、经济性、舒适性、使用方便性将日益提高。

2. 汽车的发展推动科技进步

人们对汽车功效、安全、环保的不断追求,使得各大汽车生产厂家均投入大量的资金进行开发和研制,都建立了自己的技术开发中心,每年投入相当于销售额3%～5%的开发费用。此外,各国的高等院校、科研机构和与汽车有关的企业,都承担了大量与汽车相关的科研课题。

汽车工业的发展还促进了先进生产方式的产生与完善。福特汽车公司开创的流水线生产、通用汽车公司的多样化生产、日本丰田汽车公司的精益生产等工业生产管理的变革,改变了所有工业的生产形态,包括生产组织和管理组织以及传统观念,至今还在各行各业广泛运用。汽车大工业的发展,还形成了最先进、最有组织纪律的产业工人。汽车工业还是首先带头应用最新技术的行业。通过新技术在汽车行业的试验、研究和完善,最后推广和运用到其他工业。组合机床、自动生产线、柔性加工系统、机器人、全面质量管理等新技术、新工艺、新方法,都是最先在汽车工业得到推广和应用的。

汽车技术的进步,直接推动了一些行业的技术更新和技术改造。各种专用汽车的发展,促进了煤炭、石油、电力、矿山、地质等部门的现代化。大型集装箱货运汽车,改变了公路运输部门的面貌。限制汽车的公害,推动了交通科学和环境科学的发展。

汽车工业的发展,不断地对相关工业提出新的要求,从而促进了相关工业的技术进步。例如,对高性能燃料和润滑油、特种钢材和有色金属、子午线轮胎、工程塑料、夹层玻璃和钢化玻璃、汽车电子设备等的需求,就大大推动了石油工业、冶金工业、橡胶工业、化学工业、玻璃工业、电子工业的技术进步。

未来,汽车的发展还将推动各种高新技术和边缘学科的发展,如材料科学、人机工程、电子技术、能源科学、汽车空气动力学、车辆地面力学、汽车轻结构学、汽车轮胎学等。

汽车是最强大的科技产业,它与许多技术紧密相连、相互依附、相互促进。现代汽车市场的竞争实质上是现代科技的较量,是技术创新的竞争,而汽车技术的发展也将继续推动科技的不断进步。

1.1.3 汽车催生了现代交通

现代交通诞生的标志是现代化交通工具的发明和普及,以及现代交通理念的形成和规章制度的建立。在过去的千百年中,交通工具虽然一直处在变化发展之中,也有了一定的进步,但是这并非本质上的进步。马车作为重要的交通工具存在了数千年,且一直发挥着不可替代的作用。尽管从轿子发展到人力车,速度快了不少,但依靠的依然是人力,这种情况一直到了近代晚期,当出现新的动力机械,即蒸汽机和内燃机时,才得以改观,也宣告了现代交通时期的到来。一百多年来,交通运输发展日新月异,铁路、公路、航空、管道等运输方式相继出现,水路运输也因动力装置变革而空前活跃。五种运输方式的产生和发展,为社会经济发展提供了强有力的基础保障。

现代交通能很好地满足人们出行的需求,包括快捷、方便、舒适的程度。快速列车、高速公路、立交桥、地铁、轻轨、空运、海运等构筑的现代交通网遍布全球,它与现代人们的生活密切相关。汽车,作为公路交通中的主要工具,是现代交通最重要的组成部分。

现代交通结构由火车、汽车、飞机、船舶等现代交通工具组成,各自在交通运输中发挥着重要作用。其中,汽车既可以作为公共交通工具,又可以用作家庭和个人的交通工具,另外还适用于大、小批量的客货运输,具有普遍性;汽车不同于其他交通工具的线性移动,属于平面交通工具,只要有道路(甚至无道路条件)即可行驶,它既可通向各个城市,又可通向广大农村,实现"门对门"服务,具有灵活性。正是由于汽车具有这两大特性,才使得现代交通结构实现了公共交通和个人或家庭相结合,大批量客货运输与小批量客货运输相结合。火车、飞机、船舶运输也需要与汽车运输相结合,以汽车作为其终端运输工具,从而使现代交通能够彼此协作,功能更加完善。

1.1.4　汽车是现代物质文明的象征

车辆作为人们调度本地区和整个世界物质资源的一种工具,在经济生活中的重要性随着时代的进步而日益显ંন。在没有车辆运输的时代,每一狭小的地区必须生产当地人民所必需的一切,由于自然条件的限制,这样生产的物品成本较高、种类有限,制约着人类生活水平的提高,人们生活水平低下,经济发展缓慢。随着车辆的出现,远距离的运输成为可能,各地区开始生产自己比较具有优势的若干货物,然后再相互交换,促进了劳动的地域分工。马车是目前人类历史上使用时间最长、最有影响力的陆地交通运输工具,但随着人类社会生产力的不断提高,其有限的速度和运量已无法满足人类的需求和生产力的发展。多拉快跑的自动车辆进一步扩大了物资交换的范围,促进了经济的发展。

现代化大工业生产的发展,要求社会生产更加专业化,各个生产环节之间的协作、行业之间的协作日益加强,这就需要及时地把原材料、半成品运往工厂,把最终产品运往消费地,以此来保证社会生产得以顺利进行。汽车运输以其机动灵活、运输方便、可实现"门到门"的直达运输、运送速度快、原始投资少、资金周转快、经济效益高等优点成为国民经济的重要组成部分。通过汽车运输使经济活动的生产、分配、交换、消费环节和生产活动的产、供、销环节得以联系起来并成为整体,使经济系统得以循环运转,起到了纽带和桥梁的作用。另外,汽车的"门到门"运输加强了城乡之间的交流,活跃了商品市场,推动了市场经济的发展。现代汽车运输网络的高速发展,正不断地缩短时间和空间的"距离",也改变了人们的时空观念。发达的汽车运输能大量节省时间和"缩小空间",减少在途积压资金,提高社会效益和企业经济效益。

汽车工业是资金密集、技术密集、人才密集、综合性强、经济效益高的产业。汽车工业可以带动的行业和产业面之宽,能包容和吸收各种新技术、新材料、新工艺、新装备之广,可形成的生产规模、市场规模之大,可创造的产值、税收和就业岗位之多,对国民经济拉动作用之大、之持久,对改善人民生活质量作用之显要,是其他产业难以比拟的。在很多发达国家及发展中国家,汽车工业已成为一个非常重要的支柱产业。在人们享受汽车文明的同时,汽车工业已成为经济增长的动力、实现工业化的重要载体、制造业产业结构升级的领头羊、增加就业的生长点和社会进步的车轮。

总之,汽车已经成为现代物质生产和社会运转的平台,汽车是否广泛使用成为衡量一个地区或国家是否发达的标志,汽车是现代社会物质文明的重要象征。

任务1.2　汽车引领精神文明

车和车文化为人类架起了通向文明的桥梁。汽车改变了人们的工作和生活方式,改变了人们的思想和价值观念,丰富了人们的文化生活,促进了旅游的发展和文化融合。在这个过程中,道路运输对自身优质服务的追求,客观上对促进社会精神文明的进步发挥了不可低估的作用,并引领了社会文明前进的方向。

1.2.1　汽车改变工作方式

现代车辆特别是汽车,延伸了人们工作的空间距离,缩短了上下班的在途时间。自行车将人类的工作距离增加到10 km以内,而摩托车、汽车则将工作地点与居住地间的距离扩展到50 km以上。这样,就有利于人们在更大的地理区域内,选择更多满意的工作。

在国外,汽车的普及给人们选择不同的工作带来了很大的方便。在美国,成年人几乎没有不会开车的,驾驶汽车已成为求职的一个基本条件。有的地方,青少年从14岁就可以开始学习驾驶汽车,中学开设有汽车驾驶课和汽车维护课。在假日里,他们可以用家用的车在父母兄长的陪同下练车,到16岁就可轻而易举地通过考试取得驾驶执照。国外很少有公车和专职驾驶员,一般的政府官员、公司经理,都是自己开自己的汽车上下班、办事、接送客人。

我国是自行车大国,自行车是我国最普遍的交通工具,保有量超过6亿辆。然而,伴随着城市化进程,交通距离不断扩大,全部依靠人力的自行车交通耗费了大量的时间和体力。随着城市基础设施的建设,交通条件不断改善,城市公共交通服务更为完善,私家车也开始大幅增加,人们工作和日常生活的交通条件全面改变,很大一部分自行车交通群体转变为汽车用户或城市公共交通的利用者。中国人驾驶自己的爱车、乘坐公共交通工具上下班已经极为普遍。

汽车的方便、灵活、机动、快速和"门到门"交通的特点,提高了人们公务活动的效率,加快了工作节奏;汽车上的通信、办公设备的装车率越来越高,人们在出行的过程中,在汽车上也可以进行工作上的联系、沟通、指挥和决策,改变了人们的办公和工作方式。

1.2.2 汽车改变生活方式

衣食住行中的行,是为人们日常生活中最基本的需求之一,与人民群众的生活息息相关,在人们的生活半径不断扩大的今天,汽车在人们的出行上扮演着越来越重要的角色。

汽车作为一种方便的交通工具,促进了各国的城市化进程,改变了城市交通的落后面貌,实现了城市的交通现代化,促进了城市经济繁荣。由于汽车能实现"门到门"的交通,意味着人们可以自如、快捷地出行,对于住宅区域的选择可以更加宽泛。过去郊区发展依赖于铁路和电车,郊区住宅只能沿铁路和电车线路建造,郊区的规模和布局受到限制。汽车的普及使居民出行不再完全依赖于公共交通,到任何喜欢的地方工作和生活成为现实。在我国,汽车的发展也正在改变着城市的结构布局,中心城区周边诞生了众多的卫星城。城市和郊区的界限越来越模糊,中心城区昂贵的房价,使人们可以选择"在中心城区工作,在卫星城居住",大幅度提高了郊区的城市化速度。汽车进入家庭也有力地推进了城市的郊区化和郊区的城市化,城市功能将因此而重新界定,有些区域成为商贸、金融或行政中心,而在市区周围形成许多以居住功能为主的卫星城或小城镇,人们在那里可以呼吸更新鲜的空气,享受郊区的田园风光或更雅致、更优美的环境,生活质量得以改善提高。

与此同时,围绕着汽车衍生出高速公路、汽车旅馆、汽车餐厅、汽车商店、汽车电影院、加油站、洗车店等,它们已经成为人们生活中不可缺少的一部分,并改变着人们的生活方式。在美国,人们习惯于开车出门购足一周生活所需的食品,大部分人在周末开车去郊游,享受大自然的美景。在国外,加油站销售饮料、快餐食品越来越常见。目前,国外的加油站已经对小便利店、小型超市等产生了巨大的威胁。在欧美发达国家,每到周末,公路上的旅行车辆川流不息,这已经成为现代人们休闲生活的一个标志性场景。

在中国,当汽车进入家庭后,人们的周末生活、夜间生活已经和过去有了很大的不同,周末郊区游越来越普遍,晚间在外逗留的时间也大大延长。汽车餐厅、汽车电影院、汽车旅馆也相继在中国出现。汽车增加了人们的出行频率和时间,所有能够吸引出行者的服务内容都有可能催生新的消费形式,像超大型购物中心"摩尔"就是汽车社会的产物。汽车还为人与人之间的交流提供了便利,结伴旅游、朋友聚会的几率增加(如图1.1所示)。自驾游作为一种既方便舒适,又自由的旅游方式,已经成为一种时尚(如图1.2所示)。

图1.1　朋友聚会

图1.2　自驾游

1.2.3　汽车丰富文化生活

随着现代车辆的飞速发展和汽车文化的兴起,汽车在创造物质文明的同时,也通过丰富人类文化来创造精神文明。

在影视屏幕中,许多警匪、侦察片都少不了精彩的汽车追逐戏、摩托车飞车特技等。电影《007》中,功率强劲、功能神奇的汽车已经成为电影的主要角色。近几年,美国电影《汽车总动员》风靡全球,里面的汽车不仅性能先进,而且还能思维和交流,有自己的思想和语言,这种将汽车人格化的电影,虽然只是虚构幻想,但也表明了汽车和人类之间的密切关系,反映了汽车对人类文化生活的深刻影响。

如今,还有各种各样的汽车运动,有各种车展和车博物馆,有车迷俱乐部和各类汽车报纸杂志网站等,有各类车模的收藏制作等,极大地丰富了人们的文化生活。

运动赛事使人们在直接或间接参与的同时,得到了精神上的享受。车展向人们展示了更多的概念车型、新车型、展会风格和文化氛围。在车博物馆里,人们通过近距离接触实物,观看影像资料等,了解现代车辆的过去、现在和未来。参观车博物馆就如同经历一次神奇的车之旅,人们在增加文化知识的同时,也得到了无尽的精神享受。应运而生的各类俱乐部,将一些有着共同爱好的车迷们聚集在一起,成为人们加强联系、增进了解、联络感情、交流信息的桥梁和纽带,极大地丰富了人们的闲暇生活。可以说,汽车已经成为人们生活的一部分,而汽车文化已经是人们文化生活的一部分。

1.2.4　汽车加强了文化融合

车的出现使得人类从"徒步"跨入"代步"时代,人类的活动半径因此扩大,流动能力得到提高。一方面可以使人口大量集中,从原来的小规模部落到如今的大规模城市,生活质量得到很大提高;另一方面又可以使人口向各地疏散,使人类能够选择适合自己生存的最佳区域,生活环境得到很大改善。

汽车的出现和普及,不断扩大了人们的活动半径和传统生活空间,以往受地域空间限制所形成的城乡差异、种族差异和等级差异等,随着人们在扩大了的、相互重合的生活空间中的交流与互动,得到不断改善。跨地域的人才招聘、就业和房产贸易在现代交通的帮助下得以真正发展起来,使人才的自由流动成为现实。汽车的大量使用,在促进社会分工和商品交换的过程中,带动了乡村和落后地区生产的商品化和社会化,打破了自给自足的封闭状况,极大地促进了不同区域、不同民族的文化融合。

更加鲜活的例子表现在近年来我国日益流行的旅游。今天,汽车直接促进了旅游业的发展,人们出门旅游的机会越来越多,旅游地越来越远;同时,汽车进入家庭后,一些人为了满足自身求知、好奇和休闲的精神需要,自己驾车,深入山区乡间的各个角落,让自己在全新的生活环境中放飞自我,同时又把城市家庭的生活方式带到了乡村,增加了乡村社会消费需求,更重要的是将发达地区的现代意识和文化带到了社会的各个角落。作为最便捷、舒适的陆地交通运输工具,汽车的使用使人类思想,从最初的浅层次贸易交流开始到如今深层次的民族文化交流,从单一的形式到如今丰富多彩的形式,汽车及汽车文化促进了人类文明的发展。

1.2.5　汽车改变价值观念

汽车大大地缩短了空间的距离,改变了人们的时空观念和效率观念,而且这种改变将随着汽车性能的不断提高而继续深化。

在汽车出现之前,人类的出行和物品的移动主要依靠人力和畜力,当远距离移动时,通常要花费较长时间。大家都知道,古代学子上京赶考,距离遥远的常要提前三个月甚至半年离家。随着汽车的普及,汽车已成为人们出行和货物运输的重要选择。如今,空间的距离随着车辆的高速度发展而逐渐"缩短"。以汽车行驶的时间来衡量距离的远近,已成为现代人的普遍思维。时空距离的"缩短",无形中增强了人们的效率观念。在汽车货物运输中,人们通常综合消费者、车辆、货物等因素,以高效率的运输计划来达到低成本的目的。

综上所述,可以认为汽车是人类文明的一种体现,尤其是汽车的使用。汽车的使用是人们个性权利的延伸和个人主动性的象征,而汽车文化的形成创造了崭新的社会形态、文化知识和道德因素,整个人类的思想和价值观念等都因此发生巨大的变化。汽车载着人类进入新文明。

复习思考题

1. 汽车文化是怎么形成的?它包括哪些部分?
2. 根据自己的生活经历谈谈人们的生活因为汽车发生了哪些改变?

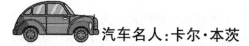**汽车名人:卡尔·本茨**

卡尔·本茨(1844—1929年),出生于德国卡尔斯鲁厄的一个普通工人家庭。

1860年本茨考入卡尔斯鲁厄综合科技学校。毕业后,本茨进入一家机械厂成为一名机械工程师。随后,他进入了曼海姆机器制造厂,从事车辆设计工作。

1972年本茨和奥格斯特·里特在曼海姆创立了奔驰铁器铸造公司和机械工厂。

1879年12月31日制造出第一台单缸煤气发动机。

1883年本茨成立了曼海姆燃气发动机有限公司,主要生产发动机。

1886年1月29日本茨申报的汽车发明专利获得批准。这一日被定为是世界汽车诞生日。这辆三轮汽车被命名为"奔驰1号"。

卡尔·本茨

在那个马车时代,汽车受到人们的嘲笑,本茨夫人贝瑞塔·本茨进行了144 km的试车,被称为世界上第一位汽车驾驶员。

1893年本茨研制成功了性能先进的"维克托得亚"汽车。

1894年本茨开发生产了便宜的"自行车"。随后,他制造了世界上第一辆内燃机公共汽车。

1894年本茨推出改进的"维罗"型汽车。

1895年本茨设计了世界第一辆卡车。

1903年1月24日本茨正式退休,只保留公司董事职务。

1906年本茨与儿子一起创办了"本茨父子公司"。

1929年本茨因支气管炎死于拉登堡家中,享年85岁。

汽车引领世界文明

项目		班级	
姓名		学号	
小组		日期	

1. 实训要求:
(1) 请查阅资料说说我国汽车工业的发展。
(2) 你还知道哪些汽车名人?与同学们分享一下。
(3) 请对你周围的亲朋好友进行调研,汽车在我们日常生活中发挥着怎样的作用?
2. 实训实施:

自我评价	小组互评	老师评价

项目2　汽车发展与历史——温故知"车"

1. 熟悉汽车的诞生历史及发展过程。
2. 了解各国汽车工业的发展概况。
3. 了解中国汽车工业发展的三个阶段,熟悉中国汽车工业的发展历程。

任务2.1　汽车的诞生与发展

自19世纪末汽车诞生以来,已经经历了100多年的风风雨雨。汽车的发展同其他现代高级复杂工具一样,也有一个漫长的过程。在这个过程中,各国人民致力于汽车的研究、试验和发明之中,现代汽车一直在不断地改进和发展。我们经历了困难、挫折,也收获了喜悦和成功。汽车工业历经了规范化的变革、经济危机的打击和第二次世界大战后无节制的疯狂发展及市场的空前繁荣,从一国经济走向多国经济,成为世界上第一个全球性充满剧烈竞争的产业。

2.1.1　汽车萌芽阶段

1. 车轮的发明

关于车的发展过程有两种说法:

一种说法认为先有橇(如图2.1所示),后来在下面放滚子,滚子发展成为车轮,人们用滑动实现了运输方式的第一次飞跃。

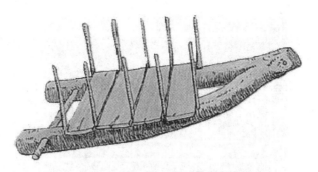

图2.1 远古时代用树枝做成的拖橇

另一种说法是古时人们崇拜太阳而使用圆盘,这种圆盘发展成了车轮,如图2.2所示。

图2.2 不同时代出土的古代轮子

后来,人们发现,在拖拉重物时,把圆木、滚石等放在重物的下面,拖运重物变得轻松多了,于是人们发明了原始的轮。在公元前3000年左右,中亚地区开始出现了车轮,用"滚动"代替了"滑动",如图2.3所示。轮子的发明不仅是创造了一种器具,它还带给人类一种新的运动方式。这是人类生产运输方式的第二次飞跃。

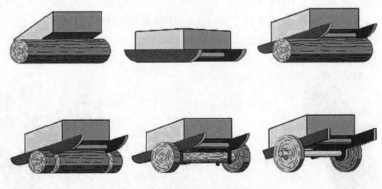

图2.3 轮子的演变

最早既有车轮又有车身的车,似乎是公元前3300年美索不达米亚地区使用的车。美索不达米亚的乌尔国王巴尔基的坟墓中曾出土过绘有苏美尔战车的镶嵌画,如图2.4所示。

图2.4 公元前3300年美索不达米亚地区使用的车

美索不达米亚平原地处亚洲西部的底格里斯河与幼发拉底河中下游，在今天的伊拉克和叙利亚东北部，是著名的巴比伦文明发祥地，人类最早的文化摇篮之一。

公元前1600年北方的海克索斯人进攻埃及时所用的战车的车轮是实心的木质车轮，如图2.5所示。后来，埃及人使用了具有轮辐和轮缘的木质车轮。钢铁的出现，使木轮逐渐向钢制轮发展，并加上了橡胶轮胎，车轮日臻完善。

2. 马车的发明

马车的历史极为久远，它与人类的文明一样漫长。所谓车就是利用轮子在地面上行驶的交通工具。在罗马帝国时代，西欧的塞尔人制造出了第一辆前轴可以旋转的车。但最初都是人力车，后来随着动物的驯化，人们在牛颈上加上牛轭，让牛拉车，便出现了牛车。到公元9世纪，法兰克人发明了一种硬性颈圈，套在马的肩胛骨上，让马拉车。早期的马车如图2.6所示。从此马车成为世界各国主要的运输工具。16世纪的欧洲，马车制造技术有了很大的提高，大量地发展了双轴四轮马车，并安装有转向盘。在车身方面，出现了活动车门和封闭式结构，并且在车身与车轴之间，实现了弹簧连接，使驾乘者感觉舒适。

自从人类发明了车轮并制造出车后，由于没有其他合适的动力取代马，一直到19世纪，马车仍然是城市交通十分重要的运载工具，其中欧洲主要使用的是四轮马车，如图2.7所示，而中国主要使用的是两轮马车，如图2.8所示。

图2.5 早期的实心车轮

图2.6 早期的马车

图2.7　欧洲盛行的四轮马车　　　　　图2.8　中国盛行的两轮马车

除了动力系统和传动系统以外，马车已具备了早期汽车的基本结构，为汽车的诞生创造了条件。随着机械化大生产和贸易的迅速扩展，马车的速度和装载重量越来越无法适应日益繁重的运输任务，人们渴望着能制造出多拉快跑的自走式车辆。

3. 自走式车辆的探索

人力车或者畜力车的速度和承载质量总是受到很大限制，无法满足人类的需求和生产力的发展。1250年英国现代实验科学的鼻祖、著名的哲学家培根预言："我们大概能造出比用一群水手使船航行得更快，而且为了操纵这艘船只要一名舵手的机器；我们似乎也可以造出不借用任何畜力就能以惊人的速度奔跑的车辆；我们也可以造出用翅膀，像鸟一样飞翔的那种机器。"多么美妙而大胆的预言，轮船、汽车、飞机都让他想到了。制造出多拉快跑的自动车辆，一直是人类的梦想。

14世纪至16世纪，欧洲的文艺复兴使欧洲的思想文化和科学技术走向繁荣，欧洲的车辆制造技术也在那个时期超过了中国，欧洲人开始了对自动车辆的大胆尝试。

1420年英国人制造出了一种滑轮车，如图2.9所示。人坐在车内，借用人力使绳子不停地转动滑轮。车虽然走了起来，但由于人力有限，车的速度比步行还要慢。

1600年荷兰人西蒙·斯蒂芬造出"双桅风帆车"，如图2.10所示。他把车轮装在帆船上，凭借着风力向前行驶。

意大利文艺复兴时期，大画家达·芬奇设想了一种车，利用发条机构使带齿的圆盘水平旋转，通过车轴和车轮连接起来向前行驶。但他仅提出了设想，并没有进行实际的研究。1649年德国的钟表匠汉斯·赫丘制成一辆以钟表发条为动力的车，如图2.11所示。但是这台发条车的速度不到1.6 km/h，而且每前进230 m，就必须把钢制发条卷紧一次，这样的工作强度太大，所以发条车也没能得到发展。

图2.9　英国的滑轮车　　　图2.10　荷兰的双桅风帆车　　　图2.11　德国的发条车

虽然人们对自走车辆的尝试都因为各种原因而失败,但这反映了当时人们对自动车的追求。

2.1.2 蒸汽汽车的诞生

从最初的利用人力、畜力到后来使用水力、风力,人类对自然界的认识是逐渐加深的。18世纪初,纽科门首次发明了不依靠人和动物来做功而是靠机械做功的实用化蒸汽机。这种蒸汽机用于驱动机械,便产生了划时代的第一次工业革命,随着蒸汽驱动的机械汽车的诞生,人类社会开始了永无休止的汽车发展历史。

1. 蒸汽机的发明

机械动力装置发展的最初目标并非用于车辆,而是为了给矿井抽水。随着矿井越挖越深,地下水成为矿井和矿工的大敌。为了开掘矿道和保证安全,必须尽快抽掉地下水。早期,人们用煤来烧水时,发现水壶中的水烧开后,蒸汽可以将壶盖顶起来。最早的蒸汽机设想方案就是用水蒸气推动活塞并产生动力。

1712年英国的一名铁匠托马斯·纽科门利用这一原理发明了蒸汽机,用来驱动抽水机将矿井中的水抽出,被称为纽科门蒸汽机。

1757年木匠出身的技工詹姆斯·瓦特被英国格拉斯戈大学聘为实验技师,从而有机会接触纽科门蒸汽机,并对纽科门蒸汽机产生了兴趣。1763年他在修理蒸汽机模型时发现,纽科门蒸汽机只利用了气压差,没有利用蒸汽的张力,因此热效率低,燃料消耗大,他下决心对纽科门蒸汽机进行改进。首先,他认为将气缸里的蒸汽送到另一个容器中去冷却,既可以获得能做功的真空,又可以使气缸中的温度下降不多,可大大提高热效率。另外,为防止空气冷却气缸,必须使用空气的张力作为动力。

1769年瓦特与博尔顿合作,发明了装有冷凝器的蒸汽机。1774年11月他俩又合作研制出世界上第一台真正意义上的动力机械——蒸汽机,如图2.12所示。蒸汽机是将蒸汽的热能转换为机械能的往复式动力机械。瓦特发明的高效率蒸汽机一出现,立即被用到采矿、纺织、冶金、机械加工、运输等行业,极大地提高了劳动生产率,掀起了18世纪轰轰烈烈的世界第一次工业革命,使人类进入"蒸汽时代"。

图2.12　瓦特的蒸汽机

蒸汽机的诞生,无疑是人类利用动力机械的一大突破。直到20世纪初,它仍然是世界上最重要的原动机,后来才逐渐让位于内燃机和汽轮机等。

2. 蒸汽汽车的诞生

蒸汽机发明后,人们就设想把蒸汽机装在车上,让车自己走。1769年法国的炮兵工程师尼古拉斯·古诺将一台简陋的蒸汽机装在一辆木制的三轮车上,准备用它来牵引大炮。这是世界上第一辆完全凭借自身的动力实现行走的蒸汽汽车(汽车也正是由此而得名),如图2.13所示。这辆汽车被命名为"卡布奥雷",车长7.32 m,车高2.2 m,车架上放置着一个梨形的大锅炉,前轮直径1.28 m,后轮直径1.50 m,运行速度3.5~3.9 km/h,前进时靠前轮控制方向,每行驶12~15分钟需停车加煤和水。在后来的试车过程中,古诺的蒸汽汽车撞到石头墙上而损坏,这也被认为是世界上第一起机动车事故。尽管古诺的这项发明失败了,但却是古代交通运输(以人、畜或风为动力)与近代交通运输(以动力机械驱动)的分水岭,具有划时代的意义。

图2.13　法国古诺研制的蒸汽汽车

古诺的尝试给后来者极大的启发和激励,在欧洲各国和美国出现了研究和制造蒸汽汽车的热潮,各种用途的蒸汽汽车相继问世。1786年美国人约翰·菲奇发明了蒸汽动力船。1804年脱威迪克又设计并制造了一辆蒸汽汽车,这辆汽车还拉着10吨重的货物在铁路上行驶了15.7 km。

1805年美国人艾文思首次制造了装有蒸汽发动机的水陆两用汽车。这种水陆两用汽车是费城港当局为了疏通费城港,委托艾文思负责制造的,原来打算是制造疏浚船,不料船制成以后,发现作业场地不在海岸边,于是不得不考虑将这艘蒸汽船运送到港口。艾文思在船底装上了4个车轮,用船上的蒸汽发动机驱动。这样,疏浚船成了水陆两用车。它也成为现代水陆两用汽车的鼻祖。

1808年英国人理查德·特拉唯西克发明了铁路蒸汽机车。

1815年捷克人普什克制造出了世界上第一辆载客汽车(5座),以蒸汽为动力。但遗憾的是,因为当时普什克用于展览的钱被窃,在万分失望之余,竟将自己的汽车砸了个粉碎。世界上第一辆载客汽车的原型车也就毁于一旦。

1825年英国人哥尔斯瓦底·嘉内制造了一辆蒸汽公共汽车,18座,车速为19 km/h,开始了世界上最早的公共汽车运营。1831年美国的史沃奇·古勒将一台蒸汽汽车投入运输,相距15 km的格斯特和切罗腾哈姆之间便出现了有规律的运输服务。

1834年世界上最早的公共汽车运输公司——苏格兰蒸汽汽车运输公司成立了。当时英国爱丁堡市内营运的蒸汽汽车(如图2.14所示)前面坐着驾驶员,中部可容纳20~30名乘客,锅炉位于后部,配一名司炉员,蒸汽机气缸位于后轴的前方地板下,以驱动后轮前进。这些车少则3~4吨,多则10吨,体积大,速度慢,常常引起各种事故。

图2.14　1835年伦敦街头的蒸汽公共汽车

1865年英国人颁布了世界上最早的机动车法规,即"红旗法规"。规定汽车的最高车速不得超过6.4 km/h,行车时必须有专人挥动红旗,以警示路上的行人和马车。由于这条法规的实施,使得英国在制造汽车的起步上大大落后于其他工业国家。

蒸汽汽车为达到一定的输出功率,需要很大的锅炉和较大的气缸;为了达到一定的行驶里程,就需要备足水和煤。因此其车架要结实,车轮要坚固,这样就使蒸汽汽车自重增加,显得十分笨重,操纵与制动困难,转向不灵活,路面也常遭到破坏,交通事故和锅炉爆炸的事故时有发生。锅炉燃烧所排出的煤灰、黑烟对沿街住户和行人造成危害,也引起市民们的不满。另外,蒸汽汽车的迅速发展也引起了马车商人的不满,他们利用自己的各种势力使政府不支持蒸汽汽车的发展,并对蒸汽汽车横加指责。随着内燃机汽车的大量涌现和性能的不断提高,蒸汽汽车开始退出历史舞台。

2.1.3　内燃机的发明

由于使用蒸汽机作为汽车的动力存在着许多不足,它不符合汽车灵活机动这一基本要求。为了获取更灵巧、更方便、更经济的发动机,又有许多科学家和工程师投入到这一领域中。

1862年法国工程师罗彻特在本国科学家卡诺研究热力学的基础上,提出了四冲程内燃机工作原理:活塞下移,进燃气;活塞上移,压缩燃气;点火,气体迅速燃烧膨胀,推动活塞下移做功;活塞上移,排出废气。即进气、压缩、做功、排气,并指出压缩混合气是提高热效率的重要措施。1862年1月16日他的发明获得法国专利,但并没有造出实物来说明他的理论。

尼古拉斯·奥托将这一理论变为现实。德国工程师尼古拉斯·奥托于22岁时弃商，开始从事煤气发动机的试验工作。1866年奥托研制出具有划时代意义的立式活塞式四冲程奥托内燃机。1876年奥托对四冲程内燃机又作了改进，试制出第一台实用活塞式四冲程内燃机，如图2.15所示。奥托创建的内燃机工作原理，一直在现代汽车发动机上沿用至今。不过，奥托的内燃机以煤气为燃料，体积较大，重量约1吨，还不能用在汽车上。这台内燃机被称为奥托内燃机而闻名于世。后来，人们一直将四冲程循环称为奥托循环。奥托以内燃机奠基人载入史册，其发明为汽车的发明奠定了基础。

1881年德国人戈特利布·戴姆勒和他的同事威廉·迈巴赫合作开办了当时第一家汽车工厂，开始研究一种"轻便快速"发动机的设计方案。1883年8月15日戴姆勒和迈巴赫在奥托四冲程发动机的基础上，使用汽油作为燃料，通过改进开发出了第一台卧式汽油机，如图2.16所示。

图2.15 奥托的煤气内燃机

图2.16 戴姆勒发明的卧式汽油内燃机

他们再接再厉，把发动机的体积尽可能缩小，终于制成了世界上第一台轻便小巧的化油器式、电点火的小型汽油机，转速达到了当时创纪录的750 r/min。这也是世界上第一台立式发动机，取名为"立钟"，如图2.17所示。他们在1885年4月3日取得德国专利。

戴姆勒把这台发动机装在一辆自行车上，这实际上是世界上第一辆摩托车，如图2.18所示。1885年8月29日戴姆勒取得了这辆"骑式双轮车"的德国专利。

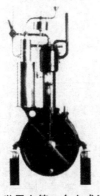

图2.17 世界上第一台立式发动机

图2.18 世界上第一辆摩托车

1892年德国工程师鲁道夫·狄塞尔经过多年研究，提出压燃式内燃机原理，为柴油机的诞生奠定了理论基础。1897年狄塞尔成功地试制出世界上第一台柴油机，如图2.19所示。柴油机的出现不仅为柴油找到了用武之地，而且它比汽油省油、动力大、污染小。鲁道夫·狄塞尔的发明改变了整个世界，人们为了纪念他，就把柴油机称为"狄塞尔"（英语"DIESEL"，即为柴油机之意）。

图2.19　鲁道夫·狄塞尔和他发明的第一台柴油机

通过近一百年的努力，到19世纪80年代，小型内燃机终于在技术上取得了突破，已经可以实用化了。内燃机的发明与完善为汽车的诞生奠定了坚实的基础。

2.1.4　汽车的诞生

1. 本茨的第一辆汽车

1885年德国工程师卡尔·本茨造出了一台单缸汽油发动机，并将它装在了一辆三轮车上，这也就是世界公认的第一辆现代汽车的雏形（如图2.20所示）。1886年1月29日本茨在德国取得了汽车专利证书（No.37435，如图2.21所示）。一代"世界汽车之父"就此诞生，而1886年1月29日也被公认为汽车诞生日。

 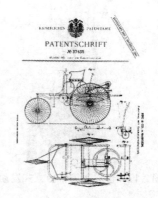

图2.20　卡尔·本茨和他发明的第一辆三轮汽车　　　图2.21　第一辆汽车专利证书

本茨的车为三轮汽车,采用一台两冲程单缸0.66 kW的汽油机,此车具备了现代汽车的一些特点,如火花点火、水冷循环、钢管车架、钢板弹簧悬架、后轮驱动、前轮转向和制动把手。但该车的性能并不十分完善,其行驶速度、装载能力、爬坡性能也不是非常好,而且它在行驶中经常出故障。

本茨的发明最初被人们所怀疑。当时曼海姆的报纸把他的车贬为无用可笑之物。本茨的夫人为了回击一些人的讥讽,于1888年8月带领两个儿子驱车试验,他们从曼海姆出发,途经维斯洛赫添油加水,直驶普福尔茨海姆,全程144 km。这次历程为本茨的发明增添了说服力。因此,本茨的夫人是历史上第一位女驾驶员,而维斯洛赫成为历史上第一个汽车加油站。

仔细观察世界上第一辆汽车的构造,会发现它的外形与当时的马车差不多,车速和装载质量也不比马车优越。但是,它的巨大贡献并不在于其本身所达到的性能,而在于观念的变化,就是自动化的实现和内燃机的使用。本茨不仅敢于向当时占有垄断地位的马车制造商发起挑战,而且敢于放弃使用在技术上相当成熟的马车技术,这足以证明其充分的自信和观念的转变。因为这种车能自己行走,所们人们用希腊语中的"Auto"(自己)和拉丁语中的"Mobile"(会动的)构成复合词来解释这种类型的车,这就是"Automobile"(汽车)一词的由来。

2. 戴姆勒的第一辆汽车

1885年末,戴姆勒将发动机装在为妻子生日买的马车上,世界上第一辆四轮汽车(如图2.22所示)诞生了。1886年戴姆勒将马车加以改善,增添了传动、转向等必备机构,安装上了一台1.5马力的汽油发动机,使其成为世界上第一辆没有马拉的"马车"——汽车,这辆车以14.4 km/h的"令人窒息"的速度从斯图加特驶向了康斯塔特。第一辆实用汽车终于诞生了。

图2.22 戴姆勒和他发明的第一辆四轮汽车

1886年被公认为现代汽车诞生之年。本茨和戴姆勒是世界上大多数人公认的以内燃机为动力的现代汽车的发明者。所以人们将戴姆勒和本茨都誉为"现代汽车之父"。

本茨与戴姆勒的成功是"站在巨人的肩膀上取得的",早在第一辆汽车发明之前,与它相关的许多发明就已经出现了。所以说,汽车并不是由一个人发明的,而是由几百甚至几千项创造发明构成的,是人类智慧的结晶。

任务2.2　国外汽车工业发展概况

2.2.1　汽车工业的产生

1886年德国人本茨与戴姆勒发明了汽车,接着欧洲出现了生产汽车的公司。最早成立的汽车公司有德国的奔驰公司、戴姆勒公司,法国的标致公司、雷诺公司,英国的奥斯汀公司、罗浮公司,意大利的菲亚特公司等。欧洲是世界汽车工业的摇篮。

1. 德国汽车工业的产生

德国是汽车的诞生地,也是汽车工业的发源地,也是汽车文明的发祥地,更是汽车文化的摇篮。德国人本茨与戴姆勒不仅发明了汽车,而且生产了汽车。1894年本茨成立了汽车生产厂,开始大批量生产汽车,1899年汽车年产量达到500多辆,是当时世界上最大的汽车制造商,即德国奔驰公司。1890年戴姆勒建立了汽车公司,1900年11月第一辆梅赛德斯轿车(如图2.23所示)诞生,年产量接近100辆。

图2.23　第一次用"梅赛德斯"命名的戴姆勒汽车

1924年5月1日奔驰汽车公司和戴姆勒汽车公司组成共同利益联盟,并于1926年6月28日合并为戴姆勒-奔驰股份公司。

汽车的诱人前景使德国的汽车厂纷纷涌现,一些其他行业的厂家也转向汽车生产。1901年德国共有12家汽车厂,职工1773人,年产量884辆,而到了1908年,汽车厂达到53家,职工12400多人,年产量5547辆。第一次世界大战前,德国汽车工业已基本形成一个独立的工业部门,年产量达2万辆。

1934年1月著名汽车设计大师波尔舍联合34万人合股成立了大众汽车公司,生产大众汽车(如图2.24所示),而随后开发的甲壳虫汽车(如图2.25所示)令大众汽车公司迅速成为国际性的汽车厂商。

图2.24 大众汽车

图2.25 大众甲壳虫

从1950年开始,德国汽车工业得到了较快的发展,超过英国而成为世界第二大汽车生产国。1967年日本的汽车产量超过了德国,以后德国便始终处于第三的位置。

从总体上看,德国汽车以质量好、安全可靠而著称,奔驰、宝马等豪华车和保时捷跑车在世界车坛享有盛誉,经久不衰,其品牌含金量极高。所以,1998年戴姆勒-奔驰公司与克莱斯勒公司合并时,虽然戴姆勒-奔驰公司的年产量仅100万辆有余,而克莱斯勒公司年产量近400万辆,但戴姆勒-奔驰公司却取得了新公司的支配权,这就是品牌的力量。当然,德国汽车一味追求高档、豪华也给其市场开拓带来了一定的难度,除了大众能以真正大众特色的产品雄居世界十大汽车厂商第四位外,其他公司的产量都不高,这也是日本后来居上超越德国的原因。

2. 法国汽车工业的产生

德国人发明了汽车,但促进汽车初期发展的却是法国人。汽车出现以后,各国政府纷纷立法管理。当时欧洲的这些立法基本上是对汽车发展不利的,只有在法国,汽车才能自由发展,汽车技术的初期发展都是在法国。如1889年法国的标致公司研制成齿轮变速器、差速器;1891年首次采用前置发动机后轮驱动,开发出摩擦片式离合器;1895年开发出充气式橡胶轮胎;1898年法国的雷诺一号车采用了箱式变速器、万向节传动轴和齿轮主减速器;1902年法国的狄第安采用了流传至今的狄第安后桥半独立悬架。在汽车发展的早期,强大的社会需求促使汽车技术得到了空前的发展。

1882年法国一个小五金商的儿子阿尔芒·标致(Armand Peugeot)设计制造了他的第一辆汽车;1889年第一辆以"标致"命名的汽车问世,图2.26所示为标致Ⅱ型;1896年他创建了以狮子为标志的标致汽车公司,这就是标致雪铁龙公司的前身,图2.27所示为标致汽车公司的标志。

图2.26　标致Ⅱ型　　　　　　　　图2.27　标致汽车公司的标志

　　1891年法国的潘哈德和勒瓦索尔重新设计了汽车，如图2.28所示，他们将发动机装在汽车的前部，用脚踏板控制供油，通过离合器、变速器、锥形主减速器及链条将发动机的动力传到汽车后轮，从而脱离马车的设计，奠定了现代汽车设计的雏形。

图2.28　采用前置后驱方式的潘哈德汽车

　　1895年法国科学院正式将汽车命名为"Automobile"，日本人将其翻译为"自动车"。

　　1896年法国人路易斯·雷诺创立了雷诺汽车公司，1898年路易斯·雷诺完成了"小马车"（如图2.29所示）的研制。通过传动轴将变速器输出的动力传给驱动轮，取代了齿轮和链条，提高了传动效率。1899年雷诺使用的传动轴的汽车获得专利。随着雷诺传动轴的出现，汽车的基本结构已经确定。

图2.29　雷诺和他的"小马车"

1904年法国有汽车制造厂350家,年产量17000辆。汽车按照客户的要求进行订单式生产,同一型号的汽车最多生产50辆。汽车商开始举办汽车竞赛,以此来宣传汽车产品。

限于当时的技术水平,汽车制造厂并未达到一定的规模,只局限于小批量生产,而且所生产的汽车仅供皇家贵族使用,是绅士名门的奢侈品,价格昂贵。

2.2.2 汽车工业的发展

在欧洲,汽车诞生以后的设计指导思想主要是满足人们的娱乐需求,所以研制的汽车都是轿车,而且是豪华型轿车,售价昂贵,一般人的经济条件难以承受,因此其销售市场受到限制,产量不能得到大幅度提高。另外,汽车是一种结构复杂的大型机械产品,当时世界上还缺乏大量生产这种大型机械产品的技术条件。

1. 美国汽车工业的发展

汽车文明从欧洲传到美国后,这个年轻而富有创造力的国家对它表示出了极大的兴趣。1893年弗兰克·迪利亚制造出美国第一辆汽油机汽车(如图2.30所示),这辆车至今还保存在华盛顿的史密逊博物馆里。紧随其后,亨利·利兰得成立了凯迪拉克公司。

图2.30　弗兰克·迪利亚制造出美国第一辆汽油机汽车

1896年欧尔茨创建了欧尔茨汽车公司,它就是当今世界汽车第一大企业——通用公司的前身。

1899年兰索姆·厄利·奥兹成立了奥兹莫比尔汽车公司。1901年奥兹制造了一款大众化的汽车,售价只有650美元,符合当时美国中等收入家庭的消费水平。1902年生产了2500辆,从而开创了汽车大批量生产的时代。

1903年大卫·别克创立了别克汽车公司。

1903年汽车大王亨利·福特创立了福特汽车公司,积极研制结构简单实用、性能完善且价格低廉的普及型轿车。1908年福特汽车公司正式投产了T型汽车,该车发动机排量为2.89 L、125马力、四缸、四冲程,一面世就受到美国人和代理商的欢迎。

1908年威廉·杜兰特创建通用汽车公司,同时兼并别克和奥兹莫比尔汽车公司,次年又将凯迪拉克、欧克兰、雪佛兰等汽车公司收于门下,为日后成为全球头号企业积累了资本力量。

1913年福特汽车公司吸收了美国人李兰德设计制造凯迪拉克汽车时采用的标准互换件的方法,并实现了工业大生产管理方式,实现了产品系列化和零部件标准化,使汽车产量大大提高。

1925年当时在通用汽车公司任职的沃尔特·克莱斯勒买下马克斯威尔汽车公司,创立了克莱斯勒公司。

至此,美国的通用、福特、克莱斯勒三大汽车集团相继成立。时至今日,这三大集团仍占据美国95%的销售份额,并且对世界汽车行业的发展起着举足轻重的作用。

1908年成立的美国通用汽车公司,其创始人威廉·杜兰特是个富有的资本家,他的通用汽车公司通过兼并众多的汽车公司得以扩展壮大。通用汽车公司现有员工约59万人,公司总部设在底特律市,是集柴油发动机、电冰箱、机车、航空航天等制造于一身的综合性企业,但其汽车销售额在总销售额中占绝对优势。

世界第二大汽车集团福特汽车公司始建于1903年。1908年亨利·福特及其伙伴将奥尔兹、利兰以及其他人的设计和制造思想结合起来,制造出一种新型汽车——T型车(如图2.31所示)。19年间,福特公司共计生产了约1500万辆黑色T型福特车。这种汽车的设计,兼顾制造和使用两方面,为处于初级阶段的汽车工业确立了发展方向,也为整个汽车工业的革命性变化奠定了基础。1929年美国汽车保有量达2670万辆,平均不到5人就有一辆汽车,美国成为名副其实的"车轮"上的国家。

1914年亨利·福特将泰勒的流水生产线技术运用到汽车生产上,这种技术被后人称为装配线,如图2.32所示。装配线不仅有助于在装配过程中通过生产设备使零部件连续流动,而且便于对制造技能进行分工,把复杂的技术简单化、程序化。大批量的生产使得T型车的生产制造成本降得很低,由原来的800美元降至500美元。1916年T型车年产量达到50万辆,福特公司已经控制了美国乃至世界的汽车市场,全球几乎有一半汽车是T型车。1920年2月7日福特每分钟生产一辆汽车的目标实现了。

图2.31　福特和他的T型车

图2.32　福特公司的流水生产线

亨利·福特用一种新的社会组织制度和生产设备将汽车工业带入大批量生产的时代。这是汽车发展史上的第一次变革。

这一时期主要集中在20世纪初至20世纪50年代。以大批量生产的方式代替订单生产的方式,极大地降低了汽车的生产成本,使得美国汽车称雄世界50年之久。

2. 欧洲各国汽车工业的发展

1950至1970年，欧洲厂商也开始实行"量产化"。另外，欧洲厂商具有卓越的产品设计能力，生产出各式各样的跑车，转而销往美国，从而出现欧美两霸并存的局面。

1950年欧洲汽车产量达到200万辆。到1966年，欧洲汽车产量突破1000万辆，比1955年的产量增长5倍，年均增长率达10.6%，超过北美汽车产量，成为世界第二个汽车工业发展中心。到1973年，欧洲汽车产量进一步提高到1500万辆。

20世纪70年代，整个欧洲市场与北美市场具有同等规模。但是，欧洲在生产上已超过北美，他们以多样化的汽车产品占据世界市场。1950至1973年，全世界的关税戏剧性地下降，又有更多的国家对外开放，进行相对自由的贸易，于是欧洲车很快占据了优势。此间，美国生产的汽车体积大、耗资多，不适合世界上其他市场的消费者。这也为欧洲车的风行提供了可能。欧洲人利用这个机会把触角伸向了世界各地。欧洲人生产的中低档车如"甲壳虫"，成为美国市场的走俏产品。1958年欧洲车占美国市场的8.1%，到1970年上升为10.5%。欧洲的汽车公司针对美国车型单一、体积庞大、油耗高的弱点，开发了许多新车型，实现了汽车产品的多样化。这是汽车发展史上的第二次变革。

欧洲汽车工业的发展主要集中在西欧五个国家，即德国、法国、英国、意大利、西班牙，这五国的汽车产量多年来一直占欧洲汽车总产量的3/4。这几个国家的汽车工业发展进程有相似之处，也有各自的特点。

(1) 德国汽车工业发展概况

第二次世界大战前，德国汽车工业已具有一定基础，戴姆勒-奔驰、奥迪、大众等汽车公司均形成了一定规模。第二次世界大战期间，汽车工业转向为战争服务，大部分工厂遭到破坏。战争结束后，虽然德国处于战败国地位，条件比较困难，但汽车工业仍得到了较快的恢复和发展，1950年汽车产量达到30万辆。随着国内汽车的快速普及以及汽车出口竞争能力的不断提高，汽车产量大幅度上升。1960年德国的汽车产量达到200万辆，10年内，汽车产量增长5.7倍，年均增长率达21%，从此，德国成为欧洲最大的汽车生产国和出口国，继续以较高速度增长，到1971年，汽车产量达到400万辆。

1938年"甲壳虫"的最后一辆样车完成。1939年8月15日第一批"甲壳虫"汽车问世。随后，由于第二次世界大战爆发，"甲壳虫"汽车的生产中断了，总共才生产了800辆。1948年"甲壳虫"汽车恢复生产，但年产量仅为1.9万辆。由于这种汽车结构简单、价格低廉、外形可爱，而且人们恰好能承受该车的价格，于是需求猛增。到1955年，这种颇受市场青睐的"甲壳虫"车累计生产量达100万辆，出口到100多个国家。1981年第2000万辆"甲壳虫"车在墨西哥的大众分厂开下了装配线。尽管后来这种车被高尔夫新型车所取代，但无论如何，"甲壳虫"车型仍然是世界上最畅销和最流行的车型。

(2) 英国汽车工业发展概况

第二次世界大战前，英国具有最强大的汽车工业。奥斯汀、罗孚等多家汽车公司的产量合计达45万辆，居欧洲首位。第二次世界大战期间，英国汽车工业遭受破坏较少，战后，汽车工业得到迅速发展。当时，为了争取出口，英国大力发展中高级轿车。从1951年起，中高级轿车的出口量逐渐减少,英国汽车工业才转向国内市场,开始发展微型轿车。微型轿车所占比重逐年上升,在1960年达到46%的历史最高水平。此时英国的轿车千人保有量为105辆,基本上实现了轿车进入家庭。1948年由阿历克·伊斯戈尼斯设计的莫利斯·米诺诞生了。米诺的造型圆润秀美,采用承载式车身、前独立悬架和齿轮齿条转向器。它不仅具有优异的操纵性,而且乘坐也非常舒适。它从1948年一直生产到1971年,总产量为162万辆。10年后,伊斯戈尼斯又设计出了著名的廉价"迷你"微型轿车(如图2.33所示)。迷你车长不过3米,4座,排量为1 L,25 kW。1959年它刚面世时,被许多人认为是"开玩笑的东西"。不过,就是这种被人瞧不起的微型汽车,竟在世界著名的"蒙特卡洛"汽车大奖赛中三次夺魁,这是因为它的重量只有630 kg,且特别灵活。从此,它成为了一种受人崇拜的汽车,加上价格低廉,在英国进入了普通家庭,各地都可以见到,目前仍在生产。

1955年英国的汽车产量达到120万辆,成为欧洲第一个汽车产量超过百万辆的国家。随着国内需求高速增长和出口增多,到1964年,英国汽车年产量进一步增加到230万辆。

图2.33 "迷你"汽车

在这以后,由于受到两次世界石油危机的影响,英国国内又已基本普及汽车,同时,汽车出口量显著下降而进口量显著增多,进口量逐渐超过出口量,致使英国汽车产量逐渐下降到1984年的113万辆。

(3)其他欧洲国家汽车工业发展概况

西欧国家中,值得一提的是比利时。比利时地处欧洲中心,地理位置优越,美、欧各国汽车公司纷纷在此设立组装点,1960年汽车产量达20万辆,1985年汽车产量达100万辆。近几十年来大致保持着这样的发展速度,其所生产的汽车90%出口到周边国家。

此外,瑞典的沃尔沃公司于20世纪20年代末开始生产汽车。第二次世界大战期间,瑞典处于中立地位,汽车工业没有受到破坏。1960年汽车产量超过10万辆,1974年汽车产量达到40万辆。在这以后,瑞典汽车产量在30万~50万辆之间波动,图2.34所示为瑞典的沃尔沃汽车及商标。

图2.34 瑞典的沃尔沃汽车及商标

在西欧汽车工业大发展的同时，东欧汽车工业也得到较快发展，在20世纪20~30年代就形成了一定规模。第二次世界大战后，汽车工业得到了迅速发展，1960年汽车产量达到50万辆，1970年汽车产量增加到90万辆，到1975年，即经过5年时间，汽车产量翻了一番，达到200万辆，年均增长率达17%。直到苏联解体前，其汽车产量保持在200万辆的水平。苏联解体后，俄罗斯汽车产量下降，目前降至100万辆。

波兰、捷克、罗马尼亚等国随着第二次世界大战后经济的恢复和发展，汽车工业也得到了较快发展。1960至1980年，波兰汽车产量从3万辆增加到43万辆，捷克汽车产量从7万辆增加到23万辆。1960至1985年，罗马尼亚汽车产量从1万辆增加到18万辆。但这以后，这些国家的经济处于停滞状态，汽车产量或有所下降或徘徊不前。

2.2.3 亚洲汽车工业的发展

1. 日本汽车工业发展概况

日本汽车制造业的开创者应是吉田真太郎。1904年他成立了东京汽车制造厂。1907年他制造出了第一辆日本国产汽油汽车"太古里1号"（如图2.35所示）。随后，日本国内出现了众多汽车制造厂。

图2.35 太古里1号

日本第一大汽车公司丰田汽车公司和第二大汽车公司日产汽车公司均创建于1933年，

丰田早期生产的汽车如图2.36、图2.37所示。第二次世界大战前，日本汽车产量达5万辆。第二次世界大战结束后，日本的轿车生产被美国占领军司令部禁止，卡车生产也只限于使用配给的原材料。战争对日本工业的破坏给汽车工业的恢复带来困难，1945至1955年，日本汽车工业以生产卡车3万辆、轿车1万辆的规模在战后的废墟中挣扎度日。

图2.36　丰田第一辆试验车G1(1935年)　　图2.37　丰田第一款轿车AA型(1936年)

进入20世纪60年代以后，日本经济型轿车的产量逐年增加。1960年日本人均国民生产总值达到500美元，1966年人均国民生产总值突破了1000美元，为汽车普及创造了条件。同时，日本各汽车公司及时推出物美价廉的汽车，其售价与20世纪50年代中期相比下降了30%～50%，于是日本出现了普及汽车的高潮。日本称1966年为普及私人汽车的元年。

同时，以丰田汽车公司为代表的几家汽车公司，将"全面质量管理"和"及时生产系统"两种新型的管理机制应用于汽车生产。前者要求工人承担更多的责任，把产品质量放在首要位置；后者要求做好技术服务，推行精益的生产方式。两者紧密结合，相辅相成，推动了日本汽车工业的高速发展，也开始了世界汽车工业的第三次变革。

1973年因中东战争引发的全球石油危机，使各国对汽车的需求立即由豪华型转向轻小节油型。这一天赐良机，给日本汽车工业带来好运，他们生产的小型节油车成为全世界的畅销产品。1973年日本汽车出口量达到200万辆；1977年日本汽车出口量达到400万辆；1980年日本汽车出口量猛增到600万辆。

由于日本实现了汽车国内销售量和出口量双高速增长，日本汽车工业迎来了高速发展，创造了世界汽车工业发展的奇迹。日本丰田汽车公司的"车到山前必有路，有路必有丰田车"和日产汽车公司的"古有千里马，今有日产车"广告语中的美好愿望成为现实。1960年日本汽车产量仅为16万辆，远远低于当时美国和西欧各主要汽车生产国的水平。但到1967年汽车产量达到300万辆，超过欧洲各主要汽车生产国的产量，居世界第二位；到1980年，汽车产量达到1100万辆，超过美国的汽车产量，跃居世界第一位。日本成了继美国和欧洲之后，世界上第三个汽车工业发展中心。

日本现有汽车生产厂十几家，如丰田、日产、本田、东洋工业（马自达）、三菱、铃木、大发、富士重工、五十铃、日野和日产柴油机等。在全球汽车行业的排行榜中，丰田、日产紧排通用、福特之后，列第三、四位，居克莱斯勒之前，足见日本汽车工业在世界汽车工业中的分量。

2. 韩国汽车工业发展概况

韩国最早从事汽车生产的公司是起亚汽车公司,始建于1944年12月,但第二次世界大战后由于政治局势动荡,公司长期处于不景气的状态。韩国汽车工业的真正起步是在20世纪60年代初期,先后成立了现代、起亚、大宇等汽车公司,汽车产量逐步增长,其商标和生产的汽车如图2.38、图2.39、图2.40所示。1970年韩国的汽车年产量仅为2.8万辆,直到1980年,汽车产量才达到12万辆。但在这段时期内,韩国汽车工业积累了经验,提高了水平,为以后的大发展打下了基础。

图2.38 现代自主生产的第一辆轿车小马Pony(1976年)

图2.39 现代汽车商标

图2.40 起亚汽车商标

进入20世纪70年代,韩国政府实行"汽车国产化"政策,各汽车公司开始大规模引进国外生产技术。1973年现代汽车公司引进日本三菱公司发动机、传动系和底盘技术,1975年便开始自己开发生产汽车,并大量向非洲出口。大宇汽车公司1972年与美国通用汽车开始合资,随着1990年第一辆自主设计的名为"王子"的国产车的推出并在市场获得成功,1992年解除了与通用20年的合作关系。

随着汽车国产化的实现,韩国汽车1989年产量为113万辆,1990年产量达到132万辆。在随后的五年时间里,年均增长率基本保持在15%左右,1995年达254万辆,其中,汽车出口量110万辆,从而在世界汽车出口国中排名第六位。韩国汽车业也形成了以现代、起亚、大宇、双龙四公司鼎足的市场格局,韩国一跃成为世界汽车生产大国。

1997年亚洲金融危机爆发后,韩国的汽车业遭受了重大打击,原来被飞速发展所掩盖的政企不分、家族式经营的弊端日益显露出,企业走到了破产与亏损的边缘。在风雨中,韩国汽车工业被迫进行新的调整。1997年双龙汽车公司因资不抵债而被大宇收购。同年起亚汽车公司也被政府招标拍卖,现代集团奋起应标,于1998年收购起亚,但不久自己内部却出现债务问题。1999年大宇汽车公司也背上了180亿美元的债务,不得不向欧美汽车公司求援。2000年7月在与通用、戴姆勒–克莱斯勒的竞争中,福特汽车公司如愿以偿,收购了大宇汽车公司。

不过,近年来,韩国汽车工业又重新崛起。这一方面得益于国内经济的恢复;另一方面,韩国政府狠抓汽车业产品质量,着力改善产品形象,取得了明显效果。比如,韩国政府支持汽车零部件企业进行收购和合并,积极吸引国外先进汽车零部件企业来韩建厂,建立提高汽车零部件信任度中心,每年对10种零部件进行信任度认证。此外,韩国汽车公司还逐渐摆脱过去以出口廉价小型轿车为主的做法,转而致力于价格较高的中、大型轿车和休闲型轿车的出口,不断开发科技含量高的新车型,从而提高了韩国汽车在国际市场的形象。

韩国经济的腾飞被视为奇迹,而汽车业的发展在其中扮演了极为重要的角色。

一百多年的汽车发展史表明:汽车诞生于德国,成长于法国,成熟于美国,兴旺于欧洲,异军突起于日本。

任务2.3　中国汽车发展史

从1901年中国大地出现首辆汽车,至今已经历了100余年的时间。中国汽车工业的发展大体经历了旧中国的摸索发展、新中国的创建和成长、全面发展等三个发展阶段。

2.3.1　新中国成立前的汽车工业

新中国成立前,基本没有汽车制造厂,中国的汽车都是从国外购买的。那时候的中国,除了货车、军车等运输车辆外,乘坐轿车的都是外国人和中国的达官贵人。

1. 旧中国的第一辆汽车

1901年一个叫李恩思的匈牙利人将两辆美国生产的奥兹莫比尔汽车(如图2.41所示)从香港运到上海,从此中国开始出现汽车。

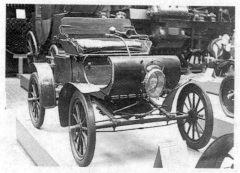

图2.41　出现在中国的第一辆汽车

我国现在保存最早的汽车是存放在颐和园的当年慈禧太后的坐驾,被人们冠以"中国第一车"的美名(如图2.42所示)。这是袁世凯1902年从香港购买后送给慈禧的寿礼。当时,慈禧对袁世凯的护驾之功甚为赞赏,晋升其为直隶总督。袁世凯更是感恩戴德,为取悦慈禧,就送了这辆时髦的名牌洋车。

图2.42 袁世凯送给慈禧的"中国第一车"

经考证,该车是由设在美国马萨诸塞州的图利亚汽车与弹簧公司于1896年制造的图利亚(DURYEA)牌汽车,设有4个座位,发动机在前排底座下方,通过链条驱动后轮。汽车的造型还算气派,但谈不上豪华,采用开式车身,6根垂直的杆子支起一个精美的顶棚,车头还挂着2盏精美的黄铜煤油灯,更为出色的是钢板弹簧悬架和4只充满气体的轮胎大大提高了汽车的平顺性。

尽管袁世凯为这件贡品费尽心思,但慈禧并不喜欢,黑色的车身在西方人眼里威严庄重,但比不上中国人心目中象征至高无上皇权的金黄色,汽车座位的式样和侧面的线条很容易让人联想起在中国已逐渐盛行的黄包车。汽车后面的座位较高,慈禧穿着3寸高鞋底的旗鞋实在无法爬上去,侍从好不容易才把她抬上去,可是宫廷内到处可见的高大的门槛使汽车无法行驶,而在宫廷外这辆车也远不如前呼后拥的十六抬大轿显得威风。更令"老佛爷"不能容忍的是驾驶员竟然大模大样地坐在她前面,有失体面,于是她下令驾驶员孙长富跪着给她开车,这当然是不可能的,慈禧还是喜欢坐她的十六抬大轿。而今,这辆珍贵的中国头号汽车古董依然保存完好,静静地停放在北京颐和园的"德和园"内。

2. 旧中国的汽车制造情况

1903年以后,上海已陆续出现了从事汽车或零部件销售、汽车出租的洋行。1929年中国进口汽车达到8781辆,世界各国汽车蜂拥而入,1930年中国汽车保有量达38484辆,却没有一辆国产车。

孙中山先生1912年在江阴视察江防工作时,曾作过"关于道路与自动车建设"的专题报告,阐明了修筑公路、开办长途汽车运输对货物流畅、便利交通、发展经济的重要作用。

孙中山先生1920年发表的《建国方略》一书中讲道:"最初用小规模,而后用大规模,以供四万万人需要。所造之车当用于各种用途,为农用车、商业车、旅行用车、运输用车等。一切车以大规模制造,实可较今更廉,欲用者皆可得之。"

1928年,东北易帜后,东北军工企业辽宁迫击炮厂转为民用生产,将迫击炮厂更名为民生工厂。民生工厂决定以美国"万国"牌汽车为样本,制造两种型号的载货汽车:一种为75型,装载量为2吨,适用于城镇;一种为100型,装载量为3吨,适用于路况较差的地区。经过努力,1931年5月中国第一辆国产民生牌75型载重汽车终于问世,如图2.43所示。这辆车采用65马力6缸汽油发动机,液压制动,装载量为1816 kg,最高时速达40 km/h。除少数重要部件委托国外依图纸代制以外,其余均为自制,"国产化率"高达70%,在当时国内机械工业水平极低的条件下,能够取得这一成绩,实属不易。

可惜正当人们为中国人有了自己的汽车而鼓舞的时候,"九一八"事变爆发,沈阳沦陷,辽宁迫击炮厂被日军侵占,刚刚萌芽的中国民族汽车制造工业就这样被扼杀了。

图2.43　民生牌75型载货汽车(1931年)

2.2.2　新中国的汽车工业

新中国的汽车工业经过半个世纪的努力,发生了天翻地覆的变化。从一个曾经是"只有卡车没有轿车""只有公车没有私车""只有计划没有市场"的汽车工业,终于形成了一个种类比较齐全、生产能力不断增长、产品水平日益提高的汽车工业体系。回顾新中国汽车工业70多年来走过的路程,处处印证着各个历史时期的时代特色,经历了创建、成长和全面发展三个历史阶段。

1. 创建阶段(1953至1965年)

(1)第一汽车制造厂(简称一汽)的建成

新中国成立后,百废待兴,建立自己的汽车工业被提到重要的议事日程上。1950年年初毛泽东主席和周恩来总理在莫斯科与斯大林开会时,建设汽车制造厂便被作为第一个五年计划期间苏联援助中国的重要项目之一。1950年4月中央政府重工业部成立了由郭力、孟少农、胡云芳等人组成的汽车工业筹备组,由苏联专家协助工作,确定在吉林省长春市建立第一汽车制造厂。1951年国家批准初步设计方案,1952年开始进行技术设计和施工设计。同年7月15日一汽正式破土动工,并由毛泽东主席亲自题写奠基纪念,11月党中央任命饶斌为第一汽车制造厂厂长。饶斌是中国汽车工业的奠基人,被誉为"中国汽车之父"。1953年6月毛泽东主席签发《中共中央关于力争三年建设长春汽车厂的指示》。1953年7月15日在长春打下了第一根桩,从而拉开了新中国汽车工业筹建工作的帷幕。1956年7月13日国产第一辆汽车驶下总装配生产线,这就是由长春一汽生产的解放牌载货汽车(如图2.44所示),从此结束了中国不能制造汽车的历史,圆了中国人的汽车国产梦。图2.45所示为中国第一辆载货汽车出厂情景。

图2.44 "解放牌"CA10载货汽车　　图2.45 中国第一辆载货汽车出厂情景

一汽是我国第一个汽车生产基地,从开始就确定了生产中型载货车、军用车以及其他改装车(救护车、消防车等)为主的发展战略。因此使得中国汽车工业的产业结构从开始就形成了"缺重少轻"的局面。

1957年5月一汽开始仿照国外样车生产轿车,1958年先后试制成功CA71东风牌小轿车(如图2.46所示)和CA72红旗牌高级轿车(如图2.47所示)。同年9月又一辆国产"凤凰牌"小轿车在上海诞生。红旗版轿车被列为国家礼宾用车,凤凰版轿车参加了国庆十周年献礼活动。

图2.46 东风CA71型轿车　　图2.47 红旗CA72型轿车

(2)其他四个汽车生产基地的形成

1958年以后,中国汽车工业出现了新的情况,由于国家实行企业下放,各省市纷纷利用汽车配件厂和修理厂仿制和拼装汽车,形成了中国汽车工业发展史上的第一次热潮,产生了一批汽车制造厂、汽车制配厂和改装车厂。汽车制造厂由当初(1953年)的1家发展为16家(1960年),主要分布在南京、上海、北京、济南等地。

① 南京汽车制造厂的建成

南京汽车制造厂前身是新中国成立前的枪炮修理厂。1958年3月10日南京汽车制造厂在苏联的嘎斯51型汽车的基础上生产出第一辆跃进牌NJ130轻型载货汽车。跃进NJ130型汽车(如图2.48所示)投产后成为当时我国轻型载货汽车的主力车型。同年6月试制出第一辆NJ230型越野汽车,成为第二家直属中央的汽车企业。

图2.48　跃进NJ130轻型载货汽车

② 上海汽车制造厂的建成

20世纪50年代至60年代,我国迫切需要一种普及型的公务轿车。1958年9月上海汽车装配厂试制成功第一辆国产凤凰牌轿车,开创了上海制造汽车的历史。1960年10月上海汽车装配厂更名为上海汽车制造厂。1964年2月凤凰牌轿车更名为上海牌SH760,如图2.49所示。同年12月上海牌SH760型轿车开始批量生产。上海牌轿车从投产到20世纪80年代初是国内唯一普通型公务用车,成为机关、企事业单位和接待外宾的主力车型。该车一直到20世纪80年代桑塔纳轿车投产才退出历史舞台。

图2.49　上海牌SH760型轿车

③ 济南汽车制造厂的建成

济南汽车制造厂的前身是始建于1935年的一家汽车配件厂。1959年济南汽车制造厂参照捷克的斯柯达706RT型8吨载货汽车设计出我国的重型载货汽车。1960年4月济南汽车制造厂试制成功了黄河JN150重型载货汽车,如图2.50所示。这是新中国第一辆重型汽车,该车由朱德委员长亲自命名并题词。黄河重型汽车的诞生,引得当时万人空巷。

图2.50 黄河JN150重型载货汽车

④ 北京汽车制造厂的建成

1961年国防科工委批准北京汽车制造厂作为轻型越野汽车的生产基地。同年,试制成功第一辆北京BJ210型轻型越野汽车,如图2.51所示。1966年国务院军用产品定型委员会批准了北京汽车制造厂的BJ212型轻型越野汽车的设计,并投入批量生产。

到20世纪60年代初,全国形成了五个汽车生产基地,截至1965年全国汽车生产量累计17万辆。创建时期的主要成果有:建立了一汽这样的现代化汽车生产企业,同时建立了南京汽车制造厂、上海汽车制造厂、济南汽车制造厂、北京汽车制造厂,形成了五个汽车生产基地;汽车生产实现了零的突破,初步形成重型、中型、轻型载货汽车、轻型越野汽车和少数汽车品种的生产能力;积累了一定的汽车制造工厂设计、产品设计经验,培育了一批汽车制造产业工人和技术人员。

图2.51 北京BJ210型轻型越野汽车

2. 成长阶段(1966至1980年)

(1) 第二汽车制造厂的建成

1964年我国确定在三线建设以生产越野汽车为主的第二汽车制造厂(简称二汽)。1965年12月第二汽车制造厂筹备处成立。1966年10月确认第二汽车制造厂厂址位于湖北省十堰市。1967年4月1日第二汽车制造厂正式破土动工并举行开工典礼。1975年7月1日第二汽车制造厂东风EQ240型2.5吨越野汽车(如图2.52所示)的生产基地投产。1978年7月第二汽车制造厂东风EQ140型5吨载货汽车(如图2.53所示)生产基地基本建成,并开始投入批量生产。

图2.52　二汽开发的2.5吨军用越野汽车

图2.53　二汽5吨载货汽车装配线

二汽是我国汽车工业第二个生产基地,与一汽不同,二汽是依靠我国自己的力量创建起来的工厂,由国内自行设计、自己提供装备,采取了"包建"(专业对口老厂包建新厂、小厂包建大厂)和"聚宝"(国内的先进成果移植到二汽)的方法,同时在湖北省内外安排新建、扩建26个重点协作配套厂。一个崭新的大型汽车制造厂在湖北省十堰市兴建和投产,当时主要生产中型载货汽车和越野汽车。二汽拥有约2万台设备,100多条自动生产线,只有1%的关键设备是引进的。二汽的建成,开创了中国汽车工业以自己的力量设计产品、确定工艺、制造设备、兴建工厂的时代,检验了整个中国汽车工业和相关工业的水平,标志着中国汽车工业上了一个新台阶。

(2) 四川汽车制造厂和陕西汽车制造厂的建成

1966年3月11日四川汽车制造厂举行开工典礼,厂址选定在四川大足。1966年6月四川汽车制造厂的红岩牌CQ260型越野汽车(如图2.54所示)在綦江齿轮厂试制成功,后改型为红岩CQ261型。1971年7月四川汽车制造厂批量投产红岩牌CQ261型越野汽车。

图2.54　红岩牌CQ260型越野汽车

陕西汽车制造厂厂址选定在陕西省岐山县麦里西沟。1974年12月27日陕西汽车制造厂生产的延安牌SX250型越野汽车鉴定定型,如图2.55所示。1978年3月14日陕西汽车制造厂和陕西齿轮厂建成,正式投产延安牌SX250型越野汽车。

图2.55 延安牌SX250型越野汽车

(3) 开发生产矿用自卸汽车和重型载货汽车

1969年以后,上海汽车制造厂、第一汽车制造厂(后转本溪)进行矿用自卸汽车试制、生产。1969年7月上海汽车制造厂的上海SH380型32吨矿用自卸车(如图2.56所示)和SH361型15吨矿用自卸车试制成功。1971年第一汽车制造厂试制成功60吨矿用自卸汽车。

图2.56 上海SH380型32吨矿用自卸车

(4) 地方积极建设汽车制造厂

有了第一汽车制造厂和第二汽车制造厂的经验,全国各地开始积极发展汽车工业,出现了遍地开花的现象。上海、四川、陕西、安徽等地相继建成整车制造厂和零部件厂,生产轻型载货汽车、轻型客车、改装车和专用汽车。

20世纪70年代末期,我国汽车年产量为22万辆,汽车制造厂为56家,汽车行业企业总数为2379家,从业人员为90.9万人,汽车工业总产值为88.4亿元。

汽车工业经过这一阶段的摸索成长,1980年汽车生产量为22.2万辆,是1965年产量的5.48倍,1966～1980年生产各类汽车累计163.9万辆,汽车生产向多品种、专业化发展。1980年大中轻型客车生产量为1.34万辆,其中长途客车6000多辆,1980年全国民用汽车保有量为169万辆,其中载货汽车148万辆。

成长阶段的主要成果有:建立了第二汽车制造厂、四川汽车制造厂和陕西汽车制造厂三个主要生产军用越野汽车的三线汽车制造厂;开发了矿用自卸车和重型汽车;汽车生产分散局面形成。

由于各种原因,这段时间整个汽车工业的历史完全是一段"缺重少轻"的历史,从1953年到1980年,中国汽车工业基本上是"中国卡车工业"。

3. 全面发展阶段(1981年至今)

从改革开放开始,中国汽车工业进入全面发展阶段。汽车产品(解放、跃进、黄河牌各车型)升级换代,结束了30年一贯制的历史;调整商用车产品结构,改变"缺重少轻"的生产格局,引进技术和资金,发展轿车工业,形成生产规模。

1984年中国改革开放进入第6年,汽车企业吸引外资,与外国人合伙生产汽车的问题被推到了前台。1984年1月15日由北京汽车制造厂与美国汽车公司(AMC)合资经营的北京吉普汽车有限公司举行开业仪式,生产美国汽车公司切诺基XJ系列4轮驱动越野车,成为我国首家中外合资汽车企业,合同有效期为20年。1984年10月10日中德双方签署上海-大众汽车有限公司合营合同。合同规定固定资产总投资3.87亿元人民币,注册资金1.6亿元人民币,图2.57所示是合同签订现场。1985年3月21日上海大众有限公司成立,标志着中国汽车工业从此掀开了历史性的一页,如图2.58所示。同年,南京汽车引入了意大利菲亚特的依维柯汽车,广州汽车与法国标致的合资项目也获批准,被停滞了30余年的轿车工业开始大步向前。

图2.57　中德双方签署上海-大众汽车有限公司合营合同

图2.58　上海大众有限公司成立

1994年是中国汽车史,特别是轿车史上值得纪念的一年。在这一年,影响中国汽车近10年的《汽车产业发展政策》出台了。虽然用目前的眼光来看,这个产业政策还有许多局限之处,但在当时它解决了许多汽车发展中的问题,特别是将"汽车"和"家庭"联系到了一起。1994年之后,汽车消费不再受限制。但事实上,在要不要发展汽车工业,特别是要不要鼓励轿车进入家庭的问题上在当时还是有很大争议的。由于当时并没有明确鼓励汽车消费,各种税费和地方保护等问题仍十分严重。

到了1998年,中国汽车的年产量达到了162.8万辆,从而成为世界上第十大汽车制造国。就在这一年,中国轿车的第二轮合资热潮开始了,上海通用、广州本田破土动工,一汽大众、神龙公司也站稳了脚跟,开始向连续多年位居国内汽车企业榜首的上海大众发出挑战。到1998年底,中国汽车行业已与20多个国家和地区的企业建立了600多家外商投资企业

(上海大众、一汽大众、上海通用、神龙、贵州云雀等)。

1998年全国生产轿车50.7万辆,占全国汽车总产量的31.14%,年产0.8万辆以上的厂家有上海大众、天津夏利、一汽大众、神龙富康、长安铃木奥拓、一汽轿车、北京切诺基。

1991年全国私人汽车保有量为96万辆(客车、轿车30万辆),占当年全国民用汽车保有量606万辆的15.8%;1998年私人汽车保有量为423.7万辆(客车、轿车230.7万辆),占当年全国民用汽车保有量1319万辆的32.1%。

从1999年起,中国汽车工业进入高速增长期,每年保持两位数以上的增长。1999年全国汽车行业共有企业2391家,其中整车企业118家,改装车企业546家,发动机企业51家,零部件企业1540家;汽车行业拥有职工180万人,其中工程技术人员16.9万人。

2000年全行业实现销售收入3911亿元,利润为177亿元,比1995年分别增长80%和107%;生产汽车207万辆,其中轿车60.5万辆,比1995年分别增长43%和86%。

2001年汽车总生产量为233.44万辆,其中,全国轿车产量为70.35万辆。

2002年生产汽车325.12万辆,比上年同期增长39.7%。在三大车型中,轿车的产销增幅最大,产量为109.1万辆,比上年增长55%,轿车产销量首次突破百万辆,并创造了1993年以来的最高增幅。

2003年生产汽车444.37万辆,其中客车产量119.52万辆,载货汽车产量122.96万辆,轿车达到创纪录的201.89万辆,同比增长83.25%,其增速为世界汽车发展史少见。

2009年中国汽车累计产销突破1300万辆,同比增长创历年最高,中国成为世界第一大汽车生产和消费国。

2017年全年汽车产销2901.5万辆和2887.9万辆,连续九年蝉联全球第一。

目前已形成许多轿车生产基地:上海大众汽车有限公司、一汽大众汽车有限公司、神龙汽车有限公司、天津汽车工业(集团)有限公司、北京汽车工业集团总公司、广州本田轿车有限公司、长安汽车(集团)有限责任公司、一汽红旗、上海通用、海南马自达汽车公司、芜湖奇瑞汽车公司、南京南亚·菲亚特汽车公司、江苏悦达·起亚汽车公司。

中国轿车领域已形成了以一汽、东风、上汽三大集团为主导,以广州本田、重庆长安、南京菲亚特、浙江吉利、哈飞集团、昌河集团、华晨汽车、北京现代等为重要组成部分的"3+X"的崭新格局。

全面发展阶段我国汽车工业取得的主要成果有:

① 汽车产量高速增长,形成了具有一定规模的产业基础。

② 汽车需求快速增长,消费结构有了明显的变化,潜力巨大的汽车市场初步形成,私人消费已经成为汽车消费的主流。

③ 产品结构趋于合理,基本满足市场的需求,轿车的比重越来越高。

④ 产业组织结构进一步优化,重点骨干企业在产业发展中的主导作用更加明显,汽车产业开始跨地区、跨行业、跨品牌、跨国界、跨所有制的联合兼并和重组。

⑤ 产品的出口增长,产业国际化进程进一步提高。开始由一个市场向两个市场进行根本转变。汽车的产品出口由以发展中国家为主,开始转向发达国家。零部件主要出口到美国、日本、德国。

⑥ 制造技术和管理水平稳步提升,不断有新的车型推出,平均每年推出90余种新车型,价格不断下降,自主品牌发展速度非常快。

⑦ 营销体系逐步确立,规模有序的汽车市场开始建立。随着汽车产量的大幅度上升,全国范围内建起了2500多家集销售、维修、培训、信息、管理为一体的经销专营店。

⑧ 国际合作进一步扩大。顺应外商的投资热情,引进技术和吸引外资都有了较大幅度的增长。

⑨ 产业投资主体向多元化发展,开始形成国有、民营和国外资本并存的多元化产业资本结构。

任务2.4　汽车在国民经济中的作用

从第一辆汽车诞生到今天,汽车工业从无到有,迅猛发展。汽车无处不在,人们已经离不开汽车了。汽车在现代社会的经济发展和人们的生活中具有重要的地位和作用。

汽车是一种综合性强、技术含量高、批量大的高新技术产品,它在国民经济、国防建设和人们生活等方面发挥着十分重要的作用。汽车的制造和应用是衡量一个国家发达水平的重要标志,许多国家把汽车工业作为国民经济的支柱产业。同时,汽车对人类文明也有着重要的影响,汽车改变了社会形态和人们的生活,影响着人们的学习、工作乃至生活观念、生活方式。

2.4.1　汽车对社会经济的影响

汽车诞生至今已有一百多年了,其发展迅速,影响深远。汽车工业在世界经济发展中的地位也越来越重要,汽车对社会经济的影响也越来越大。

1. 汽车工业的发展优化了交通结构

作为交通工具,汽车具有广泛的普遍性和高度的灵活性。汽车是重要的交通工具之一,承担着十分广泛的运输任务,而且其运输地位居各种交通工具之首。汽车是数量最多、普及最广的交通工具,在城市、乡村随处可见。在现代社会中,没有哪种交通工具可以与汽车所起的作用相提并论。汽车也是最灵活的交通工具之一。汽车运输的优点是可以"全面铺开"和"门对门",即汽车的活动范围比火车、轮船和飞机广得多,而且可以非常方便地将乘客和货物"从一个门口运送到另一个门口"。正因为如此,汽车在过去数十年中已迅速发展成为最主要、最受青睐的交通工具。

汽车在全社会运输量中所占的比例越来越大,已占据了主导地位。在美国、德国、英国等国家中,汽车在客运总量中所占的比例已达到90%左右。

2. 汽车工业的发展促进了社会经济的发展

纵观历史,20世纪20年代美国经济的兴起,20世纪50年代德国、意大利、法国经济的起飞,20世纪60年代日本经济的繁荣,无不以汽车工业的高速发展为前提。汽车已经成为一些国家经济的支柱产业。

从我国经济的发展来看,汽车保有量的增长对国民经济增长的拉动作用十分明显,汽车拥有量的增加可拉动GDP的相应增长,随着汽车工业的发展,汽车工业在制造业和GDP中的比例也越来越大。

据2008年初步统计,我国汽车保有量为6000万辆,已成为世界主要的汽车生产和消费国家,汽车占有率为98辆/千人。汽车市场潜力巨大,汽车工业增加值占GDP的比例为1.56%,成为国民经济的支柱产业,汽车工业总产值为11930亿元,汽车行业拥有国有级规模以上企业6315家,从业人员216万人,总资产11631亿元。

2009年我国汽车产销分别完成1379.10万辆和1364.48万辆,同比分别增长48%和46%。以近1400万辆的产销量,超越美国成为世界第一大汽车产销市场。其中,乘用车产销分别完成1038.38万辆和1033.13万辆,同比分别增长54%和53%;商用车产销分别完成340.72万辆和331.35万辆,同比分别增长33%和28%。1.6L及以下乘用车购置税减半政策对汽车产销增长影响巨大,2009年该类车型销量为719.55万辆,同比增长71%,销售增长贡献度为70%。汽车工业总产值为20000亿元左右,汽车工业增加值占GDP的比例达到2.5%。

汽车工业发展对扩大就业、安置下岗职工有很大的促进作用。汽车工业的发展,为人们提供了大量的工作岗位。主要汽车生产国的汽车工业和相关产业提供的就业机会,约占全国总就业机会的10%。据初步估计,汽车工业与相关产业的就业人数之比为1:11,汽车与销售、使用汽车人数比为1:3.8。

3. 汽车工业的发展带动了相关产业的发展

汽车工业对相关产业的影响,不仅表现在生产过程中,还表现在使用过程中。它涉及原材料工业、设备制造业、配套产品业、公路建设业、能源工业、销售业、服务业和交通运输业等34个行业,波及范围广。在美国,汽车工业消耗的原材料中,橡胶占全国橡胶销量的10%,钢铁占全国钢铁销量的20%。

我国的汽车工业在国民经济中占据重要地位,汽车工业产值的增长可使相关产业的产值随之增长。

4. 汽车产业推动了科学技术的发展

现代汽车采用了大量的新材料和新结构,特别是应用现代电子技术进行控制操纵,大大地提高了汽车的性能。汽车开发的过程,需要集中一大批优秀的科技人才,开展上千项研究工作,应用最先进的理论、最精确的计算技术、最现代化的设计方法和最完善的测试手段。汽车的制造,应用了冶炼、铸造、锻压、机械加工、焊接、装配、涂装等领域的许多最新工艺技术成果,在工厂中采用数以百计的自动化生产线,并且应用了科学的生产管理手段。毫无疑问,汽车是一种高科技产品,其足以体现一个社会的科学技术水平。汽车工业的发展,促进了科学技术的繁荣。

2.4.2 汽车对人类生活的影响

汽车的发展不仅对社会经济产生了巨大的影响,同时还给人类的生活带来了重要的变化。

1. 汽车对人类生活的有利作用

汽车的发展明显地改变了人们的生活方式,使人们的生活空间更加广阔,交流更加便利,生活半径也相应增大,同时在一定程度上还影响了人们的思维方式。比如,可以提高人们的自尊心和信心等,使人们心情愉快,工作效率也会相应提高。汽车的拥有从某种意义上来说,反映了人们的生活水平和社会地位。汽车给人们的生活带来了如下便利:

(1) 汽车自由灵活,富有独立性

汽车让人们的出行时间、方式和质量发生改变,汽车能随时停留,可任意选择目的地,使人们的活动范围从点扩大到面,从而提高了生活品质,增大了人们的生活半径。

(2) 汽车行驶的方便性是其他交通工具无法比拟的

汽车可以到达许多火车所不能到的地方,同时也是其他交通方式的有效补充和连接。汽车车窗敞亮,视野开阔,可观赏沿途风光。对于一些具体目标,汽车站一般比火车站离村镇、名胜古迹较近,更有利于旅游者沿途游览。

2. 汽车对人类生活的不利影响

汽车对人类的影响是多元化的综合效应,在带给人类便利的同时也给人类的生活带来种种问题。这些问题集中表现在3个方面:能源、交通和污染。

(1) 汽车产业高度消耗自然资源

制造汽车需要消耗大量的自然资源,除了使用钢铁外,现代的汽车还需要使用能耗很高的铝材和难以回收的塑料。另外,使用汽车需要消耗大量的汽油,全世界一半以上的石油被用于运输,而其中1/3的燃油被用于驱动汽车的内燃机。

(2) 汽车的运行致使交通拥挤,交通事故频发

汽车引起的交通事故是当今世界上导致人类死伤数量最多的原因之一,每年约有数百万人遭受车祸的伤害。同时大量的汽车造成交通拥挤,车辆的停放也日益压缩着人们的生活空间。

(3) 汽车的使用会使环境受到污染

汽车排放的尾气对城市环境的污染非常严重。使有些城市中的空气不适宜呼吸,以致儿童和老人有时会感觉透不过气来。由汽车尾气引发的光化学烟雾是世界上许多大城市共

同面临的难题。另外,汽车的使用还会造成噪声污染,使人们的精神分散、健康受到危害。

复习思考题

1. 世界上第一辆(内燃机)汽车诞生于哪年?诞生于哪个国家?
2. 哪两位发明家被称为"现代汽车之父"?
3. 世界第一辆蒸汽汽车由何人发明?在哪个国家?
4. 世界最早的汽车装配流水线出现于哪个汽车公司?当时生产何种汽车?
5. 世界汽车工业经历了哪三次变革?
6. 中国的汽车工业发展经历了哪几个阶段,各有何特点?

汽车名人:戈特利布·戴姆勒

戈特利布·戴姆勒(1834—1900年),出生于德国一个普通工人家庭。1852年戴姆勒就读于斯图加特工程学院。1859年进入梅斯纳蒸汽机车工厂工作,1861年成为研究生,1862年回到德国。

1865年戴姆勒与威廉·迈巴赫初次见面。

1872年戴姆勒在奥托公司着手四冲程发动机的研发工作,迈巴赫为设计室主管。

1882年戴姆勒、迈巴赫离开奥托公司,在斯图加特附近建厂,着手制造汽油发动机,1883年推出首部卧式发动机。

1884年推出了立式发动机。1885年4月3日获得德国专利。

戈特利布·戴姆勒

立式发动机首先应用于木制双轮车上,这就是摩托车的先驱。1886年立式发动机被装在四轮马车上,成为著名的"汽油马车"。

1890年戴姆勒成立了股份公司"DMG",并担任监管会代理主席。1897年戴姆勒公司生产出"凤凰"轿车,迈巴赫进一步完善了前置发动机的"凤凰"轿车。

1899年戴姆勒制造的凤凰轿车在法国尼斯汽车大赛上取得冠军,该赛车名为"梅赛德斯"。

1900年3月6日戈特利布·戴姆勒在德国斯图加特去世。

1902年"梅赛德斯"被注册为商标,之后批量生产。

1926年6月29日戴姆勒公司和奔驰公司合并,成立了戴姆勒-奔驰公司,生产的所有汽车都命名为"梅赛德斯-奔驰"。

 任务工单

汽车发展与历史

项目		班级	
姓名		学号	
小组		日期	

1. 实训要求：
(1) 简述汽车的诞生历史及发展过程。
(2) 通过查阅资料了解中国汽车工业发展的三个阶段。
2. 实训实施：

自我评价	小组互评	老师评价

汽车文化

项目3　汽车公司与商标——秉烛谈"车"

知识目标

1. 了解世界著名的汽车公司,熟悉各汽车公司的主要汽车品牌,理解各汽车公司商标的含义。

2. 认识中国主要的汽车公司,熟悉各汽车公司的主要汽车品牌,理解各汽车公司商标的含义,培养学生的爱国主义情怀。

3. 分清各汽车公司相互间的关系,了解各大汽车公司的发展历程。

汽车公司的创建、发展和变迁记录了世界汽车工业的成长历程。汽车公司商标简称车标,顾名思义就是汽车公司或汽车产品的标志。它是艺术性和象征性的高度统一,是汽车公司生存和发展的缩影。车标已同各种社会、文化、心理因素相融合,成为一种时代的象征。

任务3.1　著名汽车公司简介

3.1.1　梅赛德斯-奔驰汽车公司

1. 公司简介

奔驰汽车公司是世界十大汽车公司之一,创立于1926年,创始人是卡尔·本茨和戈特利布·戴姆勒。它的前身是1886年成立的奔驰汽车厂和戴姆勒汽车厂,1926年两厂合并后叫戴姆勒-奔驰汽车公司。现在,奔驰汽车公司除了以高质量、高性能豪华汽车闻名外,它也是世界上最著名的大客车和重型载重汽车的生产厂家。它是世界上资格最老的厂家之一,也是经营风格始终如一的厂家。

2. 发展历程

1883年本茨创建了奔驰公司和莱茵煤气发动机厂,它是奔驰汽车厂的前身。

1890年戴姆勒汽车公司成立(DMG)，迈巴赫设计了第一台直列四缸四冲程发动机。

1926年6月29日戴姆勒汽车公司与奔驰汽车公司正式合并，成立了戴姆勒-奔驰汽车公司，本部设在德国斯图加特市，成为强强联合的首创者。它是德国最大的工业集团和跨国公司，所产轿车以戴姆勒汽车公司经销商埃米尔杰里克的女儿梅赛德斯(Mercedes)的名字命名。奔驰的技术、工艺和质量是全球最高的，它是汽车的第一品牌。

1934年梅赛德斯-奔驰汽公司制造了世界上第一辆防弹汽车770 k（如图3.1所示），车身用4 mm厚的钢板制成，挡风玻璃有50 mm厚，轮胎是钢丝网状防弹车胎，后排坐垫靠背装有防弹钢板，地板也被加厚到4.5 mm，整车重量超过5 t，它配有一台排量为7655 mL的V8发动机，可产生100 kW的功率。

图3.1 世界上第一辆防弹汽车770 k

1936年梅赛德斯-奔驰汽车公司首次将柴油发动机安装在轿车上，从而使轿车的使用费用大大降低。

1954年公司在300SL型汽车上使用了汽油喷射装置，从而淘汰了传统化油器。

1961年公司推出了第一款带有空气悬架的汽车300SE。

1972年公司开发了一款全新的豪华车280SE。随后，这款车被命名为"S-Class"（内部代号：W116），也就是我们熟悉的最早的S系列车。

1974年公司推出了世界上第一款搭载5缸柴油发动机的汽车240D3.0，如图3.2所示。

1978年公司在法兰克福国际汽车展上推出了一款搭载5L排量的轻型铝合金发动机的汽车450 SLC 5.0，如图3.3所示。

图3.2 奔驰240D 3.0　　　　　图3.3 奔驰450 SLC 5.0

1986年梅赛德斯-奔驰中国有限公司成立。

1998年和美国克莱斯勒公司合并为全球化运营的戴姆勒-克莱斯勒集团。图3.4所示为德国奔驰汽车公司的总部。

图3.4　德国奔驰汽车公司的总部

2020年梅赛德斯-奔驰(含Smart)在中国市场的销量为774382辆,同比增长11.7%,为BBA(奔驰BENZ、宝马BMW、奥迪AUDI的首字母)中增幅最大的品牌。2020年梅赛德斯-奔驰在中国市场共推出18款新车型,覆盖所有主要细分市场。

3.1.2　宝马汽车公司

1. 公司简介

宝马公司的全称是巴伐利亚机械制造厂股份公司,1916年成立于德国慕尼黑(如图3.5所示),与菲亚特、福特、雷诺、劳斯莱斯相比显得比较年轻。

图3.5　宝马汽车公司总部

20世纪70年代早期,它成为世界高性能和豪华轿车市场上的主角之一,并一直延续至今。它最早是一个制造飞机引擎的公司,于1916年3月注册成立。这家公司第一个成功的产品是由费兹设计的直列六缸发动机,在第一次世界大战时装配在德国飞机上。德国王牌飞行员恩斯特·乌德特把他们的成功很大一部分归功于宝马的引擎。

2. 发展历程

2016年3月7日宝马集团迎来了自己的百年华诞。作为一家从飞机发动机起家的企业，从成立之初，宝马就将探索、创新、追求极致融入自己的基因。从产品到技术，从服务到企业管理，"创新"这个词一直贯穿宝马的发展历史。早在1916年，宝马就凭借创新的飞机发动机技术闻名于世。凭借不断创新与突破，宝马创造了无数个"蓝天白云间的奇迹"。

1916年卡尔拉普和马克斯·弗里茨两人共同创建了巴伐利亚机械制造厂股份公司（Bayerische Motoren Werke AG,BMW）。

1923年第一款宝马摩托车，也是全球第一款装备水平对置双缸"拳击手"发动机的摩托车——BMW R32在柏林帝王大道举办的德国国际车展亮相，并在之后的摩托车市场取得了巨大的成功。

1928年宝马收购爱森纳赫汽车制造厂，由此开辟了除飞机发动机和摩托车生产之外的第三大支柱产业——汽车生产。

1961年作为现代宝马的鼻祖，BMW1500首次亮相法兰克福车展即大获好评。其经典的霍夫斯特弯角的设计更是一直延续至今。可以说，BMW1500开启了现代宝马车系的历史。

2018年10月宝马集团和华晨汽车集团联合宣布，股东双方将延长华晨宝马的合资协议至2040年。

2020年宝马集团在中国携手经销商，共交付777379辆BMW和MINI汽车，同比增长7.4%，创下公司自1994年进入中国市场以来最好的销售记录。

3.1.3 大众汽车集团

1. 公司简介

大众汽车集团成立于1938年，总部位于德国沃尔夫斯堡，是欧洲最大的汽车公司，也是世界汽车行业中最具实力的跨国公司之一。集团目前拥有九大著名汽车品牌：大众汽车（德国）、奥迪（德国）、兰博基尼（意大利）、宾利（英国）、布加迪（法国）、西雅特（西班牙）、斯柯达（捷克）、斯堪尼亚商用车（瑞典）、保时捷（德国）。

1984年大众汽车在中国建立了首个合资企业上海大众；1991年又在长春建立了第二家合资企业一汽大众。

2. 发展历程

1937年大众汽车公司由世界著名的汽车设计大师费迪南德·保时捷创立，并于1938年在今天的沃尔夫斯堡开始建厂。

1945年6月中旬大众汽车公司由英国军政府接管，在伊万·赫斯特少将的管理下，甲壳虫（Volkswagen Beetle）投入大量生产。

1972年2月17日大众汽车公司打破世界汽车生产纪录。甲壳虫以15007034辆的纪录超越福特汽车公司的Model T车型(即公众所熟悉的Tin Lizzy)在1908~1927年所创下的传奇纪录。

1973年新一代大众汽车的首款车型Passat(帕萨特),如图3.6所示,投入生产,它采用四轮驱动和水冷四缸引擎,引擎调校范围达110 hp。帕萨特采用模块化设计,标准化的组件可同时应用于多款不同的车型,从而带来显著的规模经济效应。

1974年1月首辆Golf(高尔夫)车型在沃尔夫斯堡亮相,如图3.7所示。这款紧凑型小轿车一经推出便快速风靡,进而成为甲壳虫神话的继承者。

图3.6　1973年第一代Passat

图3.7　第一代高尔夫

1998年大众公司推出了全新打造的最新款甲壳虫汽车,如图3.8所示。

2002年8月在Volkswagen Slovakia(布拉迪斯拉发),一款豪华越野车Touareg开始量产,标志着大众品牌正式进入一个全新的市场领域。

2003年第五代高尔夫(如图3.9所示)开始生产,在其设计中体现了一种新的活力观念。2012年大众收购保时捷剩余股份,保时捷成为大众旗下品牌。

图3.8　1998车款甲壳虫

图3.9　第五代高尔夫

自2015年起,大众汽车品牌在中国市场逐步启用全新"基于发动机扭矩"的车尾标志体系。大众汽车发动机创新技术的一大核心竞争力就是卓越的"扭矩性能"。

3.1.4　通用汽车公司

1. 公司简介

通用汽车公司的前身是1907年由戴维·别克创办的别克汽车公司,1908年美国最大的马车制造商威廉姆·杜兰特买下了别克汽车公司并成为该公司的总经理,同时推出C型车。到1908年,别克汽车公司已经成为全美主要汽车生产商,同年,杜兰特以别克汽车公司和奥兹汽车公司为基础成立了一家汽车控股公司——通用汽车公司(GM)。

2. 发展历程

1908年9月16日通用汽车公司正式成立(如图3.10所示)。其最初的资产仅包括杜兰特的别克汽车公司,并且在当时未能引起公众及新闻界的关注,直到白星航运公司宣告将由通用汽车公司建造全球最大的远洋客轮泰坦尼克号,通用汽车公司才真正开始影响这个行业。

图3.10　通用公司总部大楼

1909年杜兰特领导的通用汽车公司以475万美元的价格从亨利·利兰及其儿子威尔弗雷德手中收购了凯迪拉克汽车公司,并约定仍然由利兰父子继续管理凯迪拉克汽车公司的所有运营。

1914年新款雪佛兰风靡一时。与业界领先的福特T型车相比,雪佛兰第2款车"490"(如图3.11所示)无论在功率上还是性能上,都更胜一筹,而价格却相差无几。于是,"490"很快便席卷市场。杜兰特从雪佛兰上获得了巨大的利润并开始利用他手上的雪佛兰股票购买通用汽车公司的股份。

图3.11 雪佛兰490

1916年杜兰特从查里斯·纳什手中接过通用汽车总裁一职,再次执掌这个未来的汽车帝国。在杜兰特通过雪佛兰公司重新掌控通用汽车两年后,通用汽车公司正式收购了雪佛兰的所有资产。

1926年通用汽车公司开始了全球扩张的步伐,以通用汽车澳大利亚有限公司的成立拉开了其创办子公司和工厂的序幕。随着其在亚洲地区业务的不断扩张,1929年通用汽车在上海成立了新的中国公司总部。

1952年通用汽车公司推出"别克"牌小轿车,该车成为鱼形车身的代表。转向助力器装车使用,美国人开始采用座椅安全带。

1974年凭借催化式排气净化系统,通用汽车在降低污染排放方面迈出了最重要的一步。这一技术至今仍在整个汽车行业普遍应用。

2010年11月18日曾被摘牌的美国通用汽车公司重返华尔街。

2012年通用汽车公司营业收入达到1523亿美元,净利润达到49亿美元,这是通用汽车经历破产重组之后连续第三年保持盈利状态。其中,通用汽车在其全球最重要的两大市场——美国和中国的表现非常抢眼。

2020年8月10日通用汽车公司名列2020年《财富》世界500强排行榜第40位。

3.1.5 福特汽车公司

1. 公司简介

1903年6月16日亨利·福特和11个初始投资人签署了公司成立文件,创建了福特汽车公司,总部设在美国底特律市。福特汽车公司总部大楼如图3.12所示。

图3.12　福特汽车公司总部大楼

福特汽车在中国的独资和合、投资企业包括福特汽车(中国)有限公司、福特汽车工程研究(南京)有限公司、福特汽车金融(中国)有限公司、长安福特马自达汽车有限公司、长安福特马自达汽车有限公司南京公司、长安福特马自达发动机有限公司和江铃汽车(股份)有限公司。2012年8月27日长安福特马自达分立为长安福特和长安马自达两家公司。

2. 发展历程

1908年10月1日福特公司推出了T型车,如图3.13所示。亨利·福特将其称为"万能车"。它成为低价、可靠的运输工具的象征,当别的汽车陷于泥泞的道路上时,它却能继续前行。T型车赢得了千千万万美国人的心,人们亲切地称之为"莉齐"。T型车第一年的产量达到10660辆,打破了汽车业当时有史以来的纪录。在T型车投产的19年里,仅美国当地就销售了15007033辆。福特汽车公司在全球牢牢建立了自己作为综合工业巨头的地位。

1927年福特A型车(如图3.14所示)在各个方面都有了巨大的改进。1927年末到1931年,共计450多万辆不同车身造型和不同颜色的A型车行驶在美国的大街小巷。

图3.13　福特T型车

图3.14　福特A型车

1932年3月31日推出的第一台动力更为强劲的V8发动机汽车,正好满足了时代对新型车辆的需要。福特汽车公司首次成功地将V8缸体铸为一体,这比竞争对手造出可靠的V8发动机早了许多年。

1942年当公司必须将所有资源投入支持战争的工作时,民用车的生产突然停止。

1948年1月16日福特汽车公司建造了第一辆后来成为汽车史上最成功的车型系列的F

系列皮卡。

2001年10月1日小威廉·克莱·福特成为公司董事长兼首席执行官。2003年为福特百年诞辰,经过多年的兴衰与荣辱、战争与和平,福特汽车公司从一个人、一间小修理厂和一辆四轮车,发展成为一个促进全球经济繁荣的美国汽车巨头。

福特汽车2015年全球总销量虽然只有663.5万辆,位列第五,但4.9%的增长速度在五大汽车集团里排第一。

3.1.6　菲亚特克莱斯勒汽车集团

1. 公司简介

菲亚特是意大利著名汽车制造公司,世界十大汽车公司之一,成立于1899年,总部位于意大利北部都灵,创始人是乔瓦尼·阿涅利。它是世界上第一个生产微型车的汽车生产厂家。公司全称是意大利都灵汽车制造厂,菲亚特(FIAT)是该公司缩写的译音,FIAT也是该公司产品的商标。

其轿车部门主要有菲亚特、玛莎拉蒂、法拉利、阿尔法·罗密欧和蓝旗亚公司。工程车辆公司有依维柯公司。2009年7月24日欧盟委员会批准意大利菲亚特汽车公司收购美国克莱斯勒汽车公司。

2014年1月29日菲亚特股份有限公司董事会通过一项公司重组决议,将收购的克莱斯勒与菲亚特合并,组建菲亚特克莱斯勒汽车公司(如图3.15所示),成为完整一体的跨国车企。

图3.15　菲亚特克莱斯勒汽车公司

2. 发展历程

1899年7月1日意大利都灵汽车有限公司(FIAT)成立,并且生产了第一款汽车4HP。

1921~1929年菲亚特生产了众多车型,包括SuperFiat、519(六气缸豪华车型)、509及503。

1928年世界首款量产车装配铝合金气缸盖车型问世。

1929年菲亚特推出了经济车型514和拥有优雅外观的525。同年,厢式货车1014发布,拥有6个车轮、双变速器、铰接式底盘,越野性能非常强大。

1955年菲亚特发布畅销车型600(如图3.16所示),这是菲亚特首款后驱乘用车。1964年菲亚特发布了双门五座轿车菲亚特850(如图3.17所示)。

图3.16　菲亚特600

图3.17　菲亚特850

1971年菲亚特推出车型127(如图3.18所示)。该车型取得了巨大成功,隔年荣膺"年度车型"称号。同年,拥有悠久历史的运动化品牌Abarth被菲亚特集团收购。

图3.18　菲亚特127

1980年菲亚特发布经济车型中的翘楚——Pandao。

1983年在佛罗里达的卡纳维拉尔角,菲亚特发布了全新Uno,象征着公司的创新和技术革新。Uno赢得了1984年的"年度车型"称号。

1984年阿尔法·罗密欧成为菲亚特集团的一员。

1990年菲亚特推出Panda Elettra,成为了首款量产电动汽车。

1999年菲亚特集团研发的世界首款手自一体变速器Selespeed开始量产;2001年菲亚特推出Stilo。

2007年1月底菲亚特发布了全新Bravo。同年3月知名车型Abarth再度发布。2007年7月4日全新菲亚特500发布,随即大获成功,上市一年后便荣获"年度车型"称号。

2019年10月菲亚特克莱斯勒和标致雪铁龙宣布合并。菲亚特克莱斯勒汽车集团股东将从合并交易中获得55亿欧元的特别股息。合并后将分别持有合并后公司50%的股权。

3.1.7　标致雪铁龙集团

1. 公司简介

标致雪铁龙集团(法文:PSA Peugeot Citroen)是一家法国私营汽车制造公司,由标致汽车公司拥有,是世界级知名的汽车制造商,位列全球500强企业前100位。1976年标致和雪铁龙合并成立了PSA集团。1978年标志收购了克莱斯勒欧洲子公司,这样,成立于1966年的标致股份有限公司持有两大汽车公司100%的股份,是仅次于德国大众汽车的欧洲第二大汽车生产厂商,也是欧洲第一大轻型商用车生产厂商。

2019年10月PSA集团与菲亚特克莱斯勒集团(FCA)就合并达成共识,并以50:50的原则进行股权分配,成为全球第四大汽车制造商。

2. 发展历程

(1) 标致的历史

19世纪初当时法国的主流产业还是农业,一个具有开拓精神的家族放弃了农业,把目光投向了工业,这就是起源于15世纪的标致家族。在名扬汽车产业之前,这个家族已经在许多产业取得了成功。

1819年标致家族成立了"Peugeot-Frereset Compagnie",建立的新工厂开始生产钟表、缝纫机等产品,并取得了成功。

1850年标致举世闻名的狮子标志也正式亮相。

1888年阿尔芒·标致(Armand Peugeot)预见了汽车这项全新发明的巨大潜力,他拜访了著名的汽车设计师戈特利普·戴姆勒先生,希望联合更多的人共同探索汽车技术。

1889年对于标致来说,是具有历史意义的一年。阿尔芒·标致和著名的蒸汽动力学家莱昂·塞伯莱合作,制造了一辆三轮蒸汽动力汽车,并在庆祝法国大革命100周年的巴黎万国博览会上展出。这是第一辆以标致命名的汽车。

1896年阿尔芒在里尔成立标致汽车公司,专注旅行车和卡车生产。这一年的夏天,标致14型轿车面世,首次采用了标致专利的卧式双缸发动机。

1929年10月标致201在巴黎车展亮相,从此,标致开始用中间为"0"的3位数字命名车型。第1个数字代表系列,最后1个数字是此系列的款型排序。

1946年标致系列推出基本车型202,该车型吹响了战后重建的号角,以此为起点,标致开始重振旗鼓。

1955年出现了战后新的辉煌。标致汽车成功地推出了标致史上的传奇车型——标致403(如图3.19所示),标致首次与意大利都灵的设计师宾尼法利纳合作设计车身,双方的合作结出累累硕果,一直持续到今天。标致在403上首次安装弧形挡风玻璃,403也是标致首款产量突破百万的车型。

图3.19　标致403

2002年10月东风汽车将标致品牌引入中国,由神龙汽车生产制造。其实早在1985年,标致就已经在中国注册合资生产汽车的企业——广州标致。

(2)雪铁龙汽车公司的历史

1900年年仅22岁的安德烈·雪铁龙在波兰旅行时偶然发现了一种人字形的齿轮切割方法,并立即购买了这项专利。从此,这种人字形条纹齿轮便成为了雪铁龙公司的象征,这便是一直延续至今的雪铁龙汽车标志。

1919年雪铁龙推出Type A汽车。这是第一辆在欧洲批量生产、第一辆整车出售的雪铁龙汽车,也是第一辆专为大众研制、面向普通人的汽车。雪铁龙的思想是要把汽车大众化、普及化。

1924年雪铁龙的创始人安德烈·雪铁龙成立了雪铁龙有限公司,专门从事汽车生产。

1934年雪铁龙7A问世。这是第一款前轮驱动轿车,它以大胆的技术震动了整个汽车业,Traction Avant(前驱)是一次真正的技术革命,它一亮相就好评如潮,"新颖、大胆、丰富独特的解决方案,是对从前的一次超越"。该车一直生产到1957年,共生产了76万辆。

1948年雪铁龙2CV(如图3.20所示)在巴黎车展展出,以其夸张的造型、完美的设计、多重的用途引起了极大的轰动,诠释了一种全新的设计理念。它既是真正的经济型轿车,非常适合一般工薪阶层,又满足了人们对汽车文化的时尚追求,后来又派生出许多新的版本而长盛不衰。1949~1990年雪铁龙2CV共生产了390万辆,共有30多种款式。

图3.20　雪铁龙2CV

1976年标致集团购买了雪铁龙89.5%的股份,并组建了PSA控股公司,将雪铁龙和标致合并。

1982年雪铁龙向广州东方宾馆发出了150台CX,雪铁龙开始进入中国市场。

1992年5月18日中国东风汽车公司与法国雪铁龙公司合资成立了神龙汽车有限公司。

2010年5月6日中国长安汽车集团和法国标致雪铁龙集团联合发出声明,已经就在中国雪铁龙集团继东风汽车之后,在国内设立的第二家合资公司。

2021年1月16日标致雪铁龙集团发文,PSA集团与菲亚特克莱斯勒汽车公司(FCA)的合并交易于当日正式完成,双方合并成为一家全新的集团。

3.1.8 丰田汽车公司

1. 公司简介

丰田汽车公司成立于1937年,创始人为丰田喜一郎,总部位于日本爱知县丰田市和东京都文京区。

丰田财团旗下拥有5家世界500强企业,分别是丰田汽车、丰田自动织机、丰田通商、日本爱信精机公司、日本电装。

丰田汽车公司自2008年始逐渐取代通用汽车公司而成为全世界排行第一位的汽车生产厂商。其旗下品牌主要包括雷克萨斯、丰田等系列高中低端车型等。

2. 发展历程

1896年29岁的丰田佐吉发明了丰田式汽动织机,极大地提高了生产力。

1930年63岁的丰田佐吉去世,丰田佐吉的长子丰田喜一郎认定汽车必定是未来举足轻重的交通工具。

1955年丰田推出一款设计精巧、排量为1.5L的小轿车,命名为皇冠RS(如图3.21所示)。两年后又以"toyopet"的名称将其出口到美国。

1958年丰田正式成立了自己的研究所,并开始着手建设日本第一家专门生产轿车的工厂。

1966年上市的花冠轿车(如图3.22所示)作为家用轿车深受广大消费者青睐,从而掀起了一场大众汽车热。后于1968年出口北美又获得了成功,使销售量直线上升。

图3.21 1955年款皇冠RS

图3.22 花冠轿车

1983年为了与本田的雅阁系列轿车在北美争夺市场,丰田推出了佳美车系(如图3.23

所示),从此便一发不可收拾,成为丰田除了花冠以外最受欢迎的车型,发展到今天,已经是第八代了。

1989年丰田在美国的豪华车分部凌志诞生,并于当年在底特律车展展出凌志的第一辆车凌志V8(如图3.24所示),其设计灵感来自奔驰,它稳重、豪华、精细、高档,售价却比同级的奔驰便宜30%。美国人很快就喜欢上了凌志车。

图3.23　第一代佳美

图3.24　1989年凌志V8

如今,丰田已经发展成为拥有数个车系数十个车型和车款的庞大家族,2015年丰田汽车全球销量达1015万辆,排世界第一。

3.1.9　现代起亚汽车集团

1. 公司简介

提起韩国的汽车,就不得不提韩国的现代、起亚两个汽车品牌。2000年起亚汽车公司与现代汽车公司一起成立了韩国现代起亚汽车集团。

2. 发展历程

(1) 现代汽车的历史

现代汽车的创始人是韩国已故著名企业家,有"国王董事长"之称的郑周永。

1940年2月郑周永办起专修汽车的阿道汽车修配厂,在经营中他学会了汽车原理和发动机的构造知识。

1967年12月现代汽车公司正式成立。

到了20世纪70年代早期,现代开始开发自主轿车车型。通过引进Giorgio Giugiaro's ItalDesign设计师的车型及使用从日本和英国学习到的生产技术,现代汽车的第1个自主车型Pony终于投产(如图3.25所示)。

图3.25 Pony

1992年1月现代汽车以其概念车型HCD-I向汽车世界首次描述了对未来的展望。这款试验车型开创了一个激动人心的概念车传统。

1998年现代汽车公司度过了艰难的一年,国内市场的销售严重下降。然而,随着EF Sonata和XG车型的推出,现代汽车公司的新车型获得了成功。

1999年现代汽车公司又推出了4款最新车型:Centennial、新Accent、Coupe改进型和Trajet。Trajet是现代首次推出的MPV车型,它的成功推出使现代汽车进入了世界轿车市场的一个新领域,并且进一步拓宽了现代汽车公司庞大的车型系列。

2002年现代汽车集团向世界展开的挑战从中国市场开始。在这里,现代汽车创造了"现代速度"的流行语,现代汽车以中型车市场为起点,仅耗费了5年时间就进入了总产量100万辆的时代。

2010年通过不断的技术创新,现代汽车集团第一款自主研发的Tau发动机在2008年、2009年、2010年连续3年被美国权威汽车杂志评选为"十大最佳发动机",表明现代汽车集团的技术得到了全球市场的肯定。

(2)起亚汽车的历史

成立于1944年12月的起亚汽车前身名为京城精密工业(Kyungsung Precision Industry),位于首尔永登浦区,后迁移到釜山。

1962年一辆小型的厢式三轮货车K360面世。从此,起亚走上了汽车制造的道路。

1973年起亚生产出韩国第一台汽油发动机,并于1974年10月生产出韩国第一辆采用汽油发动机的乘用轿车Brisa,从此,起亚开始与世界汽车发展接轨。

1976年起亚合并了亚细亚车厂,于1978年生产出韩国的第一台柴油发动机。

1981年起亚公司被韩国政府指定为面包车生产厂家,从而形成了轿车-货车-旅行车的生产体系。

1990年3月公司正式改名为起亚汽车株式会社(KIA Motors Corporation),紧接着在亚山湾的工厂竣工。之后,Potentia、Sephina和Sportage等车型陆续出现,起亚进入了发展的黄金时期。

1998年起亚汽车公司与韩国最大的汽车公司——现代公司签订了股权转让协定,并且在2000年与现代汽车公司一起成立了现代起亚汽车集团。

2007年12月8日备受关注的东风悦达起亚第二工厂在江苏盐城正式投产。

3.1.10　中国第一汽车集团

1. 公司简介

中国第一汽车集团公司(原第一汽车制造厂),简称"中国一汽"或"一汽",中国第一汽车集团公司是国有特大型汽车生产企业,一汽总部位于长春市,前身是第一汽车制造厂,其公司名由毛泽东主席题写。一汽于1956年建成并投产,制造出了新中国第一辆解放牌卡车。1958年制造出新中国第一辆东风牌小轿车和第一辆红旗牌高级轿车。一汽的建成,开创了中国汽车工业新的历史。

2. 发展历程

1953年中国第一汽车集团在长春成立,打响了新中国造车的"第一枪"。这里诞生了新中国第一辆载重车、第一辆轿车和第一辆越野车。长春也因此被誉为"中国汽车工业的摇篮"。

1956年7月13日新中国第一辆解放牌4吨载货汽车在长春第一汽车制造厂顺利下线,结束了中国不能批量制造汽车的历史,这是中国历史的光辉一页。

1956年10月长春第一汽车制造厂建成并通过了国家验收,厂区面积超过150公顷,拥有工艺设备7552台。厂区建有一座24000千瓦发电能力的热电站、10座大型煤气锅炉以及8套大型空气压缩机。

1958年一汽制造出新中国第一辆东风牌小轿车。它采用银灰色车顶配紫红色车身,取名为东风CA71(如图3.26所示)。

图3.26　东风CA71

1958年建军节,第一辆红旗770高级轿车驶出一汽,开向吉林省委报喜。超大的尺寸,经典的外形,配备直列八缸发动机,120马力,最高时速160 km,全电动门窗,电动座椅,在当时是技术比较先进的车。

1959年红旗车正式投入批量制造。此后,不仅中央部委领导的公务用车换成了红旗轿车,就连驻外大使们也都配用了红旗轿车。

1972年红旗防弹保险车成功下线。这一年尼克松访华,我国打破了以往国家元首出访时自配保险车的惯例。红旗防弹保险车成为尼克松在京专驾。

自1980年末到1983年7月,一汽用了近三年的时间,完成了"解放"第二代产品CA141汽车的设计、试制、实验和定型。从1983年7月开始生产准备,又用了3年多的时间,到1987年1月1日顺利转产,转产当年就实现了质量、产量双达标,通过了国家的工程验收。在这个时期,还开展了学习日本先进技术和管理方式、建设性企业整顿等活动,为换型改造打下了良好的基础。

从1988年到2001年末,是一汽结构调整时期,又称为以发展轿车、轻型车为主要标志的第三次创业时期。2001年与1988年相比产量增长5.1倍,销售收入增长22.8倍,职工收入也有很大提高。在全国500家最大企业的排名中,一汽始终处于前10位。

2005年实现销售收入1183亿元(145.11亿美元),列"世界最大500家公司"第470位、"中国机械500强"第1位、"世界机械500强"第71位。

2011年6月中国第一汽车股份有限公司成立,企业90%以上资产进入股份公司。

2013年4月在股份公司开展了建设规范董事会试点工作。

2017年11月完成集团公司改制,更名为中国第一汽车集团有限公司。

2018年1月中国一汽发布新红旗品牌战略,要把新红旗打造成为"中国第一、世界著名"的新高尚品牌。

3.1.11 中国长安汽车集团

1. 公司简介

中国长安汽车集团有限公司(简称"中国长安"),成立于2005年12月26日,原名中国南方工业汽车股份有限公司,2009年7月1日更名为中国长安汽车集团股份有限公司。它是中国四大汽车集团之一,总部设在北京。

中国长安坚持以五大发展理念和三大变革为指引,以南方集团领先发展战略为统领,统筹发展整车、汽车零部件、销售与服务、物流等业务板块,形成了比较完善的产业链。

2. 发展历程

长安汽车的前身是于1862年由清末大臣李鸿章创办的上海洋炮局,是中国近代史上第一家工业企业,也是中国最早的兵工厂,开创了中国近代工业的先河。

1957年改制为重庆兵工厂,开始试制长江牌46型吉普车(如图3.27所示),并在1958年试制成功,参加了1959年的国庆阅兵仪式。

1983年第一批微型车下线出厂(如图3.28所示)。

1986年9月长安机器制造厂成功推出长安品牌微型客车。

1991年9月长安机器制造厂开始用铃木株式会社的技术制造奥拓品牌轿车。

1993年6月成立长安铃木汽车有限公司。

1996年9月成立重庆长安汽车股份有限公司。

2000年9月成立南京长安汽车有限公司。

图3.27　长江牌46型吉普车

图3.28　长安第一批微车下线出厂

2001年4月成立长安福特汽车有限公司(2006年重新命名为长安福特马自达汽车有限公司)。

2002年7月成立河北长安汽车有限公司。

2005年1月先后成立了长安福特马自达南京分公司和长安福特马自达发动机有限公司。

2005年9月与美国天合汽车控股有限公司合作,成立了南方天合底盘系统有限公司,生产刹车系统。

2005年9月与江铃汽车集团合资,成立了江铃控股有限公司。

2006年1月中国南方工业汽车股份有限公司正式成立。

2009年7月1日中国南方汽车更名为中国长安汽车集团股份有限公司,总部设在北京。

2009年11月10日中国兵器装备集团公司、中国航空工业集团公司在人民大会堂签署协议,重组中国长安汽车集团。

2010年5月4日中国长安(CCAG)与法国标致雪铁龙集团(PSA)在重庆正式签署合作意向书,共同组建合资企业,双方各持有50%的股权。

2013年12月26日长安汽车以20亿收购了长安PSA 50%股份,原中国长安汽车集团股份转移至重庆长安汽车股份有限公司。

2020年9月16日入选由中国机械工业联合会、中国汽车工业协会发布的2019年中国汽车工业整车20强,排名第8。

3.1.12　奇瑞汽车

1. 公司简介

奇瑞汽车股份有限公司,是一家从事汽车生产的国有股份制企业,于1997年1月8日注册成立,总部位于安徽省芜湖市。公司产品覆盖乘用车、商用车、微型车等领域,是中国自主品牌中的代表和精品。

2. 发展历程

20世纪90年代，芜湖一家村办工厂一年近亿的利润使得苦于经济落后的地方政府领导人产生了做汽车的念头。

1999年12月18日第一辆奇瑞轿车下线。2007年8月22日奇瑞公司第100万辆汽车下线，标志着奇瑞已经实现了通过自主创新打造自主品牌的第一阶段目标，正朝着通过开放创新打造自主国际名牌的新目标迈进。

2007年8月22日成立仅10年的奇瑞迎来自己的第100万辆汽车下线。

2013年4月16日奇瑞发布了全新标志以及全新品牌战略，这标志着奇瑞明确了着力打造一个品牌的发展战略。同时，奇瑞全新的"iAuto"汽车核心技术平台也于当日正式发布。

2019年8月奇瑞汽车与中兴通讯在安徽芜湖签署了战略合作协议，双方将共同研究基于5G的车联网、智能制造、智慧园区等业务领域的应用场景，并对5G网络建设、5G的创新应用场景、方案研究及相关标准、课题的申报等方面进行深度合作，加快5G新应用的研发和商业化进程，共同打造5G行业应用示范。

2020年安徽省发明专利百强排行榜奇瑞汽车位居第一。

任务3.2　汽车车标及含义

3.2.1　戴姆勒旗下车标

1. 奔驰

梅赛德斯–奔驰（Mercedes-Benz）是世界著名的德国汽车品牌，创始人是卡尔·本茨和哥特里布·戴姆勒。1909年6月戴姆勒汽车公司申请登记了"三叉星"作为轿车的标志，象征着陆上、水上和空中的机械化。1916年，在它的四周加上了一个圆圈，并在圆的上方镶嵌了4个小星，下面有Mercedes（梅赛德斯）字样。1926年戴姆勒与奔驰合并，星形的标志与奔驰的月桂枝合二为一，下有Mercedes-Benz字样，后将月桂枝改成圆环，并去掉了Mercedes-Benz的字样。此圆环中的星形标志演变成今天的图案（如图3.29所示），一直沿用至今，并成为世界最著名的商标之一。

图3.29 奔驰汽车标志

2. Smart

Smart(精灵)汽车有限公司作为戴姆勒(梅赛德斯-奔驰的母公司)的全资子公司成立于1994年,管理中心设在德国斯图加特市,生产工厂则在相距不远的法国海姆巴赫市。

Smart中的"S"代表了斯沃奇(Swatch),"m"代表了戴姆勒集团(Mercedes-Benz),而"art"则是英文中艺术的意思,合起来可以理解为,这部车代表了斯沃奇和戴姆勒合作的艺术,而Smart车名本身在英文中也有聪明伶俐的意思,这也契合了Smart公司的设计理念,如图3.30所示。

图3.30 Smart汽车标志

3. 迈巴赫(停产)

迈巴赫(MAYBACH)品牌首创于20世纪20年代。被誉为"设计之王"的威廉·迈巴赫(Wilhelm Maybach)不但是戴姆勒·奔驰公司的三位主要创始人之一,更是世界首辆梅赛德斯-奔驰汽车的发明者之一。1919年难舍汽车梦想的威廉·迈巴赫与其子卡尔·迈巴赫(Carl Maybach)共同缔造了"迈巴赫"这一传奇品牌——象征着完美和昂贵的轿车。

具有传奇色彩的品牌标志由2个交叉的M,围绕在一个球面三角形里组成,如图3.31所示。品牌创建伊始的2个"M"代表的是Maybach Motorenbau(迈巴赫引擎制造厂)。经过半个世纪的沉默,这个历经沧桑的豪华品牌在2002年末重新进入了人们的视野。但是由于市场业绩不佳,迈巴赫系列轿车已于2013年全面停产。

图3.31 迈巴赫汽车标志

3.2.2 宝马旗下车标

1. 宝马

宝马车标采用了内外双圆圈的图形,并在双圆圈环的上方,标有"BMW"字样。整个商标犹如蓝天、白云和运转不停的螺旋桨(如图3.32所示),蕴含宝马公司渊源悠久的历史,又象征着公司的一贯宗旨和目标,在广阔的时空中,以最新的科学技术、最先进的理念满足顾客的最大愿望,反映了公司蓬勃向上的精神和日新月异的风貌,表明宝马汽车的品质优秀、技术领先、驰骋全球。

2. MINI

MINI(迷你)是宝马的集团的一个独立品牌,诞生于1959年的MINI,其标志(如图3.33所示)设计别树一帜。1961年赛车工程师John Cooper将赛车血统注入该品牌汽车性能内,使实用别致的小车摇身变成赛车场上的传奇,自此成为英国车坛之宝。

图3.32 宝马汽车标志　　　　图3.33 MINI汽车标志

3. 劳斯莱斯

1906年劳斯莱斯(Rolls-Royce)在英国正式宣告成立,次年推出的Silver Ghost(银灵)轿车,不久便被誉为"世界上最好的汽车"。

劳斯莱斯的标志图案将两个"R"重叠在一起,象征着你中有我,我中有你,体现了两人融洽及和谐的关系(如图3.34所示)。而著名的飞天女神标志则是源于一个浪漫的爱情故事。风姿绰约的女神以登上劳斯莱斯车首为愉悦之泉,沿途微风轻送,摇曳生姿。这一理念与女神的造型正是劳斯莱斯追求卓越精神的绝佳体现。这尊女神像的制作过程也极为复杂。它采用了传统的蜡模工艺,做好的女神像还要经过严格的检验。

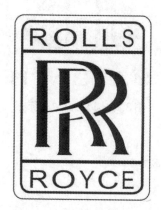

图3.34 劳斯莱斯汽车标志

3.2.3 大众集团旗下车标

1. 大众

大众汽车是一家总部位于德国沃尔夫斯堡的汽车制造公司,也是世界四大汽车生产商之一的大众集团的核心企业。"Volks"在德语中意思为"国民","Wagen"在德语中意思为"汽车",全名的意思即"国民的汽车",故又常简称为"VW"。如图3.35所示,大众标志像是由三个用中指和食指作出的"V"组成,表示大众公司及其产品必胜-必胜-必胜。

图3.35 大众汽车标志

2. 奥迪

奥迪(Audi)是一个国际著名豪华汽车品牌,作为高技术水平、质量标准、创新能力以及经典车型款式的代表,奥迪是世界最成功的汽车品牌之一。现为大众汽车集团的子公司,公司总部设在德国的英戈尔施塔特。奥迪轿车的标志为4个圆环(如图3.36所示),代表着合并前的4家公司。这些公司曾经是自行车、摩托车及小客车的生产厂家。由于该公司是由4家公司合并而成,因此每一环都是其中一个公司的象征。

图 3.36 奥迪汽车标志

3. 宾利

宾利汽车公司是举世闻名的豪华汽车制造商,总部位于英国克鲁。宾利车标(如图 3.37 所示)设计运用简洁圆滑的线条,晕染、勾勒形成一对飞翔的翅膀,整体恰似一只展翅高飞的雄鹰。中间的字母"B"为宾利汽车创始人 Bentley 名字的首字母,令宾利汽车既具有帝王般的尊贵气质,又含有纪念设计者的意味。

图 3.37 宾利汽车标志

另外,在部分高端宾利车型(如慕尚、雅骏、布鲁克兰等)的前引擎盖上还装有一枚与主体标志构成相同的立体标志,这一点与劳斯莱斯的飞天女神立体标志有着异曲同工之妙。

4. 斯柯达

斯柯达是一家总部位于捷克姆拉达－博莱斯拉夫的汽车公司,也是世界上历史最悠久的 4 家汽车生产商之一。1991 年斯柯达成为大众集团旗下的品牌。

"斯柯达"商标(如图 3.38 所示)的含义:巨大的圆环象征着斯柯达为全世界无可挑剔的产品;鸟翼象征着技术进步的产品行销全世界;向右飞行着的箭头象征着先进的工艺;外环中朱黑的颜色象征着斯柯达公司百余年的传统;中央的绿色表达了斯柯达人对资源再生和环境保护的重视。

图 3.38 斯柯达汽车标志

5. 保时捷

保时捷的英文车标采用德国保时捷公司创始人费迪南德·保时捷的姓氏。图形车标（如图3.39所示）采用公司所在地斯图加特市的盾形市徽。"PORSCHE"字样在商标的最上方，表明该商标为保时捷设计公司所拥有；商标中的"STUTTGART"字样在马的上方，说明公司总部在斯图加特市；商标中间是一匹骏马，表示斯图加特这个地方盛产一种斯图加特马；商标的左上方和右下方是鹿角的图案，表示斯图加特曾经是狩猎的好地方；商标右上方和左下方的黄色条纹代表成熟麦子的颜色，喻指五谷丰登，商标中的黑色代表肥沃土地，商标中的红色象征人们的智慧与对大自然的钟爱，由此组成一幅精湛意深、秀气美丽的田园风景画，展现了保时捷公司辉煌的过去，并预示了保时捷公司美好的未来以及保时捷跑车的出类拔萃。

6. 兰博基尼

兰博基尼汽车公司是一家坐落于意大利圣亚加塔·波隆尼的跑车制造商，公司由费鲁吉欧·兰博基尼在1963年创立。1998年归入奥迪旗下，现为大众集团旗下品牌之一。

兰博基尼的标志（如图3.40所示）是一头充满力量、正向对方攻击的斗牛，与大马力高性能跑车的特性相契合，同时彰显了创始人斗牛般不甘示弱的个性。寓意由意大利兰博基尼公司生产的赛车马力大、速度快、战无不胜。这只具有意大利血统的公牛，在欧美的名气绝不逊色于法拉利的那匹骏马。

图3.39 保时捷汽车标志

图3.40 兰博基尼汽车标志

7. 布加迪

布加迪是世界著名的老牌运动车品牌，1909年意大利人埃多尔·布加迪在法国创建布加迪公司，专门生产运动跑车和高级豪华轿车。布加迪标志（如图3.41所示）的英文字母即布加迪，上部"EB"即为创始人埃托尔·布加迪英文的缩写，周围一圈小圆点代表滚珠轴承，底色为红色。1998年布加迪被德国大众集团收购。

图3.41　布加迪汽车标志

3.2.4　通用汽车旗下主要车标

1. 别克

1903年5月19日大卫·别克在布里斯科史弟的帮助下创建了别克汽车公司，后以别克公司为中心成立了通用汽车公司。别克的标志（如图3.42所示）是三颗子弹，它的排列给人们一种起点高且不断攀登的感觉，象征着一种积极进取、不断登攀的精神。文字别克是公司创始人大卫·别克的名字。

图3.42　别克汽车标志

2. 雪佛兰

雪佛兰的领结标志是由通用汽车创始人之一威廉·杜兰特于1913年末设计的。《雪佛兰故事》一书中记载："1908年杜兰特在一次环球旅行中，无意间在一间法国旅馆中看到了墙纸上无限延伸的图案。他撕下一块壁纸保留下来，并展示给朋友们看，认为它将成为绝佳的汽车标志。"雪佛兰商标（如图3.43所示）是图案化了的蝴蝶结，文字"Chevrolet"是瑞士的赛车手、工程师路易斯·雪佛兰的名字。

3. 凯迪拉克

1902年凯迪拉克诞生于被誉为美国汽车之城的底特律。在韦伯斯特大词典中，凯迪拉克被定义为"同类中最为出色、最具声望事物"的同义词。凯迪拉克标徽色彩明快，轮廓鲜明，整体以铂金颜色为底色，而花冠则保留了原有的色彩组合，金黄与纯黑相映，象征智慧与财富。盾牌由不同色彩的块面组成，红色象征行动果敢与追求创新，银白色代表纯洁、仁慈、美德与满足,蓝色代表着豪迈的骑士精神。新的标徽勾画出凯迪拉克品牌的经典、尊贵和突破精神,如图3.44所示。

图3.43　雪佛兰汽车标志　　　　　　图3.44　凯迪拉克汽车标志

4. 欧宝

奥贝尔(欧宝)汽车公司建于1862年,是以创建人阿德姆·奥贝尔(Adam Opel)的名字命名的。1929年美国通用汽车公司收买了奥贝尔(欧宝)公司80%的股份,现属美国通用的子公司。欧宝汽车的标志(如图3.45所示)为闪电图案,喻示汽车风驰电掣,同时也显示了它在空气动力学方面的研究成就。

5. 五菱

五菱是中国汽车行业著名品牌,在微型车市场上与长安齐名。上汽通用五菱汽车股份有限公司以"造百姓喜爱的车"作为企业经营理念,坚持简单化、低成本的制造方式,打造最广泛的百姓喜爱的微型汽车。五菱标志是五菱企业文化核心内容的体现,如图3.46所示。

图3.45　欧宝汽车标志　　　　　　图3.46　五菱汽车标志

6. 宝骏

宝骏是上汽通用五菱于2010年创建的自主汽车品牌。上汽通用五菱正式发布的新乘用车品牌"宝骏汽车",标志着这个中国微型车领头羊开始正式进军方兴未艾的轿车市场。宝骏品牌源由:"骏"的本义是良驹,宝骏即人们最心爱的良驹,其标志如图3.47所示。

图3.47　宝骏汽车标志

3.2.5　福特汽车旗下车标

1. 福特

福特是世界著名的汽车品牌,为美国福特汽车公司旗下的众多品牌之一,公司及品牌名"福特"来源于创始人亨利·福特的姓氏。

福特汽车的标志采用福特英文"Ford"字样,蓝底白字,如图3.48所示。它来自于创建人亨利·福特常用的签名字体。

图3.48　福特汽车标志

2. 林肯

林肯汽车是美国著名汽车企业福特旗下的一款豪华车,创立于1922年,创始人为亨利·利兰。林肯轿车是以美国第16任总统的名字亚伯拉罕·林肯命名的汽车,借助林肯总统的名字来树立公司的形象,显示该公司生产的是顶级轿车。自1939年美国总统富兰克林·罗斯福以来,由于林肯车杰出的性能、高雅的造型和无与伦比的舒适性一直被白宫选为总统专车。其商标是在一个矩形中含有一颗闪闪放光的星辰,如图3.49所示,表示林肯总统是美国联邦统一和废除奴隶制的启明星,也喻示林肯牌轿车光辉灿烂。

图3.49　林肯汽车标志

3.2.6　菲亚特克莱斯勒旗下车标

1. 菲亚特

1899年阿涅利在意大利西北城市都灵创建菲亚特公司，开始采用盾形商标。1906年公司开始采用全称的四个单词的第一个字母"FIAT"为商标。"FIAT"在英语中具有"法令、许可"的含义，因此在客户的心目中，菲亚特轿车具有较高的合法性与可靠性，深得用户的信赖。

2. 玛莎拉蒂

玛莎拉蒂是一家意大利豪华汽车制造商，1914年12月1日成立于博洛尼亚，公司总部现设于摩德纳，品牌的标志为一支三叉戟，这个标志取材于矗立在波洛尼亚Maggiore广场上的海神尼普顿雕像，由马里奥·玛莎拉蒂设计，如图3.51所示。1993年菲亚特收购玛莎拉蒂，但品牌得以保留。

图3.50　菲亚特汽车标志

图3.51　玛莎拉蒂汽车标志

3. 法拉利

法拉利汽车的"跃马"车徽，有一段感人的故事。一位在第一次世界大战中捐躯的意大利空军英雄 Francesco Baracca 的双亲,看见法拉利赛车所向无敌的神采,正是爱子英灵依托的堡垒,于是恳请法拉利将原来的标徽绘上其爱子座机上的"跃马"标志,镶嵌在法拉利车系上。法拉利欣然接受了这个建议,并在"跃马"的顶端,加上意大利的国徽为"天",再以"法拉利"横写字体串连成"地",最后以自己故乡蒙达那市的代表颜色——黄色,渲染全幅而组合成"天地之间,任我驰骋"的豪迈图腾,其如图3.52所示。

4. 阿尔法·罗密欧

1910年当阿尔法·罗密欧创立的时候,创立者综合两种米兰市的标志而创造了一个徽标(如图3.53所示):红色的十字是米兰城盾形徽章的一部分,用来纪念古代东征的十字军骑士,吃人的龙形蛇图案则来自当地一个古老贵族的家徽,象征着中世纪米兰领主维斯康泰公爵的祖先击退使城市人民遭受苦难的"龙蛇"的传说。

图3.52　法拉利汽车标志　　　　图3.53　阿尔法·罗密欧汽车标志

5. 克莱斯勒

克莱斯勒的标志是以创始人沃尔特·克莱斯勒的姓氏命名的。2010年克莱斯勒发布新版标志(如图3.54所示),自20世纪90年代中期开始,克莱斯勒开始使用飞翼形标志,此次的变动保留了飞翼,中间是衬以蓝底的克莱斯勒的英文,更具有流线形美感。

图3.54　克莱斯勒汽车标志

6. 道奇

道奇牌轿车早些年以性能强悍称著,颇受欢迎。"道奇"文字商标采用道奇兄弟的姓氏"Dodge",图形商标是一个五边形中有一羊头形象。该商标象征道奇车强壮剽悍,善于决斗,表示道奇的产品朴实无华、美观大方,如图3.55所示。

图3.55　道奇汽车标志

7. JEEP

JEEP车标的含义就是英文吉普的意思,如图3.56所示,也是菲亚特克莱斯勒集团旗下生产越野车的公司JEEP的名称。

图3.56　JEEP汽车标志

3.2.7　标致雪铁龙集团旗下车标

1. 标致

"标致"曾译名为"别儒",公司采用狮子作为汽车的商标,如图3.57所示。标致的商标图案是蒙贝利亚尔创建人别儒家族的徽章。据说别儒的祖先曾到美洲和非洲探险,在那里见到了令人惊奇的动物——狮子,因此就用狮子作为家族的徽章。后来,这尊小狮子又成为蒙贝利亚尔省的省徽。

2. 雪铁龙

1900年安德烈·雪铁龙购买了人字形齿轮专利。1912年安德烈·雪铁龙开始用人字形齿轮作为雪铁龙公司产品的商标,如图3.58所示。1976年雪铁龙公司加入标致集团,成为法国标致雪铁龙集团成员之一,但它仍然有很大的独立性,其经营活动仍然由自己把握。

图3.57　标致汽车标志　　　　图3.58　雪铁龙汽车标志

3. DS

DS系列是法国标致雪铁龙集团(PSA)旗下的高端车系。DS来自法语中的"Deesse"一词(如图3.59所示),中文意思为"女神"。2012年DS品牌携旗下产品正式登陆中国,作为标致雪铁龙汽车集团旗下的新世代豪华汽车品牌,致力于为消费者提供创新、个性化以及激发灵感的驾乘感受。

3.2.8 丰田汽车旗下及合作伙伴车标

1. 丰田

丰田公司的三个椭圆的标志(如图3.60所示)是从1990年初开始使用的。标志中的大椭圆代表地球,中间由两个椭圆组合成一个T字,代表丰田公司。它象征着丰田公司立足于未来,对未来充满信心,还象征着丰田公司立足于顾客,用户的心和汽车厂家的心是连在一起的,具有相互信赖感,同时象征着丰田的高超技术和革新潜力。

图3.59　DS汽车标志　　　图3.60　丰田汽车标志

2. 雷克萨斯

雷克萨斯,创立于1983年,是丰田专为高档车推出的一个全新品牌。这个品牌名是丰田花了3.5万美元请美国一家取名公司命名的,因为"Lexus"(雷克萨斯)的读音与英文"Luxury"(豪华)一词相近,会使人联想到该车是豪华轿车。雷克萨斯汽车商标(如图3.61所示)采用车名"Lexus"的首字母"L"的大写,椭圆代表着地球,表示其轿车遍布全世界。

图3.61　雷克萨斯汽车标志

3. 斯巴鲁

斯巴鲁是富士重工业株式会社(FHI)旗下专业从事汽车制造的一家分公司,成立于1953年。富士重工斯巴鲁汽车的标志采用六连星的形式,如图3.62所示。斯巴鲁在日语中的意思是"昴",其企业标志是昴宿星团的六连星(昴宿为二十八宿之一),并且也是斯巴鲁汽车的标志。斯巴鲁的标志代表着五个独立的公司组成了现今的斯巴鲁。

图3.62　斯巴鲁汽车标志

3.2.9　本田汽车旗下车标

1. 本田

本田公司在20世纪80年代成立了商标设计研究组,从来自世界各地的2500多件设计图稿中,确定了三弦音箱式商标(如图3.63所示),也就是带框的"H",图案中的"H"是"Honda"的第一个字母。这个标志体现出了技术创新、职工完美和经营坚实的特点,同时还兼具紧张感和轻松感。

图3.63　本田汽车标志

2. 讴歌

讴歌(Acura)是日本本田汽车公司旗下的高端子品牌,于1986年在美国创立,其名称Acura源于拉丁语"Accuracy"(精确),其标志是一个用于工程测量的卡钳形象,如图3.64所示,反映出讴歌精湛的造车工艺与追求完美的理念。不论是拉丁语原意还是作为标志原型的卡钳,都寓意着讴歌这一代表着最高造车水平品牌的核心价值:精确、精密、精致。

3.2.10 马自达汽车品牌车标

马自达品牌由松田重次郎创立,是世界著名汽车品牌,是世界上唯一研发和生产转子发动机的汽车公司。马自达公司与福特公司合作之后,采用了新的车标——椭圆中展翅飞翔的海鸥,同时又组成"M"字样。"M"是"MAZDA"第一个大写字母,预示着公司将展翅高飞,以无穷的创意和真诚的服务迈向新世纪,如图3.65所示。

图3.64　讴歌汽车标志

图3.65　马自达汽车标志

3.2.11 雷诺日产联盟旗下车标

1. 雷诺

雷诺公司以创始人路易斯·雷诺的姓氏命名,图形商标是由四个菱形拼成的图案,象征着雷诺三兄弟与汽车工业融为一体,如图3.66所示,表示雷诺能在无限的空间中竞争、生存、发展。

2. 日产

"NISSAN"是日语"日产"两个字的罗马音形式,是日本产业的简称,其含义是"以人和汽车的明天为目标"。

图形商标是将"NISSAN"放在一个火红的太阳上,如图3.67所示,简明扼要地表明了公司名称,突出了所在国家的形象,在汽车商标文化中独树一帜。

图3.66 雷诺汽车标志

图3.67 日产汽车标志

3. 英菲尼迪

英菲尼迪于1989年诞生于北美地区,是全球豪华汽车市场中最重要的品牌之一。英菲尼迪的椭圆形标志表现的是一条无限延伸的道路,如图3.68所示。椭圆曲线代表无限扩张之意,也象征着全世界;两条直线代表通往巅峰的道路,象征无尽的发展。英菲尼迪的标志和名称象征着英菲尼迪人的一种永无止境的追求,那就是创造有全球竞争力的真正的豪华车用户体验和最高的客户满意度。

图3.68 英菲尼迪汽车标志

3.2.12 现代起亚汽车旗下车标

1. 起亚

起亚汽车公司是韩国最早的机动车制作商,始建于1944年。起亚的意思,就是"起于东方"或"起于亚洲",反映了起亚的胸襟——崛起亚洲、走向世界。起亚汽车公司标志是英文"KIA",形似一只飞鹰,象征公司如腾空飞翔的雄鹰,如图3.69所示。

2. 现代

现代汽车公司标志的椭圆内的斜字母"H"是现代公司英文名"HYUNDAI"的首字母,椭圆既代表汽车方向盘,又可看作地球,两者结合寓意了现代汽车遍布世界,如图3.70所示。

图3.69　起亚汽车标志　　　　　图3.70　现代汽车标志

3.2.13　塔塔汽车旗下车标

1. 塔塔

塔塔汽车有限公司是印度最大的汽车公司,被冠之全球最便宜的汽车称号。塔塔汽车标志是在象征着地球的椭圆形正中耸立着的一把铁锤,如图3.71所示,它既是"TATA"的首字母大写,又象征着塔塔集团在印度工业中举足轻重的地位。

2. 捷豹

捷豹是英国的一家豪华汽车生产商,车标为一只正在跳跃前扑的美洲豹形象,如图3.72所示,矫健勇猛,形神兼备,具有时代感与视觉冲击力,它既代表了公司的名称,又表现出向前奔驰的力量与速度,象征该车如美洲豹一样驰骋于世界各地。

图3.71　塔塔汽车标志　　　　　图3.72　捷豹汽车标志

3. 路虎

路虎是世界著名的英国越野车品牌。或许正是由于这一点,才使得路虎的价值——冒险、勇气和至尊,闪耀在其各款汽车中。路虎标志如图3.73所示。

图3.73　路虎汽车标志

3.2.14　中国一汽自主品牌及合作伙伴车标

1. 红旗

红旗系列轿车由中国独资生产,是民族轿车工业的代表。红旗牌汽车的历史始于1958年。红旗汽车作为中国汽车工业的领袖,曾经承载着无数国人的汽车梦,对很多人来说红旗汽车已远远超出一个轿车品牌的含义,在人们心里它有着其他汽车品牌无法取代的地位。

红旗全新的标志是采用的是盾牌式立体造型,中间是红旗舒展迎风飘扬的设计,彰显出旗开得胜的姿态,如图3.74所示,在边框处用银色加以勾勒,使其更加精致。整个车标给人感觉强大而又充满自信,更体现了出东方古典的韵律之美。

2. 一汽乘用车

一汽乘用车标志是中国一汽视觉识别系统的核心要素,以"1"字为视觉中心,由"汽"字构成展翅的鹰形,如图3.75所示,构成雄鹰飞翔在蔚蓝天空的视觉景象,寓意中国一汽鹰击长空,展翅翱翔。

图3.74　红旗汽车标志

图3.75　一汽乘用车标志

3. 一汽奔腾

一汽奔腾是一汽轿车旗下品牌,创立于2006年5月18日。2018年10月17日一汽奔腾正式启用新标志世界之窗和英文标志"BESTUNE",如图3.76所示。"BESTUNE"由"BEST"和"TUNE"共同组成,"BEST"象征着最好、最高、最适合,代表着新奔腾品牌为用户提供顶级标准的产品和服务的美好心愿;"TUNE"是节奏,是旋律,是潮流,伴随青春的节奏、运动的旋律、时代的潮流,表示消费者向往的汽车生活新篇章由此展开。

图3.76　一汽奔腾汽车新标志

3.2.15　东风汽车旗下乘用车自主品牌车标

1. 东风乘用车

东风汽车旗下乘用车品牌标志的核心形象是两只环绕正圆、展翅高飞的春燕,既是春风送暖的象征,又是寄托着东风人全部情与思的吉祥物,一个代表传承,一个代表创新,既表明了东风风神对东风精神的血脉传承和对东风新事业的激情拓展,又喻示着中西汽车文明的和谐交融。东风风神品牌标志的主色调是代表着经典、吉祥、进取的中国红和凸显安全、可靠、从容、睿智、品质的金属银,如图3.77所示。

图3.77　东风乘用车标志

3.2.16　上汽集团旗下乘用车自主品牌车标

1. 荣威汽车

荣威是上海汽车工业(集团)总公司旗下的一款汽车品牌,于2006年10月推出。"荣威"取意"创新殊荣、威仪四海"。荣威品牌的商标图案由红、黑、金三个主要色调构成,如图3.78所示,这是中国最经典、最具内涵的三个色系,红色代表传统的热烈与喜庆,金色代表富贵,黑色则代表威仪和庄重。

图3.78　荣威汽车标志

3.2.17　长安汽车旗下乘用车自主品牌车标

如图3.79所示,长安汽车乘用车标志,以"V"为核心创意表现,雄浑刚健的"V"形,好似飞龙在天,龙首傲立于蓝色地球之上,同时"V"又是"Victory"和"Value"的首字母,代表着长安汽车致力于打造世界一流企业的战略愿景和为消费者与股东创造价值的企业责任感。刚柔并济的"V"形,也恰似举起的双手,传递出长安汽车科技创新、关爱永恒的价值追求。

3.2.18　奇瑞汽车旗下乘用车车标

CHERY是由英文单词"CHEERY"(中文意思为"欢呼地、兴高采烈地")减去一个"E"而来,表达了企业努力追求、永不满足现状的理念。奇瑞新标志以一个椭圆为主体,由三个字母"CAC"组成,如图3.80所示,是"Chery Automobile Company"的缩写。中间镶有钻石状立体三角形,主色调银色代表着质感、科技和未来。中间的钻石形构图,代表了奇瑞汽车对品质的苛求,并以打造钻石般的品质为企业坚持的目标。蓬勃向上的人字形支撑,则代表了奇瑞汽车执着创新、积极乐观、乐于分享的正能量,支撑起品质、技术、国际化的奇瑞汽车不断前行,同时人字形代表字母A,喻示奇瑞汽车追求卓越和领先的决心和激情。

图3.79　长安乘用车标志　　　　图3.80　奇瑞汽车标志

3.2.19　江淮汽车旗下乘用车车标

江淮汽车标志的外部椭圆形象征着地球,如图3.81所示,表明JAC通过"整合全球资源,造世界车",实现全球化经营;椭圆有迫于外力向内收缩之势,警示JAC人在发展过程中要始终清醒地认识来自外部环境的持续压力与挑战,时刻保持危机意识。内部五针组合:体现JAC自强不息、艰苦奋斗、令行禁止、学习创新的精神;象征顾客、员工、股东、上下游合作伙伴及相关方的紧密协作,和谐共赢;表达了江淮汽车系统思考、团队学习、协调平衡、追求卓越的企业理念。江淮汽车的整个标志的物理特征:柔和与刚毅兼具,稳重而极具张力,充分辉映着"制造更好的产品,创造更美好的社会"的江淮汽车的企业愿景。

3.2.20 比亚迪

比亚迪股份公司创立于1995年,公司总部位于深圳市。2003年成长为全球第二大电池生产商,同年组建比亚迪汽车。

比亚迪的标志在2007年已由蓝天白云的老标换成了只用三个字母和一个椭圆组成的标志,如图3.82所示,BYD的意思是"build your dreams",即成就梦想。字体的排列、图形的颜色都有巨大变化,突出了比亚迪汽车的创新、科技和企业文化精髓,为比亚迪品牌注入了新的内涵和活力。

图3.81　江淮汽车标志　　　　图3.82　比亚迪汽车标志

复习思考题

1. 请说出美国三大汽车公司的名称,画出其公司的标志并说明含义。
2. 试说出美国6个著名品牌的名称、商标图案及其含义。
3. 请说出德国、意大利、法国、英国具有代表性的汽车公司名称。
4. 劳斯莱斯和宾利都属于高档豪华车,二者有何差异?
5. 奥迪汽车公司的创始人是谁?奥迪车标中的四环代表什么?
6. 请说出日本、韩国具有代表性的汽车公司名称及其著名品牌。
7. 简述法拉利商标的来历。
8. 举例说出6个中国自主汽车品牌及其车标含义。

汽车名人:安德烈·雪铁龙(1878—1935年)

1878年安德烈·雪铁龙,出生于巴黎。

1900年雪铁龙毕业于法国高等工业技术学院。

1905年雪铁龙建立了一个小公司,专门生产人字形齿轮。

1912年雪铁龙参观了亨利·福特的汽车厂,并引入了福特的大批量流水线。

1913年他把公司定名为"雪铁龙齿轮工厂",专门从事齿轮传动机的生产,同时开始生产汽车。

安德烈·雪铁龙

1919年5月28日雪铁龙公司生产出A型汽车。

1921年6月份A型车被B2型车取代。

1924年雪铁龙汽车有限公司正式挂牌成立。到1929年,雪铁龙汽车一跃成为法国汽车第一大品牌。

1925年雪铁龙生产出法国第一辆全钢质汽车。

1934年12月21日雪铁龙公司宣布破产。

1935年7月3日安德烈·雪铁龙去世。

 任务工单

汽车公司与商标

项目		班级	
姓名		学号	
小组		日期	

1. 实训要求:
(1) 查找资料,在各车系中各找一个典型车型写一份该车的介绍。
(2) 试比较各车系的特点。
(3) 请对你所在地区进行调研,哪些车标比较常见,列举出至少10种,并拍照记录(注意保护车主隐私)。
2. 实训实施:

自我评价	小组互评	老师评价

项目4　汽车性能与常识——慧眼识"车"

知识目标

1. 认识汽车的分类。
2. 了解汽车的各项参数。
3. 掌握车辆识别代号的组成。
4. 熟悉汽车的各项性能评价。
5. 了解汽车的总体构造。

李明购车记（一）

李明大学毕业之后，进入一家企业工作，由于李明为人真诚，工作严谨认真，专业技术过硬，和同事相处融洽，很快得到了公司领导的认可，被提拔为公司技术主管。同时也收获了一份美好的爱情，组建了自己的家庭，有了一个可爱的宝贝女儿。

女儿3岁了，准备上幼儿园，李明夫妻考虑买一辆汽车，既方便接送女儿上学，也可以作为工作、家庭生活使用。一辆汽车少则几万元，多则几十万元，而李明夫妻对汽车不是很内行，他们决定谋定而后动，先对汽车做个初步了解和认识，再决定买什么样的车。于是，他们来到当地一家汽车贸易公司咨询。

公司的销售顾问热情接待了他们，简单交流后，询问他们是想买一辆轿车还是SUV，是燃油汽车还是新能源汽车，是A级车还是B级车等，看到李明夫妻一脸期待的神情，销售顾问笑着向他们详细介绍了汽车的主要分类。

任务4.1　汽车的分类

4.1.1　我国汽车分类标准对汽车的分类

1989年前的汽车分类标准主要有国家推荐标准GB/T3730.1—1988《汽车和挂车的术语和定义车辆类型》和国家强制标准GB9417—1989《中国汽车分类标准》两种。它们将汽车分为8类，即载货汽车、越野车、自卸车、牵引车、专用车、客车、轿车和半挂车。

为进一步与国际接轨,结合我国汽车工业的发展状况,2002年3月1日正式实施两个新国家推荐标准GB/T 3730.1—2001《汽车和挂车类型的术语和定义》和GB/T 15089—2001《机动车辆及挂车分类》。新标准在按用途划分的基础上,废除"轿车"的提法,改称其为"乘用车",不再将越野车单独分为一类,而是归属到各个车类中,重新定义了乘用车和商用车的概念,解决了管理和分类的矛盾,实现与国际标准接轨。新标准是对传统观念的变革,尤其是在轿车的划分上,改变了传统观念将轿车视为奢侈品的思想,回归到代步工具的概念。

根据GB/T 3730.1—2001《汽车和挂车类型的术语和定义》,按用途汽车可分为乘用车和商用车两大类。

1. 乘用车

在其设计和技术特性上主要用于载运乘客及其随身行李和临时物品的汽车,包括驾驶员座位在内最多不超过9个。它也可以牵引一辆挂车。

(1)普通乘用车(如图4.1所示)

车身:封闭式,侧窗中柱有或无。车顶:固定式,硬顶,有的车顶一部分可以开启。座位:4个或4个以上,至少两排,后座椅可以折叠或移动,以形成装载空间。车门:2个或4个侧门,可有1个后开启门。

(2)活顶乘用车(如图4.2所示)

车身:具有固定侧围框架的可开启式车身。车顶:车顶为硬顶或软顶,可开启式车身可以通过使用一个或数个硬顶部件合拢软顶将开启的车身关闭。座位:4个或4个以上,至少两排。车门:2个或4个侧门。车窗:4个或4个以上侧窗。

图4.1 普通乘用车

图4.2 活顶乘用车

(3)高级乘用车(如图4.3所示)

车身:封闭式,前后座之间可以设有隔板。车顶:固定式,硬顶,有的车顶一部分可以开启。座位:4个或4个以上,至少两排,后排座椅前可安装折叠式座椅。车门:4个或6个侧门,也可以有1个后开启门。车窗:6个或6个以上侧窗。

(4)小型乘用车(如图4.4所示)

车身:封闭式,通常后部空间较小。车顶:固定式,硬顶,有的车顶一部分可以开启。座位:2个或2个以上,至少一排。车门:2个侧门,也可有1个后开启门。车窗:2个或2个以上侧窗。

图4.3 高级乘用车　　　　　　图4.4 小型乘用车

(5) 敞篷车(如图4.5所示)

车身:可开启式。车顶:车顶可为软顶或硬顶,至少有两个位置,第1个位置遮覆车身,第2个位置车顶卷收或可拆除。座位:2个或2个以上,至少一排。车门:2个或4个侧门。

(6) 舱背乘用车(如图4.6所示)

车身:封闭式,侧窗中柱可有可无。车顶:固定式,硬顶,有的车顶一部分可以开启。座位:4个或4个以上,至少两排,后座椅可折叠或可移动,以形成一个装载空间。车门:2个或4个侧门,车身后部有1个舱门。

图4.5 敞篷车　　　　　　图4.6 舱背乘用车

(7) 旅行车(如图4.7所示)

车身:封闭式,车尾有较大的内部空间。车顶:固定式,硬顶,有的车顶一部分可以开启。座位:4个或4个以上,至少两排,座椅的一排或多排可拆除,或装有向前翻倒的座椅靠背,以提供装载平台。车门:2个或4个侧门,并有1个后开启门。车窗:4个或4个以上侧窗。

(8) 多用途乘用车

多用途乘用车是除上述(1)、(2)车辆以外的,只有单一车室载运乘客及其行李或物品的乘用车。

(9) 短头乘用车(如图4.8所示)

该种乘用车一半以上的发动机长度位于车辆前风窗玻璃最前点以后,并且方向盘的中心位于车辆总长的前1/4部分内。

图4.7　旅行车　　　　　　　图4.8　短头乘用车

（10）越野乘用车（如图4.9所示）

在其设计上所有车轮同时驱动（包括一个驱动轴可以脱开的车辆），或其几何特性（接近角、离去角、纵向通过角，最小离地间隙）、技术特性（驱动轴数、差速锁止机构或其他形式机构）和它的性能（爬坡度）允许在非道路上行驶的一种乘用车。

（11）专用乘用车（如图4.10所示）

运载乘员或物品并完成特定功能的乘用车，它具备完成特定功能所需的特殊车身或装备，如旅居车、防弹车、救护车、殡仪车等。

图4.9　越野乘用车　　　　　图4.10　专用乘用车

2. 商用车

在设计和技术特性上用于运送人员和货物的汽车，并且可以牵引挂车。乘用车不包括在内。

（1）客车

客车是指在设计和技术特性上用于载运乘客及其随身行李的商用车辆，包括驾驶员座位在内座位数超过9座。客车有单层的或双层的，也可以牵引一挂车。客车可细分为以下8种。

① 小型客车：用于载运乘客，除驾驶员座位外，座位数不超过16座的客车。

② 城市客车：一种为城市内运输而设计和装备的客车。这种车辆设有座椅及站立乘客的位置，并有足够的空间供频繁停站时乘客上下车走动用。

③ 长途客车：一种为城市间运输而设计和装备的客车。这种车辆设有座椅及站立乘客的位置，但在其通道内可载运短途站立的乘客。

④旅游客车:一种为旅游而设计和装备的客车。这种车辆的布置要确保乘客的舒适性,不载运站立的乘客。

⑤铰接客车:一种由两节刚性车厢铰接组成的客车(如图4.11所示)。在这种车辆上,两节车厢是相通的,乘客可通过铰接部分在两节车厢之间自由走动。两节刚性车厢永久连接,只有在工厂车间使用专用的设施才能将其拆开。

⑥无轨电车:一种经架线由电力驱动的客车,如图4.12所示。

图4.11　铰接客车

图4.12　无轨电车

⑦越野客车:在其设计上所有车轮同时驱动(包括一个驱动轴可以脱开的车辆)或其几何特性(接近角、离去角、纵向通过角,最小离地间隙)、技术特性(驱动轴数、差速锁止机构或其他行驶机构)和它的性能(爬坡度)允许在非道路上行驶的一种车辆。

⑧专用客车:需经特殊布置安排后才能载运人员的车辆。

(2)半挂牵引车

半挂牵引车是指装备有特殊装置,用于牵引半挂车的商用车辆。

(3)货车

货车是一种主要为载运货物而设计和装备的商用车辆,细分为以下6种。

①普通货车:一种在敞开(平板式)或封闭(厢式)载货空间内载运货物的货车,如图4.13所示。

②多用途货车:主要用于载运货物,但在驾驶员座椅后带有固定或者折叠座椅,可以载运3个以上乘客的货车,如图4.14所示。

图4.13　普通货车

图4.14　多用途货车

③全挂牵引车:一种牵引全挂车的货车,它本身可在附属的载运平台上运载货物。

④越野货车:在其设计上所有车轮同时驱动(包括一个驱动轴可以脱开的车辆)或其几

何特性(接近角、离去角、纵向通过角、最小离地间隙)、技术特性(驱动轴数、差速锁止机构或其他行驶机构)和它的性能(爬坡度)允许在路况差的道路上行驶的一种车辆。

⑤ 专用作业车:在其设计和技术特性上用于特殊工作的货车,如消防车、救险车、垃圾车、应急车、街道清洗车、扫雪车、清洁车等。

⑥ 专用货车:在其设计和技术特性上用于运输特殊物品的货车,如罐式车、乘用车运输车、集装箱运输车等。

3. 国家标准中挂车和汽车列车分类

在 GB/T 3730.1—2001《汽车和挂车类型的术语和定义》中,还有挂车和汽车列车的分类。

(1) 挂车

挂车就其设计和技术特性是需汽车牵引才能正常使用的一种无动力的道路车辆,用于载运人员和货物。

① 牵引杆车可细分为以下4种:

客车挂车:在其设计和技术特性上,用于载运人员及其随身行李的牵引杆挂车。

牵引杆货车挂车:在其设计和技术特性上,用于载运货物的牵引杆挂车。

通用牵引杆挂车:一种在敞开(平板式)或封闭(厢式)载货空间内载运货物的牵引杆挂车。

专用牵引杆挂车:一种牵引杆挂车,需经特殊布置后才能载运人员或货物,只执行某种规定的运输任务。

② 半挂车是车轴置于车辆重心(当车辆均匀受载时)后面,并且装有可将水平或垂直力传递到牵引车的连接装置的挂车。半挂车可细分为以下4种:

客车半挂车:在其设计和技术特性上用于载运乘客及其随身行李的半挂车。

通用货车半挂车:一种在敞开(平板式)或封闭(厢式)载货空间内载运货物的半挂车。

专用半挂车:一种半挂车,需经特殊布置后才能载运人员或货物,只执行某种规定的运输任务。

旅居半挂车:能够提供活动睡具的半挂车。

③ 中置轴挂车是牵引装置不能垂直移动(相对于挂车),车轴位于紧靠挂车重心(当均匀载荷时)的挂车,这种车辆只有较小的垂直静载荷作用于牵引车,不超过相当于挂车最大质量的10%或1000 N的载荷(两者取较小者)。其中一轴或多轴可由牵引车来驱动。

(2) 汽车列车

汽车列车又有如下几种。

① 乘用车列车:乘用车和中置轴挂车的组合。

② 客车列车:一辆客车与一辆或多辆挂车的组合。各节乘客车厢不相通,有时可设服务走廊。

③ 货车列车:一辆货车与一辆或多辆挂车的组合。

④ 牵引杆挂车列车:一辆全挂牵引车与一辆或多辆挂车的组合。

⑤ 铰接列车:一辆半挂牵引车与具有角向移动连接的半挂车组成的车辆。

⑥ 双挂列车:一辆铰接式列车与一辆牵引杆挂车的组合。

⑦ 双半挂列车:一辆铰接式列车与一辆半挂车的组合。两辆车的连接是通过第二个半挂车的连接装置来实现的。

⑧ 平板列车:一辆货车和一辆牵引杆货车挂车的组合;在可角向移动的货物承载平板的整个长度上载荷都是不可分地置于牵引车和挂车上。为了支撑这个载荷,可以使用辅助装置。这个载荷或它的支撑装置构成了这两个车辆的连接装置,因此不允许挂车再有转向装置。

4.1.2 根据汽车的结构分类

1. 按汽车的行走方式进行分类

① 轮式汽车:用车轮作为行走装置的汽车,如图4.15所示。

② 履带式汽车:用履带作为行走装置的汽车,如图4.16所示。

③ 半履带式汽车:用履带作为驱动装置、用车轮作为转向装置的汽车,如图4.17所示。

图4.15 轮式汽车

图4.16 履带式汽车

图4.17 半履带式汽车

2. 按动力装置进行分类

(1) 内燃机汽车

内燃机汽车是用内燃机作为动力装置的汽车。通常,内燃机汽车的主要形式有以下几种。

① 汽油机汽车:用汽油机作为动力装置的汽车。

② 柴油机汽车：用柴油机作为动力装置的汽车。

③ 气体燃料发动机汽车：发动机用天然气、煤气等气体作为燃料的汽车。天然气、石油气、煤气、甲烷、氢气、沼气和生物制气等多种气体均可作为气体燃料发动机的燃料。

（2）电动汽车

电动汽车是用电动机作为动力装置的汽车。根据电源形式可将电动汽车分为以下两种。

① 无轨电车：从架线上接受电力，用电动机驱动的大客车。

② 电动汽车：以车载蓄电池为动力，用电机驱动车轮行驶，符合道路交通、安全法规各项要求的车辆。

③ 燃料电池电动汽车：利用氢气等燃料和空气中的氧在催化剂的作用下在燃料电池中经电化学反应产生的电能，并作为主要动力源的汽车。主要代表车型有日本丰田的FCV Plus概念车等。

（3）混合动力汽车

车辆驱动系统由两个或多个能同时运转的单个驱动系统联合组成的汽车，汽车的行驶功率依据实际的车辆行驶状态由单个驱动系统单独或共同提供。它一般是指油电混合动力汽车，即采用传统的内燃机（柴油机或汽油机）和电动机作为动力源。根据混合动力驱动的联结方式，一般把混合动力汽车分为三类：

① 串联式混合动力汽车（SHEV）主要由发动机、发电机、驱动电机等三大动力总成通过串联方式组成动力系统。

② 并联式混合动力汽车（PHEV）的发动机和电机都是动力总成，两大动力总成的功率可以互相叠加输出，也可以单独输出。

③ 混动式混合动力汽车（PSHEV）是综合串联式和并联式的结构而组成的电动汽车，主要由发动机、电动发电机和驱动电机三大动力总成组成。

根据在混合动力系统中混合度的不同，也可以分为以下四类：

① 微混合动力系统。代表的车型是PSA的混合动力版C3和丰田的混合动力版Vitz。从严格意义上来讲，这种微混合动力系统的汽车不属于真正的混合动力汽车，因为它的电机并没有为汽车行驶提供持续的动力。

② 轻混合动力系统。代表车型是通用的混合动力皮卡车。轻混合动力系统除了能够实现用发电机控制发动机的启动和停止，还能够实现在减速和制动工况下，对部分能量进行吸收；在行驶过程中，发动机等速运转，发动机产生的能量可以在车轮的驱动需求和发电机的充电需求之间进行调节。轻混合动力系统的混合度一般在20%以下。

③ 中混合动力系统。本田旗下混合动力的Insight、Accord和Civic都属于这种系统。中混合动力系统采用的是高压电机。另外，中混合动力系统还增加了一个功能：在汽车处于加速或者大负荷工况时，电动机能够辅助驱动车轮，从而补充发动机本身动力输出的不足，从而更好地提高整车的性能。这种系统的混合程度较高，可以达到30%左右，目前技术已经成熟，应用广泛。

④ 完全混合动力系统。丰田的Prius和Estima属于完全混合动力系统。该系统采用了

272～650 V的高压启动电机,混合程度更高。与中混合动力系统相比,完全混合动力系统的混合度可以达到甚至超过50%。完全混合动力系统逐渐成为混合动力技术的主要发展方向。

(4)燃气涡轮机汽车

它是以连续流动的气体带动叶轮高速旋转,将燃料的能量转变为有用功的内燃式动力装置的汽车。

3. 按照发动机位置和驱动方式进行分类

(1)前置前驱汽车

它是指发动机安装在车辆前部,用前轮作为驱动轮的汽车,如图4.18所示。目前它在发动机排量在2.5 L以下的乘用车上得到广泛应用。

(2)前置后驱汽车

它是指发动机安装在车辆前部,用后轮作为驱动轮的汽车,如图4.19所示。国内外大多数货车、部分轿车(尤其是高级轿车)和部分客车都采用这种驱动形式,但采用该方式的小型车很少。

(3)后置后驱汽车

它是指发动机安装在车辆后部,用后轮作为驱动轮的汽车,如图4.20所示。后置后驱是目前大、中型客车流行的驱动方式,而现代乘用车采用后置发动机的代表车型仅有保时捷911系列和Smart fortwo。

(4)中置后驱动汽车

它是指发动机置于前后桥之间,用后轮作为驱动轮的汽车,如图4.21所示。此种车大多是追求操控表现的跑车,是大多数运动型轿车和方程式赛车所采用的驱动方式。

(5)四轮驱动

它是指发动机安装在车辆后部,前后轮均为驱动轮的汽车,如图4.22所示。四轮驱动主要用于越野车及高性能跑车。

图4.18 前置前驱汽车(FF)

图4.19 前置后驱汽车(FR)

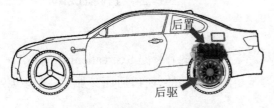

图4.20 后置后驱汽车(RR)

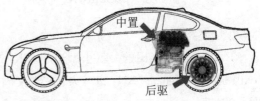

图4.21 中置后驱汽车(MR)

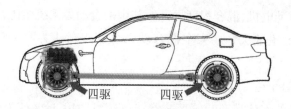

图 4.22　四轮驱动(4WD)

4. 按照有无车架进行分类

（1）有车架汽车

有的也称为非承载式车身汽车，在构成车辆底盘的骨架上安装了悬架、车桥、发动机和车身等总成的汽车。

（2）无车架汽车

有的也称为承载式车身汽车，是一种没有底盘骨架，底盘和车身成为一体使其具有一定强度的汽车。

5. 根据汽车的设计理念分类

（1）SUV

SUV（运动型多用途车）于20世纪80年代起源于美国，是为了迎合年轻白领阶层，在皮卡的底盘上改装发展而来的一种厢体车。SUV的离地间隙较大，在一定程度上既有轿车的舒适性又有越野车的越野性。

（2）CRV

CRV是本田的一款车，我国国产的叫东风本田CRV（城市休闲车），如图4.23所示。

（3）SRV

SRV（小型休闲车）一般指两厢轿车，如上海赛欧SRV，如图4.24所示。

图 4.23　东风本田CRV

图 4.24　上海赛欧SRV

（4）RAV

RAV是源于丰田的一款小型运动车RAV4。丰田公司的解释是Recreation（休闲）、Activity（运动）、Vehicle（车），缩写为RAV，又因为车是四轮驱动的，所以后面又加了一个4，如图4.25所示。

(5) HRV

HRV 源于上海通用凯越 HRV 轿车(如图 4.26 所示),取 Healthy(健康)、Recreation(休闲)、Vigorous(活力)之意,是一个全新的汽车设计理念。

图 4.25　丰田 RAV4

图 4.26　上海通用凯越 HRV 轿车

(6) MPV

MPV(如图 4.27 所示)集轿车、旅行轿车和厢式货车的功能于一体,车内的每一个座椅都可以调整,并有多种组合方式。

近年来,MPV 趋向于小型化,并出现了所谓的 S-MPV,S 就是小(Small)的意思,车身紧凑,一般有 5~7 个座。五菱宏光是 S-MPV 的典型代表,如图 4.28 所示。

图 4.27　江淮瑞风

图 4.28　五菱宏光 S-MPV

(7) CUV

CUV 是以轿车为设计平台,融合轿车、MPV 和 SUV 特性为一体的多用途车,也被称为 Crossover。

CUV 最初源于 20 世纪的日本,之后在美国、西欧等地流行,人们开始崇尚轿车驾驶感受和操控性以及多用途运动功能,喜欢 SUV 粗犷的外观,同时也注重燃油经济性与良好通过性的汽车用户的最佳选择。长城的哈弗是典型的 CUV,如图 4.29 所示。

(8) NCV

NCV(如图 4.30 所示)以轿车底盘为平台,兼顾了轿车的舒适性和 SUV 的越野性。作为新概念轿车,它比家用轿车的使用范围更广。

图4.29 长城哈弗

图4.30 黄海法萨特

(9) 房车RV

房车(如图4.31所示),也称为豪华商务旅行车,兼具"房"与"车"两大功能,可实现"生活中旅行,旅行中生活"。它是一种可移动、具有居家必备的基本设施的车种,可以随意停靠在远离城市的沙滩、湖岸、草地、山坡。同时又拥有城市的生活方式:自己做可口的饭菜、洗个热腾腾的澡、睡柔软舒服的床、看电视、听音乐、放DVD等。

图4.31 奔驰房车

4.1.3 世界汽车分类

世界上各国、各地区对于车辆的分类术语和定义标准内容虽不尽相同,但标准总体构架大致相同,只是在标准内容上根据自己的国情作相应的变动。

1. 国际标准

国际标准化组织ISO/TC22负责道路车辆标准的制定与管理,国际标准中只有车辆术语标准而没有分类标准。ISO3833:1977《道路车辆类型、术语和定义》成为所有国际标准制定中车辆名称共同遵循的标准,ISO标准在术语的使用方面做得非常规范,基本上不存在不同的标准中出现概念相同而表述不同的术语或术语相同概念不同的情况。

在ISO3833术语标准中,标准的层次划分清楚。道路车辆分为汽车、挂车、汽车列车、轻便摩托车和摩托车。汽车中分为乘用车、客车、商用车、专用车、全挂牵引车、半挂牵引车。在每一类下以车辆的结构或用途给出不同类型的车辆名称。

2. 欧洲汽车分类

车辆"型式认证"基本采用法规中的车辆分类。主要分为：

① M类即载客四轮车，依据车辆载客人数以及车辆最大设计总质量分为M1、M2、M3三类。

② N类即载货车辆，依据车辆最大设计总质量分为N1、N2、N3三类。

③ O类即挂车，依据车辆最大设计总质量分为O1、O2、O3、O4四类。

④ L类即两轮或三轮车辆，依据发动机排量、车速及功率分为L1、L2、L3、L4、L5、L6、L7七类。

⑤ G类即越野车，G类车不是单独的一类，是M、N类中的一种。

欧洲各国车辆注册因各国关注的对象不同，而使车辆分类不同。德国车辆术语统一采用德国国家标准DIN70010《汽车、汽车列车及挂车的定义》，该标准参照ISO3833-1977制定。

3. 美国汽车分类

美国的汽车分类标准有两种，一种是美国运输部下属的国家公路交通安全管理局(National Highway Traffic Safety Administration，简称NHTSA)具体负责制定并实施的美国汽车安全技术法规(FMVSS)，还有一种是美国汽车工程师学会指定的行业标准。两者在车辆术语和车辆分类方面大的框架是一致的，但在排放方面根据技术要求、标准的适用范围按照车辆重量重新划分，这与各国排放法规是一致的。

在FMVSS中，以术语和定义的形式，按照法规制定的要求对车辆进行规定。SAE J218规定了乘用车术语，SAE J687《客车、货车及挂车术语和定义》分别规定了其他车辆各种车型的术语和定义。这些术语和定义与FMVSS没有冲突，FMVSS的内容与SAE标准内容一致。其中美国对乘用车的规定与ISO及欧洲标准略有不同，ISO及欧洲以9人为界限，划分为乘用车和客车，美国则是以10人为界限。

4. 日本汽车分类

日本的车辆分类较为清晰、简单，是法规硬性规定的，不论是车辆"型式认证"，还是车辆注册、车辆统计，均依据《道路运送车辆法》将汽车分为普通车辆、小型车辆、轻型车辆、大型专用车、小型专用车，划分依据是发动机排量和车辆尺寸。车辆的术语名称采用日本工业标准JIS D0101《汽车分类的术语》，其中道路车辆的大类划分与国际标准基本一致，只是在乘用车与客车的划分上，国际标准以9座划分，日本标准以10座划分。对于乘用车，日本则分为普通乘用车、小型乘用车和轻型乘用车。

① 微型机动车：排气总量≤660cc(mL)，整体尺寸≤3400 mm×480 mm×2000 mm。

② 小型机动车：660cc(mL)≤排气总量≤2000cc(mL)，3400 mm×1480 mm×2000 mm≤整体尺寸≤4700 mm×1700 mm×2000 mm。

③ 普通机动车：排气总量≥2000cc(mL)，整体尺寸≥4700 mm×1700 mm×2000 mm。

按照底盘结构分为乘用车和货车。普通乘用车以座位数为依据进行细分，普通货车以载重量或GVM为依据进行细分。

5. 乘用车分级简介

世界乘用车分级没有统一的标准，每个国家都有不同的规定，目前国际上比较有代表性的汽车分级模式是欧洲大众汽车和美国通用汽车的分级模式。

（1）欧洲

根据欧系汽车分级法，通常可以将乘用车分为A、B、C、D四个级别。这种等级划分的主要依据是汽车的轴距、排量、重量等参数。一般情况下，字母的排列顺序越靠后，则说明该车的轴距越长，排量以及质量就越大，豪华程度也会上升一个等级。德国大众是欧洲最大的汽车制造商，也是最早进入中国轿车市场的企业，它的轿车分类法具有代表性。

A级车主要包括A0、A00两种。其中A0级的乘用车轴距普遍在2.2～2.3 m，排量在1～1.3 L，比如两厢型的夏利汽车；A00级乘用车的轴距则普遍在2～2.2 m，而且其排量要小于A0级的车，不到1L，典型的汽车如奥拓、通用五菱SPARK等。一般来说，我们说的A级车轴距范围在2.3～2.45 m，排量在1.3～1.6 L。比较有名的车型如德国大众捷达、波罗Polo等。

B级车是中档轿车的一种，轴距普遍集中在2.45～2.6 m。排量则集中在1.6～2.4 L。近年来，B级中档车销售火爆，已经在汽车市场占据了主导地位。如奥迪A4、帕萨特、迈腾等。

C级车属于高档汽车。轴距在2.6～2.8 m。发动机排量在2.3～3.0 L。常见的如奥迪A6L等。

D级车是豪华轿车。一般外形都比较豪华、气派，车内空间大而敞亮，发动机动力强劲。其轴距则普遍大于2.8 m，排量一般也很大，基本都大于3 L。目前常见的D级车主要包括奔驰S系列、宝马7系、奥迪A8、劳斯莱斯、宾利等豪华汽车。

（2）美国

美系分级标准以通用汽车公司的分级标准为例。通用公司综合考虑了车型尺寸、排量、装备等，一般将轿车分为六级。

Mini级：一般指1 L以下的轿车。如通用雪佛兰乐驰，其排量有0.8 L、1.0 L、1.2 L三种。

Small级：一般指1.0～1.3 L的轿车，处于我国普通轿车级别的低端。如雪佛兰赛欧、福特嘉年华等。

Lowmed级：一般指1.3～1.6 L的轿车。如别克凯越、福特福克斯、福特翼虎等。

Interm级：和德国的低端B级轿车基本吻合。如别克君威、福特蒙迪欧等。

Upp-med级：涵盖B级轿车的高端和C级轿车的低端。如凯迪拉克、福特Bronco等。

Large/Lux级：和高级轿车相对应，涵盖C级车的高端和D级车，如通用林荫大道等。

李明购车记（二）

李明夫妻听完销售顾问的详细介绍后,对汽车的分类有了初步的了解。李明忽然想到一个问题,就咨询销售顾问:"有次和朋友看见路边停着一辆汽车,汽车的尾部没有中文字样,我以为是一辆进口车,可我朋友绕车转了一圈之后,告诉我这是一辆合资车,说可以根据车上的一个代码判断。"销售顾问笑着说:"是的,每辆汽车都有一个车辆识别代码VIN码,这个码由世界组织ISO统一编制,就像人的身份证一样,它是汽车的合法身份证明,通过它我们可以知道这辆车的生产国家、年份等详细信息,识别这辆车的真伪,防止买到走私车、拼装车等非法车辆。"

任务4.2　车辆识别代号

VIN(Vehicle Identification Number),中文名叫车辆识别代号,是用来识别车辆的一组指定代码,由17位字母和数字组成,又称17位识别代码,由世界组织ISO统一编制,如图4.32所示。VIN具有全球通用性,具有最大限度的信息承载性和可检索性,已成为全世界识别车辆的"身份证"。当每辆汽车打上VIN后,其代号将伴随车辆的注册、保险、年检、保养、修理直至回收报废。通过VIN可查询车辆的制造厂、销售商及车上的部件,可以帮助寻找失踪车辆的线索,因此VIN将是国家各部门各行业各用户管理、检索、统计、信息追踪的帮手。在信息化的现代社会,VIN已成为汽车管理必不可少的工具。

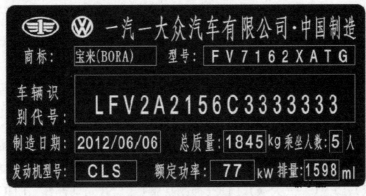

图4.32　一汽大众VIN码

4.2.1　车辆识别代号的组成

通过VIN可以识别出生产国家、厂家、车辆类型、品牌名称、车型系列、车身形式、发动机型号、车型年款、安全防护装置型号、检验数字、装配工厂名称和出厂顺序号码等。

车辆识别代号由三部分组成:第一部分(前3位),世界制造厂识别代号(WMI);第二部分(第4~9位),车辆说明部分(VDS);第三部分(第10~17位),车辆指示部分(VIS),如图4.33所示。

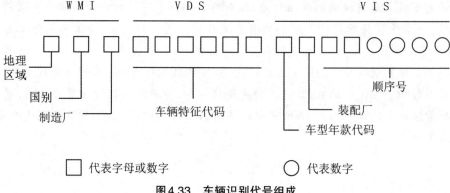

图4.33 车辆识别代号组成

1. 第一部分

世界制造厂识别代号(WMI),必须经过申请、批准和备案后方能使用。第一个字码是标明一个地理区域的字母或数字,由ISO统一分配,如北美是1~5,大洋洲是6和7,南美是8、9和0,亚洲是J~R,欧洲是S~Z,见表4.1。

表4.1 VIN码地理区域代码分配

代码	国家	代码	国家	代码	国家
1	美国	W	德国	V	法国
2	加拿大	T	瑞士	Y	瑞典
3	墨西哥	J	日本	Z	意大利
4	美国	S	英国		
6	澳大利亚	K	韩国		
9	巴西	L	中国		

第二个字码是标明一个国家的字母或数字,一般与第一位字码组合使用。在美国,汽车工程师协会(SAE)负责分配国家代码。

第三个字码是标明某个特定制造厂的字母或数字,由各国的授权机构负责分配。

对于年产量≥500辆的制造厂,世界制造厂识别代号由以上所述的三位字码组成,如LSV(上海大众)、LFV(一汽大众)、LDC(神龙富康)、LEN(北京吉普)、LHG(广州本田)、LHB(北汽福田)、LKD(哈飞汽车)、LS5(长安汽车)、LSG(上海通用)等。对于年产量<500辆的制造厂,世界制造厂识别代号的第三位字码为数字9。此时车辆指示部分的第三、四、五位将与第一部分的三位字码作为世界制造厂识别代号。

2. 第二部分

车辆说明部分(VDS)由六位字码组成,如果制造厂不用其中的一位或几位字码,应在该位置填入制造厂选定的字母或数字占位。此部分应能识别车辆的一般特性,包括车身类型、发动机型号、乘员保护系统类型、车辆等级等内容,其代号顺序由制造厂决定。

最后一位(即VIN的第九位字码)为检验位,与身份证号码中的校验位一样,其作用是核对VIN记录的准确性。

3. 第三部分

车辆指示部分(VIS)由八位字码组成,其最后四位字码应是数字。指示部分的第一位字码指示年份,按规定使用(字码30年循环重复,不能为0、I、O、Q、Z),见表4.2。第二位字码可用来指示车辆装配厂,若无装配厂,制造厂可规定其他的内容。如果制造厂生产的某种类型的车辆年产量≥500辆,第三至第八位字码表示生产顺序号;如果制造厂的年产量<500辆,则此部分的第三、四、五位字码应与第一部分的三位字码一起来表示车辆制造厂。

表4.2　字码年份对照表

字码	年份	字码	年份	字码	年份	字码	年份	字码	年份
1	1971	9	1979	H	1987	S	1995	3	2003
2	1972	A	1980	J	1988	T	1996	4	2004
3	1973	B	1981	K	1989	V	1997	5	2005
4	1974	C	1982	L	1990	W	1998	6	2006
5	1975	D	1983	M	1991	X	1999	7	2007
6	1976	E	1984	N	1992	Y	2000	8	2008
7	1977	F	1985	P	1993	1	2001	9	2009
8	1978	G	1986	R	1994	2	2002	A	2010

4.2.2　汽车识别代号的典型举例

1. 德国奔驰汽车公司轿车VIN

第1位:生产国别代码;　　　　　第2~3位:生产厂家代码;
第4位:车身及底盘系列代码;　　第5位:发动机类型代码;
第6~7位:车型代码;　　　　　　第8位:乘员安全保护装置代码;
第9位:VIN检验数代码;　　　　第10位:车型年款代码;
第11位:总装工厂代码;　　　　　第12~17位:出厂顺序号代码。

例:LSVHJ133022221761

WMI			VDS						VIS							
L	S	V	H	J	1	3	3	0	2	2	2	2	1	7	6	1
1	2	3	4	5	6	7	8	9	10	11	12	13	14	15	16	17

第1~3位:"LSV"表示上海大众汽车有限公司;
第4位:"H"表示4门加长型折背式车身;
第5位:"J"表示发动机为AYJ,自动变速器为FNV(01N·A);
第6位:"1"表示驾驶员位置有安全气囊;

第7~8位:"33"表示为上海桑塔纳型轿车;

第9位:"0"为校验码;

第10位:"2"表示年份为2002年;

第11位:"2"表示装配厂为上海大众汽车有限公司;

第12~17位:表示车辆制造顺序号为221761。

2. 日本丰田汽车公司凌志轿车VIN

第1位:生产国别代码; 第2~3位:生产厂家代码、车型类别代码;

第4位:发动机型号代码; 第5位:车型代码;

第6位:车型与型号代码; 第7位:系列/级别代码;

第8位:车身类型代码; 第9位:VIN检验数代码;

第10位:车型年款代码; 第11位:总装工厂代码;

第12~17位:出厂顺序号代码。

例:JTIGK12E7S9092125

WMI			VDS				VIS						
J	T	1	G	K	1	2	E	7	S	9	0	9	2	1	2	5
1	2	3	4	5	6	7	8	9	10	11	12	13	14	15	16	17

第1~3位:"JT1"表示日本丰田汽车公司; 第4位:"G"表示发动机为1MZ-FE3.0LV6;

第5位:"K"表示为丰田佳美; 第6位:"1"表示汽车种类为MCV10L型;

第7位:"2"表示汽车系列为LE系列; 第8位:"E"表示车身类型为4门轿车;

第9位:"7"为校验码; 第10位:"S"表示年份为1995年;

第11位:"9"表示装配厂在日本; 第12~17位:表示车辆制造顺序号为092125。

4.2.3 车辆识别代号的基本要求和所在位置

1. 基本要求

① 每一辆汽车、挂车、摩托车和轻便摩托车都必须具有车辆识别代号。

② 在30年内生产的任何车辆的识别代号不得相同。

③ 车辆识别代号应尽量位于车辆的前半部分,易于看到且能防止磨损或替换的部位。

④ 9座或9座以下的车辆和最大总质量小于或等于3.5吨的载货汽车的车辆识别代号应位于仪表板上,在白天日光照射下,观察者不需移动任何部件从车外即可分辨出车辆识别代号。

⑤ 车辆识别代号的字码在任何情况下都应是字迹清楚、坚固耐久和不易替换的。车辆识别代号的字码高度:若直接打印在汽车和挂车(车架、车身等部件)上,最少应为7 mm高,其他情况至少应为4 mm高。

⑥ 车辆识别代号仅能采用下列阿拉伯数字和大写字母,VIN不包含I、O、Q三个英文

字母：

1 2 3 4 5 6 7 8 9 0 A B C D E F G H J K L M N P R S T U V W X Y Z

⑦ 车辆识别代号在文件上表示时应写成一行，且不要空格，打印在车辆或车辆标牌上时也应标示在一行。特殊情况下，由于技术上的原因必须标示在两行上时，两行之间不应有间隙，每行的开始与终止处应选用一个分隔符表示。分隔符必须是不同于车辆识别代号所有的任何字码，且不易与车辆识别代号中的字码混淆的其他符号。

2. 汽车识别代号的所在位置

① 在汽车上，VIN码大多位于仪表板左侧、挡风玻璃下面、发动机室内的各种铭牌上或驾驶员侧车门柱上等显著位置，如图4.34所示。

② 在机动车行驶证上，"车架号"或"车辆型号"栏一般都打印有VIN码。

③ 在机动车辆保险单上，"车架号"栏一般也打印有VIN码。

④ 在销售环节会出现在汽车销售发票上。

⑤ 在纳税后会出现在完税证明上。

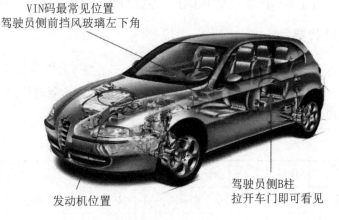

图4.34 VIN位置

李明购车记（三）

听了销售顾问的详细介绍，李明夫妇知道原来每辆汽车都有一个自己的"身份证"——VIN码。李明又想到一个问题，便接着咨询销售顾问："我经常看到奥迪车有A3、A6L、Q5等等，它们有什么区别啊？而且同款奥迪在汽车尾部有的是30TFSI，有的是40TFSI，这是什么意思？"销售顾问笑着回答道："A和Q是奥迪旗下汽车系列的产品型号，是奥迪针对不同消费市场的发展战略。对于汽车产品型号，我们国家有统一标准的编制规则，随着汽车工业的发展，现在很多企业开始自定义汽车的产品型号了。在奥迪车系中，A3定位紧凑型轿跑、A6L（后面带"L"字母的一般是轴距增加的加长版）定位中大型轿车、Q5定位中大型SUV，其中30、40、45分别代表的是1.8 T、2.0 T、2.5 T排量发动机，TFSI就是带涡轮增压（T）的FSI发动机。FSI是Fuel Stratified Injection的词头缩写，是指燃油分层喷射。燃油分层喷射技术是发动机稀薄燃烧技术的一种。"

任务4.3　汽车产品型号

1988年我国颁布了国家标准GB9417—88《汽车产品型号编制规则》。汽车产品型号应能表明汽车的厂牌、类型和主要特征参数等。该标准规定，国家汽车型号均应由汉语拼音字母和阿拉伯数字组成。该标准适用于设计定型的各类汽车和半挂车，不包括军事特种车辆。2001年后，GB9417—88作废，没有制订新的替代标准，很多汽车企业在原标准的基础上开始自定义汽车产品型号，对外开始用通俗易懂的产品名称代替产品型号。

4.3.1　产品型号的组成

汽车的产品型号由企业名称代号、车辆类别代号、主参数代号、产品序号组成，必要时附加企业自定代号。对于专用汽车及专用半挂车还应增加专用汽车分类代号。

1. 企业名称代号

企业名称代号是识别车辆制造企业的代号，位于产品型号的第一部分，由两个或三个汉语拼音字母组成，如CA表示第一汽车制造厂，EQ表示第二汽车制造厂，TJ表示天津汽车制造厂，XMQ表示厦门金龙旅行车制造有限公司等，见表4.3。

表4.3　企业名称代号

企业名称	代号	企业名称	代号	企业名称	代号
北京汽车集团有限公司	BJ	一汽大众汽车有限公司	FV	天津一汽夏利汽车公司	TJ
北京现代汽车有限公司	BH	跃进汽车集团公司	NJ	神龙汽车有限公司	DC
长安汽车集团有限公司	SC	江铃汽车集团有限公司	JX	广州本田汽车有限公司	HG
长丰汽车制造有限公司	CJY	江西昌河汽车有限公司	CH	哈飞汽车股份有限公司	HFJ
第一汽车集团公司	CA	上海大众汽车有限公司	SVW	沈阳华晨金杯汽车公司	SY
东风汽车有限公司	EQ	上海通用汽车公司	SGM	东风日产乘用车公司	DFL

2. 车辆类别代号

车辆类别代号是表明车辆附属分类的代号，各类汽车的类别代号位于产品型号的第二部分，用一位阿拉伯数字表示，见表4.4。

表 4.4 车辆类别代号

车辆类别代号	车辆种类	车辆类别代号	车辆种类	车辆类别代号	车辆种类
1	载货汽车	4	牵引汽车	7	轿车
2	越野汽车	5	专用汽车	8	全挂车
3	自卸汽车	6	客车	9	半挂车及专用半挂车

3. 主参数代号

主参数代号是表明车辆主要特性的代号,各类汽车的主参数代号位于产品型号的第三部分,按下列规定用两位阿拉伯数字表示。

① 载货汽车、越野汽车、自卸汽车、牵引汽车、专用汽车与半挂车的主参数代号为车辆的总质量(t),牵引汽车的总质量包括牵引座上的最大质量,当总质量在 100 t 以上时,允许用三位数字表示。

② 客车的主参数代号为车辆长度(m)。当车辆长度小于 10 m 时,应精确到小数点后一位,并以长度(m)值的十倍数值表示。

③ 轿车的主参数代号为发动机排量(L),应精确到小数点后一位,并以其值的 10 倍数值表示。

④ 专用汽车及专用半挂车的主参数代号,当采用定型汽车底盘或定型半挂车底盘改装时,若其主参数与定型底盘原车的主参数之差不大于原车的 10%,则应沿用原车的主参数代号。

⑤ 主参数的数字修约按《数字修约规则》的规定。

⑥ 主参数不足规定位数时,在参数前以"0"占位。

4. 产品序号

产品序号表示一个企业的类别代号和主参数代号相同的车辆的投产顺序,产品序号位于产品型号的第四部分,用一位阿拉伯数字表示。0 代表的是第一代产品,1 代表的是第二代产品,2 代表的是第三代产品,以此类推。

5. 企业自定代号

企业自定代号是企业根据需要自行规定的补充代号,一般位于产品型号的最后部分。同一种汽车结构略有变化而需要区别时(如汽油、柴油发动机,长、短轴距,单、双排座驾驶室,平、凸头驾驶室,左、右置方向盘等),可用汉语拼音字母和阿拉伯数字表示,位数也由企业自定。供用户选装的零部件(如暖风装置、收音机、地毯、绞盘等)不属结构特征变化,应不给予企业自定代号。

6. 专用汽车分类代号

专用汽车分类代号用于反映车辆结构和用途特征，位于产品型号的第五部分，用三个汉语拼音、字母表示，结构特征代号见表4.5，用途特征代号另行规定。

表4.5 结构特征代号

厢式汽车	罐式汽车	专用自卸汽车	特种结构汽车	起重举升汽车	仓栅式汽车
X	G	Z	T	J	C

7. 产品型号举例

① TJ7131：TJ代表天津汽车制造厂，7代表轿车，13代表排气量为1.3 L，1代表第二代产品。

② XMQ6122：XMQ代表厦门金龙旅行车制造有限公司，6代表客车，12代表车长为12 m，2代表第三代产品。

③ CA1091：CA代表第一汽车制造厂，1代表载货汽车，09代表总质量为9310 kg，1代表第二代产品。

④ BJ2020：BJ代表北京汽车制造厂，2代表越野车，02代表总质量为2 t，0代表第一代产品。

4.3.2 内燃机型号

为了便于内燃机的生产管理和使用，国家标准GB/T725—2008《内燃机产品名称和型号编制规则》中对内燃机的名称和型号作了统一规定。内燃机名称均按所使用的主要燃料命名，如汽油机、柴油机、煤气机等。内燃机型号由阿拉伯数字和汉语拼音字母组成。

1. 内燃机型号组成

内燃机型号由四部分组成，如图4.35所示。

首部：为产品系列符号和换代标志符号，由制造厂根据需要自选相应字母表示，但需主管部门核准。

中部：由缸数符号、冲程符号、气缸排列形式符号和缸径符号等组成。

后部：结构特征和用途特征符号，以字母表示。

尾部：区分符号。同一系列产品因改进等原因需要区分时，由制造厂选用适当符号表示。

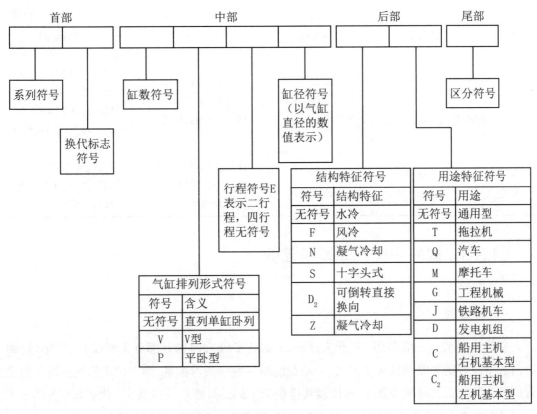

图 4.35　内燃机型号组成

2. 内燃机型号举例

① YZ6102Q：6 缸、直列、四冲程、缸径 102 mm、水冷、汽车用（YZ 为扬州柴油机厂代号）。

② BJ492QA：4 缸、直列、四冲程、缸径 92 mm、水冷、汽车用，区分符号 A 表示变型产品（BJ 为北京汽车制造厂代号）。

③ 大众系列内燃机与应用车型，见表 4.6。

表 4.6　大众系列内燃机

型号	EA111	EA113	EA211	EA888
发动机排量	1.4 L、1.6 L	1.4 L、1.6 L	1.2 L、1.4 L、1.6 L	1.8 L、2.0 L
图片				

续表

型号	EA111	EA113	EA211	EA888
特点	DOHC、4缸四气门、正时链条、缸内直喷、涡轮增压等	SOHC、4缸双气门、皮带传动、缸内直喷、涡轮增压等	DOHC、4缸四气门、正时皮带、缸内直喷、涡轮增压、全铝缸体等	DOHC、4缸四气门、涡轮增压、混合喷射（缸内直喷+歧管喷射）、可变气门正时等
应用车型	POLO、明锐、朗逸等，主要上海大众用	新宝来、速腾、B50等，主要一汽大众用	捷达、桑塔纳、POLO、宝来、朗逸、速腾等大众全系A级车型	迈腾、昊锐、帕萨特、CC、途观、奥迪A4L和Q5等

4.3.3　国外一些汽车型号简介

1. 法拉利

它的汽车型号一般是用"F"开头（Ferrari的首字母），但也有部分车型没有"F"字母，而后面数字大多是和发动机排量有关，一般是前两位数字表示排量，第三位表示气缸数。但也有例外，如F355的前两位数字35代表其排量为3.5 L，而最后一位数字5代表每气缸有5个气门；F512M的512代表其排气量为5 L，且有12气缸，M代表它的外观经过改款；F50的50代表该车是法拉利汽车厂建厂50周年的纪念车；550Maranello：550首先代表其排气量为5.5 L，其次，在推出之时正逢法拉利汽车厂建厂50周年，Maranello则是法拉利汽车厂所在城市的名称。

2. 奥迪

大部分奥迪汽车的型号是用公司英文名（Audi）的第一个字母"A"或"Q"表示，如奥迪A4、A6、A8系列等，后面的数字越大表示等级越高。A4系列是中级轿车，A6系列是高级轿车，A8系列是豪华轿车。Q3定位于紧凑型SUV，Q5、Q7定位于中大型SUV，Q8定位于豪华全尺寸SUV。除了以A、Q开头的轿车外，奥迪还有S系列和TT系列。S系列多是高性能车型，但并非是越野车，主要有S3、S6及S8等，TT系列则全部是跑车。

3. 奔驰

奔驰汽车产品型号前面的字母表示类型和级别：A级为小型单厢车，C级为小型轿车，E级为中级轿车，S级为高级轿车，M级为SUV，G级为越野车，V级为多功能厢式车，SLK为小型跑车，CLK为中型跑车，SL为高级跑车，CL为高级轿跑车，SLR为超级跑车。型号中间的数字，如280、300及500代表发动机排量，分别表示发动机排量为2.8 L、3 L及5 L。在代表排量的数字之前的字母表示不同的级别，而在数字之后的字母则表示装备或结构方面的特色，如S为豪华装备，E为电子燃油喷射，L为加长轴距，C为双门型。凡是标有L的奔驰轿车,都要比一般车长出 10 cm。

4. 宝马

宝马轿车有 3、5、7 和 8 四个系列,轿车型号的第一个数字即为系列号,第二和第三个数字表示排量,最后的字母 i 表示燃油喷射、A 表示自动挡、C 表示双座位、S 表示超级豪华。如 318iA 表示为 3 系列,排量为 1.8 L,燃油喷射,自动挡;850Si 表示 8 系列轿车,排量为 5 L,超级豪华型,燃油喷射。跑车型号用 Z 打头,主打车型有 Z3、Z4、Z8 等,后面的数字越大表示越高级。越野车用 X 打头,代表车型是 X5。

5. 一汽大众

一汽大众产品名称与产品型号见表 4.7。

表 4.7　一汽大众认证产品名称、型号规格表(部分)

商标	车型型号	商标	车型型号
迈腾 MAGOTAN	FV7207TATG 型轿车	宝来 BORA	FV7162ATG 型轿车
	FV7187TATG 型轿车		FV7162G 型轿车
	FV7187TG 型轿车		FV7162SATG 型轿车
	FV7207G 型轿车		FV7162SG 型轿车
	FV7187TDQG 型轿车		FV7162XG 型轿车
	FV7207TDQG 型轿车		FV7162XATG 型轿车
	FV7147TATG 型轿车		FV7202XATG 型轿车
速腾 SAGITAR	FV7186TATG 型轿车		FV7202XG 型轿车
	FV7186TG 型轿车	大众汽车 CC	FV7207TRATG 型轿车
	FV7166ATG 型轿车	高尔夫 Golf	FV7164ATG 型轿车
	FV7166G 型轿车		FV7164G 型轿车
	FV7206ATG 型轿车	高尔夫 Golf A6	FV7144TFATG 型轿车
	FV7206G 型轿车		FV7144TFG 型轿车
	FV7146TATG 型轿车		FV7164FG 型轿车
	FV7146TG 型轿车		FV7164FATG 型轿车

李明购车记(四)

销售顾问看李明夫妇一副兴致盎然的样子,接着说:"其实作为一名车主,尤其像李先生这样事业有成的人,我们在选购汽车时还要考虑一些基本参数,如长、宽、高、轴距等。"李明的爱人很好奇地问道:"轴距是什么?"销售顾问笑着说:"一辆汽车的轴距越长,整体车身就相对较长,除了外形大气外,后排的乘坐空间就越大,乘坐就越舒服。就像李先生工作的单位一样,给予李先生足够的成长发展空间,李先生可以施展抱负,实现价值,在成就自我的同时,也在成就企业,回报社会。"

任务4.4 汽车基本性能参数

汽车类型不同,其质量参数和外形几何尺寸会相差很大,这些差别从一个侧面反映了各类汽车的质量、容量、通过性和机动性的不同。《道路车辆外廓尺寸、轴荷及质量限值》(GB 1589—2004)对汽车结构参数的极限值都作了详细规定,汽车结构参数常用于表征汽车结构特点。

4.4.1 质量参数

汽车的质量参数主要包括整车装备质量、最大装载质量、最大总质量、最大轴荷质量、质量利用系数等。

1. 整车装备质量

整车装备质量又称为整车整备质量,是指汽车完全装备好时的质量,包括燃油(燃油箱至少要加注至制造厂家设计容量的90%)、润滑剂、冷却液(需要时)、清洗液、备胎、灭火器、标准备件、标准工具箱等。

2. 最大装载质量

最大装载质量又称满载质量,是指汽车在硬质良好路面上行驶时的额定装载质量。当汽车在碎石路面上行驶时,最大装载质量应有所减少(良好路面时的75%~80%)。轿车的装载质量用座位数表示。城市客车的装载质量以座位数与站立乘客(员)数之和表示,其中站立乘客(员)数按8~10人/m^{2}计算。

3. 最大总质量

最大总质量是指汽车满载时的总质量,等于整车装备质量与最大装载质量之和。乘用车的允许最大总质量不得大于4500 kg,二轴货车的允许最大总质量不得大于16000 kg。

4. 最大轴荷质量

最大轴荷质量是指汽车满载时各车轴所承受的最大垂直载荷质量。单个车轴最大轴荷质量除应满足轴荷分配的技术要求外,还应遵循国家对公路运输车辆及其总质量的法规限制。轴荷分配不当,会导致各轴车轮轮胎磨损不均匀,对汽车的操纵稳定性产生不利影响。汽车每轴的负荷(单胎或双胎)不得大于7000 kg或10000 kg。

5. 质量利用系数

质量利用系数等于最大装载质量与整车整备质量的比值，反映单位整备质量的承载能力。汽车质量利用系数越大，说明设计和制造水平越高，使用经济性越好，它是反映汽车技术水平的一个重要指标。我国轻型汽车质量利用系数一般约为1.1，中型车约为1.35，重型车为1.3~1.7。

4.4.2 尺寸参数

汽车的尺寸参数主要包括车长、车宽、车高、轴距、轮距、前悬、后悬等，如图4.36所示。

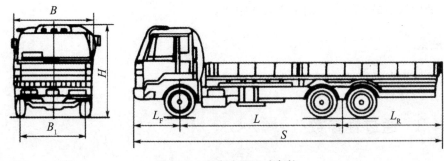

图4.36 汽车主要尺寸参数

S——车长；B——车宽；H——车高；L——轴距；B_1——前轮距；L_F——前悬；L_R——后悬

1. 车长

车长是指分别与汽车前、后最外端点相切，同时也与水平面和汽车纵向对称面垂直的两个平面之间的距离，其中水平面是指测量汽车尺寸时，支撑车轮的平坦、坚实的水平面。GB1589—2004规定，各类汽车允许的最大车长为：货车及半挂牵引车不大于12 m，乘用车和二轴客车不大于12 m，三轴商用车不大于13.7 m，单铰接客车不大于18 m。

2. 车宽

车宽是指分别与汽车两侧固定突出部位最外侧点相切，且平行于汽车纵向对称面的两个平面之间的距离。其中，汽车两侧固定突出部位不包括后视镜、侧面标志灯、示位灯、转向指示灯、挠性挡泥板、折叠式踏板、防滑链以及轮胎与地面接触变形部分等。GB1589—2004规定，汽车总宽度不大于2.5 m，主要与公路的车道宽度和行车速度有关。

3. 车高

车高是指汽车空载时最高点至水平面的距离。GB1589—2004规定，汽车总高度不大于4 m，主要与公路桥涵洞的高度有关。

4. 轴距

轴距是指汽车前轴中心至后轴中心的距离。轴距适当长些,有利于提高汽车的乘坐舒适性、行驶平顺性和操纵稳定性;轴距稍短些,有利于汽车的机动性。

5. 轮距

轮距是指同一车轴两端车轮轮胎胎面中心线之间的距离。轮距稍长些,有利于改善汽车的横向稳定性;轮距稍短些,有利于汽车的机动性。

6. 前悬

前悬是指汽车最前端点至前轴中心的距离。

7. 后悬

后悬是指汽车最后端点至后轴中心的距离。

4.4.3 通过性参数

汽车的通过性参数主要包括最小离地间隙、接近角、离去角、纵向通过角、转弯半径、最大爬坡度等。

1. 最小离地间隙

最小离地间隙是指满载时,汽车中间区域内的最低点至水平面的距离,如图4.37所示。汽车中间区域是指平行于汽车纵向对称面且与其等距离的两平面之间所包含的部分,两平面之间的距离为同一车轴上两端车轮内缘最小距离的80%。最小离地间隙越大,汽车的通过性越好。

2. 接近角

接近角是指切于静载时前轮轮胎外缘,且垂直于汽车纵向对称面的平面与水平面之间形成的最大锐角,如图4.37所示。其中,前轴前方任何固定在车辆上的刚性部件均在该平面的上方。接近角越大,汽车接近障碍物(如台阶、小丘、沟洼地等)时不发生碰撞(触头)的能力就越强。

3. 离去角

离去角是指切于静载时车辆最后车轮轮胎外缘的平面与水平面之间形成的最大锐角,如图4.37所示。其中,位于最后车轴后方的任何固定在车辆上的刚性部件均在该平面的上方。离去角越大,汽车离开障碍物时不发生碰撞(托尾)的能力就越强。

4. 纵向通过角

汽车满载静止时,垂直于汽车纵向中心平面,分别与前、后车轮轮胎相切,相交并与车轮底盘刚性部件(除车轮)接触的两个平面形成的最小锐角即是纵向通过角,如图4.37所示。它决定了车辆所能通过的最陡坡道。β越大,汽车的通过性越好。

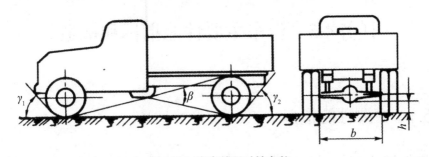

图4.37 汽车的通过性参数

h——最小离地间隙;b——两侧车轮内缘间距;γ_1——接近角;γ_2——离去角;β——纵向通过角

5. 转弯半径

转弯半径是指汽车转向时,汽车外侧转向轮的中心平面在水平面上的轨迹圆半径。转向盘转到极限位置时的转弯半径为最小转弯半径,如图4.38所示。汽车的最小转弯半径越小,其机动性也越好。

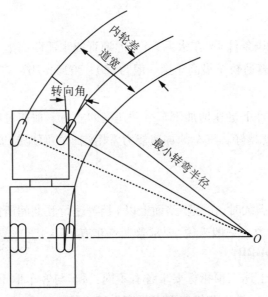

图4.38 汽车的最小转弯半径

李明购车记(五)

销售顾问觉得李明夫妇是非常好的潜在用户,于是热情地问道:"请问你们买车主要考虑汽车的哪些性能呢?是汽车的动力性、经济性、安全性还是舒适性呢?"李明问道:"这有什么讲究吗？"销售顾问说道："汽车性能就像我们社会每个人的能力一样，人无完人，术业有专攻，只有充分发挥每个人的优势与长处，才能促进社会发展进步。若汽车的动力性强，则它加速快，最高车速一般也较高，相对而言油耗有点大；若汽车的经济性高，省油但加速性能等相对较低；在安全性方面每辆车的配置都有所不同"。

任务4.5　汽车主要性能指标和构造

4.5.1　主要性能指标

整车技术性能是衡量一辆汽车质量高低的重要依据。汽车技术性能评价指标包括动力性、燃油经济性、制动性、操纵稳定性、操纵轻便性、行驶平顺性、通过性、机动性、污染物排放特性、安全性、噪声和其他使用性能等。

1. 动力性

动力性是指汽车克服各种行驶阻力进行加速，有足够高的平均速度行驶能力，它是汽车使用性能中最基本、最重要的性能。汽车动力性指标一般用最高车速、加速性能和爬坡能力来表示。

（1）最高车速

最高车速是指在无风条件下，在水平、良好的沥青或水泥路面上，汽车满载时所能达到的最大行驶速度。目前普通轿车最高车速一般为150～200 km/h。

（2）加速性能

汽车在各种使用条件下迅速增加汽车行驶速度的能力。加速过程中时间越短、加速度越大的汽车，加速性能就越好。汽车的加速能力常用汽车的原地起步加速性和超车加速性来评价。

（3）爬坡能力

爬坡能力是指汽车满载时，在坚硬路面上以1挡等速行驶期间所能爬行的最大坡度，它能反映汽车的最大驱动力。一般来说，要求普通汽车有不小于30%左右的爬坡能力，越野汽车的要求更高。

不同类型的汽车对上述三项指标要求各有不同：轿车与客车偏重于最高车速和加速能力，载重汽车和越野汽车对最大爬坡度要求较高。不论何种汽车，为在公路上正常行驶，必须具备一定的平均速度和加速能力。

2. 燃油经济性

燃油经济性是指在一定的使用条件下，汽车以最少的燃油消耗量完成单位运输工作量的能力。燃油经济性是衡量汽车性能的一个重要技术指标。评价汽车燃油经济性的主要指标为耗油量。耗油量是指汽车满载行驶单位里程所消耗的燃油量。评价指标有以下两种形式：

汽车在一定的使用条件下，每行驶100 km消耗掉的燃油量，单位是L/100 km。我国及欧洲常用这种形式，数值越小，经济性越好。

汽车在一定的使用条件下，每加仑燃油行驶的里程数，单位是mile/gal。美国常用这种形式，数值越大，经济性越好。

3. 制动性

制动性是指汽车按驾驶员的操作意图安全地减速直至停车的能力。良好的制动性是汽车安全行驶的保证，也是汽车动力性得以充分发挥的前提。汽车的制动性主要通过制动效能、制动效能的恒定性和制动时的方向稳定性三个方面来评价。

（1）制动效能

制动效能是指使汽车迅速减速直至停车的能力。制动效能是汽车制动性最基本的评价指标，常用制动过程中的制动时间、制动减速度和制动距离来评价。

（2）制动效能的恒定性

制动效能的恒定性又称制动器的抗热衰退性，是指汽车高速时制动、短时间内连续制动或下长坡连续制动后，制动器抵抗因温度升高而导致制动效能下降的能力。

（3）制动时的方向稳定性

制动时的方向稳定性是指汽车在制动期间，按指定轨迹行驶的能力，即汽车在制动时不发生跑偏、侧滑或者失去转向能力的性能。当左、右侧车轮的制动力不相等时，易发生跑偏；当车轮抱死时，易发生侧滑或者失去转向能力。

4. 操纵稳定性

操纵稳定性反映了汽车的两个相互紧密联系的性能，即汽车的操纵性和稳定性。汽车的操纵稳定性直接影响汽车在转向或受到各种意外干扰时的行车安全。

（1）操纵性

操纵性是指汽车对驾驶员的转向指令能够及时且准确响应的能力。轮胎的气压和弹性、悬挂装置的刚度以及汽车的重心位置都会对汽车的操纵性产生显著的正面或负面影响。

（2）稳定性

稳定性是指汽车在受到外界扰动（如路面碎石或突然阵风的扰动）后，不发生失控，自行迅速恢复原来的行驶状态和方向，抑制发生倾覆和侧滑的能力。汽车行驶稳定性又可分为纵向稳定性和横向稳定性，前者反映汽车受扰动后的方向保持能力；后者则反映汽车在横向坡道上行驶、转弯或受到其他侧向力作用时抵抗侧翻的能力。汽车的重心越低，稳定性越好。

5. 操纵轻便性

操纵轻便性是指对汽车进行操作或驾驶时的难易、方便程度,可用操作次数,操作时所需要的力以及视野、照明、信号效果等来评价。具有良好操纵轻便性的汽车,不但可以减轻驾驶员的操纵强度和紧张程度,也是安全行驶的保证。

6. 行驶平顺性

行驶平顺性是指汽车在行驶过程中对由路面不平所引起的振动的抑制能力。评价行驶平顺性的主要指标为汽车的振动频率和幅值。由于路面不平整的冲击,汽车行驶时将发生振动,这会使乘员感到疲劳和不舒适,也会损坏运载的货物。振动引起的附加动载荷会加剧零部件的磨损,影响汽车的使用寿命。

7. 通过性

通过性是指汽车在一定的载荷质量下,能以较高的平均速度通过各种不平路段和无路地带,克服各种障碍(如陡坡、侧坡、台阶、壕沟等)的运行能力。各种汽车的通过能力是不一样的。轿车和客车由于经常在市内行驶,通过能力要求较低。而越野汽车、军用车辆、自卸汽车和载货汽车,就必须有较强的通过能力。

8. 机动性

机动性是指汽车能够应对狭窄多弯的道路,可以"见缝插针"地停车并灵活地驶出的能力。机动性主要用转弯半径来评价。转弯半径越小,机动性越好。一般来说,汽车越小,机动性也越好,这也是经常在市区内用车的客户选择小型轿车的主要原因之一。

9. 污染物排放特性

污染物排放特性反映汽车控制有害污染物向大气中排放的能力。汽车有三个主要污染物排放源:排气管排出的废气、曲轴箱的排放物、从化油器和燃油箱盖漏出的气体。汽车排放的污染物中包含的有害成分多达十几种,如 CO、HC、NO_2、SO_2、CO_2、PM 等。其中,废气中的 CO、HC、NO_2 等三种有害成分已成为各国重点限制的对象。

10. 安全性

安全性是指汽车防止交通事故发生或发生事故后保护乘员和货物不受损害的能力。其中,汽车防止事故发生的能力称为汽车的主动安全性;而不幸发生事故后,汽车保护乘员和货物不受损害或将损害降低到最小的能力,则称为汽车的被动安全性。

11. 噪声

噪声是指汽车行驶或急速时产生的噪声。城市环境污染之一是噪声,噪声的主要来源之一是汽车。汽车噪声的大小是衡量汽车质量的一个重要指标。汽车的噪声源有多种,如发动机、变速器、驱动桥、传动轴、车厢、玻璃窗、轮胎、继电器、喇叭、音响等。最主要的噪声源有两个，一个是轮胎，另一个是发动机。汽车行驶或怠速运转时都会产生噪声。

汽车噪声控制可分为被动控制和主动控制两种方式。车内噪声被动控制可从两个方面考虑：一是减弱、消除噪声源；二是隔绝振源与车身间的振动传递关系（隔声、防振、吸声等）。用被动方法来减小车内噪声往往受到技术上和经济上的限制。主动控制可利用重叠声场相互干涉的原理，即重叠声场振动的增强或削弱取决于它们的相位关系和它们相应的幅值。尽管其实现方式尚需进一步探索，但可预见，主动控制技术必将在未来的汽车工程中，特别是减振降噪方面大有用武之地。

李明购车记（六）

销售顾问详细向李明夫妇介绍完汽车的主要性能指标后，还和李明夫妻说："汽车是由成百上千个零部件组成的，每个零部件都有它独特的功能和'魅力'。就像人们经常说的，工作没有高低贵贱之分，只是社会分工不同，每个工作只要认真做好，在传承中不断创新，总会有出彩的机会。"接着销售顾问带李明夫妇到车上看看汽车的主要组成部分和一些新技术的应用，简单了解一下它们的构造、作用和工作原理等，让他们对汽车有了更进一步的了解，为挑选一辆称心如意的汽车做好准备。

4.5.2 汽车主要构造

传统燃油汽车通常由发动机、底盘部分、车身和电气设备组成。

1. 汽车动力系统

发动机是内燃机汽车的动力装置，它的作用是利用燃料燃烧而产生动力。一般汽车都采用往复活塞式内燃机。它由机体、曲柄连杆、配气机构、燃料供给系统、冷却系统、润滑系统、点火系统和启动系统等几部分组成，如图4.39所示。

图4.39 发动机

2. 汽车传动系统

汽车传动系统是将发动机输出的动力传给驱动车轮的装置,它包括离合器、变速器、传动轴、驱动桥、主减速器、差速器等部件,如图4.40所示。

3. 汽车转向系统

汽车转向系统用于保证汽车能够按驾驶员的意志改变或恢复行驶方向。它由转向操纵机构、转向器和转向传动机构组成等组成,如图4.41所示。

图4.40 传动系统

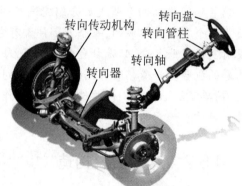

图4.41 转向系统

4. 汽车行驶系统

汽车行驶系统用于保证汽车的正常行驶,并对全车起支撑作用。它由车轮、车桥、车架、悬架等组成,如图4.42所示。

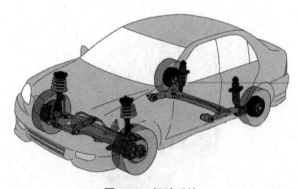

图4.42 行驶系统

5. 汽车制动系统

汽车制动系统用于使行驶中的汽车减速甚至停车,或使已经停下来的汽车保持不动,如图4.43所示。

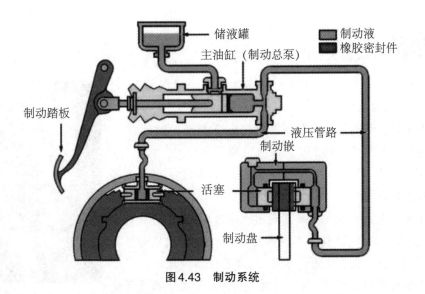

图 4.43 制动系统

6. 车身

车身是形成驾驶员和乘客乘坐空间的装置,也是存放行李等物品的地方。因此,要求它既要为驾驶员提供方便的操作条件,又要为乘客提供舒适的环境;既要保护全体成员的安全,又要保证货物完好无损。也就是说,车身既是保证安全的部件,又是承载部件。在现代汽车中,车身又是技术与艺术的有机结合。轿车车身由本体、内部装饰和车身附件等组成。

7. 电气设备

电气设备是汽车的重要组成部分,它由电源、发动机点火系统(汽油机)和启动系统、照明和信号装置、空调、仪表、报警系统、辅助电器等组成。

高级轿车更多地采用了现代新技术,尤其是电子技术,如微处理机、中央计算机系统、各种人工智能装置等,从而显著地提高了汽车的性能。

复习思考题

1. 汽车的结构参数有哪些?
2. 汽车性能如何评价?
3. 汽车由哪些部分组成?
4. 根据不同的划分标准汽车可分为哪些类型?
5. 如何从VIN码查看汽车的生产年份?
6. 汽车上主流的新技术应用有哪些?

汽车名人：威廉·杜兰特

威廉·杜兰特(1861—1947年)，美国通用公司创始人，历史上一位传奇式的人物。

1861年出生于美国的马萨诸塞州波士顿市。

1886年在弗林特市成立了一家杜兰特马车公司。

1904年投资32.5万美元给经营陷入了困境的别克汽车公司，当选为董事长。

1908年将别克公司并入早期通用汽车公司，通过并股的办法，将20多家汽车公司(包括奥兹莫比尔、凯迪拉克、庞蒂克等知名汽车企业)合并成立通用汽车公司，自己任总经理。

1910年由于经营不善，杜兰特被迫辞职，无奈地离开了通用汽车公司。

威廉·杜兰特

杜兰特并不是能轻易被打倒的。他和冠军车手路易斯·雪佛兰创建了一个汽车公司，开始制造雪佛兰汽车。

1912年第一辆雪佛兰汽车面市。

1916年6月将通用公司从银行家的控制下重新夺了回来，重新获得了通用公司的领导权。

由于杜兰特只热衷于公司规模的扩大(在他担任总经理的4年时间内，通用的规模扩大了8倍)，而不去协调各经营部门相互之间的关系，导致出现分公司各自为政、产品相互重复等一系列的失误，使通用公司濒临倒闭。

1921年1月通用公司被迫停产，杜兰特第二次被迫辞职，永久地离开了通用，在默默无闻中度过了他的余生。

1947年威廉姆·杜兰特黯淡地离开人世。

任务工单

汽车性能与常识

项目		班级	
姓名		学号	
小组		日期	

1. 实训要求：
(1) 对比分析两辆不同类型汽车的主要性能参数和性能指标的差异。
(2) 请选择一辆车，找出该车的VIN所在位置，并通过该车的VIN了解记录该车的相关信息。
(3) 参观一辆车，了解该汽车的主要构造组成，并熟悉汽车主要部件安装的位置。
2. 实训实施：

自我评价	小组互评	老师评价

项目 5　汽车技术与未来——登峰造"车"

1. 了解汽车的主动安全技术和被动安全技术。
2. 掌握汽车发动机新技术的类型,理解其工作过程。
3. 了解汽车轻量化的意义,掌握汽车轻量化的发展方向。

近年来,各种新技术不断应用在汽车上,虽然人们采用各种方法来保证驾驶员的安全,但如何避免事故发生才是我们对于未来车辆安全的讨论重点。因为只有最大限度地减少事故发生率,才能最好地体现车辆安全。可以预见,主动安全将成为未来汽车安全技术发展的重点和趋势。在不断完善被动安全系统的同时,发展和应用主动安全系统,尽量避免事故的发生,结合行人保护的概念和技术的引入,完善对行人的保护是当今汽车安全的发展趋势。在各种汽车技术的助力下,汽车的主被动安全性能得到极大的提升,动力性和燃油经济性也得到了极致的发挥,汽车趋向电动化、轻量化、智能化发展。

任务 5.1　汽车新技术

5.1.1　安全技术

在汽车一百多年的发展史中,有关汽车安全性能的研究和新技术日新月异,从最初的保险杠减震系统、乘客安全带系统、安全气囊到汽车碰撞试验、车轮防抱死制动系统(ABS)、驱动防滑系统(ASR),到无盲点、无视差安全后视镜及儿童座椅系统,汽车的安全性能正日趋完善。特别是近几年,随着科学技术的迅速发展,越来越多的先进技术被应用到汽车上。世界各国都在运用现代高新科技,加紧研制汽车安全技术,一批批有关汽车安全的前沿技术、新产品陆续装车使用,使汽车更加安全。

现代汽车的安全技术包括主动安全技术和被动安全技术两方面。过去,汽车安全设计主要考虑被动安全系统,如设置安全带、安全气囊、保险杠等。现在,汽车设计师们更多考虑主动安全设计,使汽车能够主动采取措施,减少事故发生的概率。如果检测到了危险,通过多项预防性措施来降低伤害风险;事故发生时,被动安全系统为驾驶员提供保护;事故后采取的进一步措施方便救援工作开展。

1. 主动安全技术

通过数据总线进行系统集成,可以将汽车安全的很多方面,如疲劳驾驶预警系统、轮胎压力监测警告系统、发动机火警预报系统、前照灯自动调整系统、盲区监控系统、自动制动系统、汽车间信息传输系统、道路交通信息引导系统集成在一起,从而提高汽车的安全性能。未来智能行人保护系统(IPPS)、高级驾驶员辅助系统、保持车道状态系统、夜视系统、高灵敏度雷达传感器和激光雷达技术的应用将大大提高汽车主动安全的水平。欧盟委员会和日本政府已颁布了新法规来保护行人和其他易受伤的道路使用者。随着技术和立法的不断完善,汽车主动安全技术将成为未来汽车安全技术发展的重点。它将与被动安全技术一起发挥作用,保证驾驶员和行人的安全。

(1) 疲劳驾驶预警系统

驾驶疲劳是指驾驶员由于睡眠不足或长时间持续驾驶造成的反应能力下降,这种下降表现在驾驶员困倦、打瞌睡、驾驶操作失误或完全丧失驾驶能力。如果司机疲劳驾驶,那么他的观察、识别和车辆控制能力都会显著下降,会严重威胁自身的安全和其他人的生命。

随着高速公路的发展和车速的提高,汽车驾驶员的疲劳检测问题,目前已成为汽车安全研究的重要一环。常见的疲劳监测系统被称为疲劳驾驶预警系统(BAWS),如图5.1所示,它是基于驾驶员生理图像反应,由ECU和摄像头两大模块组成,利用驾驶员的面部特征、眼部信号、头部运动性、方向盘操作等推断驾驶员的疲劳状态。一旦驾驶员精神状态下滑或进入浅层睡眠,系统会依据驾驶员精神状态指数分别给出语音提示、震动提醒、电脉冲警示,警告驾驶员已经进入疲劳状态,需要休息,并同时自动记录相关数据,以便日后查阅、鉴定,对驾乘者给予主动智能的安全保障。

图5.1 驾驶员疲劳检测

驾驶疲劳反应在生理与心理两个方面,生理反应包括神经系统的功能、血液和眼睛的变化;心理反应包括反应时间延长、注意力分散、动作不协调。疲劳预警系统,能够根据驾车时长和当前司机的身份判断疲劳驾驶时长；具有人脸识别功能，对闭合和张开的双眼能准确判断；能够进行注意力分散检测预警，对左顾右盼、不看前方等情况进行判断；可以适应实际驾驶环境中复杂的光照条件，实现全天候24小时监测，包括佩戴近视镜和墨镜；还具备多路视频储存及数据拷贝功能。

驾驶员转向操作频率变低，并伴随轻微但急骤的转向动作以保持行驶方向是驾驶精力不集中的典型表现。综合诸如旅途长度、转向灯使用情况、驾驶时间等参数，系统对驾驶员的疲劳程度进行计算和鉴别，如果计算结果超过某一定值，仪表盘上就会闪烁一个咖啡杯的图案，方向盘上会有脉冲震感，提示驾驶员需要休息，如图5.2所示。驾驶员疲劳识别系统将驾驶员注意力集中程度作为衡量驾驶员驾驶状态的重要考虑因素，以提高道路安全。此外，只要打开疲劳识别系统，无论系统是否进行监测，系统每隔4小时就会提醒驾驶员需要休息了。

图5.2　疲劳预警提示

（2）前照灯自动变光系统

普通车辆在夜间会车时，驾驶人通过变光开关将远光灯变成近光灯，以防止对面驾驶员眩目。若驾驶员忘了变光或变光不及时，就会造成对方驾驶员眩目。有些车辆为了减少安全隐患，提高车辆夜间行车的安全性能，在前照灯电路中采用了自动变光系统。

该系统主要由光敏管(光敏电阻)及放大器单元(感光器)、灵敏度调节器、远/近光继电器、变光开关、闪光超车开关等部件组成。光敏管及放大器单元一般装在后视镜支架上，也有的安装在前中网与散热器之间，用来感应对面汽车的光线。灵敏度调节器装在灯光开关上，或装在灯光开关附近，驾驶人通过旋转灵敏度调节器便能调节前照灯自动变光系统的灵敏度。若灵敏度调节得高，前照灯便早些(迎面车辆离得较远)由远光变近光。若灵敏度调节得低，要等到迎面车辆离得很近时，前照灯才能由远光变成近光。

自动大灯以光敏电阻等电子元件作为传感器(装在车内后视镜的背面、仪表板上等位置)，根据外界的光线强度向电控单元ECU发出电信号，然后通过ECU控制前大灯的继电器来开关、切换远近光。自动大灯最大的用处就是可以自动控制灯光开启，防止驾驶员忘记开灯而造成交通事故。如从亮的地方突然进入隧道，大灯自动调节灯光亮度，点亮前路。同样地，在清晨或者傍晚时，灯光也会自动开启，在夜晚会车时能够自动切换远近灯，保证车辆驾驶安全。

（3）汽车自适应前照灯系统（AFS）

AFS能够根据汽车方向盘角度和车速，不断对大灯进行动态调节，适应当前的转向角，保持灯光方向与汽车的当前行驶方向一致，以确保为前方道路提供最佳照明并向驾驶员提供最佳可见度，从而显著增强黑暗中驾驶的安全性。

传统汽车前照灯的灯光跟车身方向始终一致，在汽车转弯时无法有效照明弯道内侧的盲区，如果弯道内侧恰好存在人或物体，而车速又未适时降低，则会存在安全隐患。相比较而言，汽车自适应前照灯系统可以提供旋转调节效果，能够根据方向盘的角度转动，把有效的光束投射到驾驶者需要看清的前方路面上，降低安全隐患，如图5.3所示。

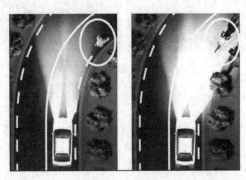

图5.3 自适应大灯弯道灯光调节效果

（4）盲区监控系统

如图5.4所示，汽车后视镜存在视觉盲区，变道之前就看不到盲区的车辆，如果盲区内有超车车辆，此时变道就会发生碰撞事故。在大雨天气、大雾天气、夜间光线昏暗时，更加难以看清后方车辆，此时变道就面临更大的危险，盲区监测系统就是为了解决后视镜的盲区而产生的。

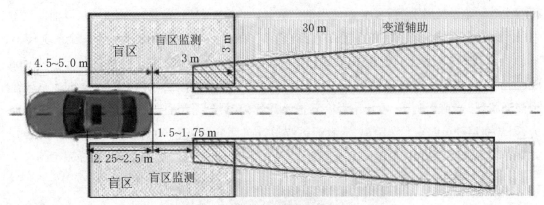

图5.4 后视镜盲区

盲区监测系统又叫并线辅助系统，英文简称BSM或者BLIS，是汽车上的一款安全类的高科技配置，主要功能是扫除后视镜盲区，通过微波雷达探测车辆两侧的后视镜盲区中的超车车辆。当有车靠近盲区或者盲区里有车的时候，贸然变道的话可能会发生交通事故。为此，盲区监测系统可以提供辅助作用，有车在盲区时就会通过声音、灯光等方式提醒驾驶员，如图5.5所示,从而避免在变道过程中由于后视盲区而发生事故。目前很多车型都有盲区监测的功能配置。

图5.5 盲区监测提示

盲区监测系统通过在汽车后保险杠内安装两个24 GHz雷达传感器,在车辆行驶速度大于10 km/h自动启动,实时向左右3 m、后方8 m范围发出探测微波信号,系统对反射回的微波信号进行分析处理,即可探知后面车辆距离、速度和运动方向等信息。系统通过算法,排除固定物体和远离的物体,当探测到盲区内有车辆靠近时,指示灯闪烁,此时驾驶员虽看不到盲区内的车辆,但是也能通过指示灯知道后方有车辆驶来,变道有碰撞的危险。如果此时驾驶员仍然没有注意到指示灯闪烁,打了转向灯,准备变道,那么系统就会发出"哔哔哔"的语音警报声,再次提醒驾驶员此时变道有危险,不宜变道。整个行车过程中,通过不间断地探测和提醒,防止行车过程中因天气恶劣、驾驶员疏忽、后视镜盲区、新手上路等潜在危险造成交通事故。

(5) 主动刹车系统

主动刹车系统属于汽车防撞系统里的一部分,通过侦测车辆周遭的动态状况,以辅助汽车驾驶员的安全驾驶。该系统在不同的厂家有着不同的名字,沃尔沃称之为城市安全系统(City Safety),奔驰称之为预警安全系统(Pre-Safe),丰田称之为预碰撞安全系统(Pre-Collision System)。名称虽不同,但它们的工作原理是相同的,都是通过前风挡上的光学雷达系统监视交通状况,当前车刹车、停止或者有其他障碍物的时候,系统首先会自动在刹车系统上加力,以帮助驾驶员缩短刹车距离,或者通过调整方向盘来改变车辆行驶路径,以避开障碍物。如果车辆距离障碍物过近,这套系统会自动紧急刹车而无需驾驶员的操作,如图5.6所示。

图5.6 主动刹车系统

主动刹车系统主要由三大部分组成：探测用的摄像头或者雷达传感器、对数据进行处理的车载电脑和制动控制系统。车身上的雷达感测器，实时监视前方交通情况，将前方的障碍物以数据方式传给车载电脑。车载电脑对传感器和探测器测算的数据进行计算和分析，达到预先设定的刹车制动距离时，就会下达刹车或避让等相关指令，而无需驾驶员操作。

主动刹车系统的优点：这项技术不仅可以有效地规避对前方行人的伤害，还可以在交通拥堵的大中城市发挥功效，因为长时间的堵塞会令驾驶员注意力分散，有了这个功能后能避免追尾事故。在高速行驶时，主动刹车技术也能实现主动减速，从而降低风险及损失。

主动刹车系统的缺点：类似于沃尔沃这类主动刹车系统都有一个明显的弊端，那就是系统的感知元件因光学技术局限性的原因，在雾、雪或大雨等恶劣天气下，其探测能力会降低。因此需要保持风挡玻璃无污垢，及时清理冰和积雪。

（6）车道保持系统

目前市场上的大多车型都配有车道保持辅助系统，其主要作用是帮助驾驶员使车辆一直保持在某个车道内行驶，如果车辆行驶偏离所在的车道，车道保持辅助系统就会持续提醒驾驶员并且配合转向系统自动纠正方向，使车辆不偏离车道，提升行驶安全性，如图5.7所示。

图5.7　车道保持辅助系统

车道保持辅助系统使用一个摄像头来识别车道的边界线，当摄像头根据边界线识别出车子偏离方向时，仪表盘显示会由白色变成红色，方向盘也会通过震动来提醒驾驶人员。

如果驾驶员主动正常变道，在变道之前打开了转向灯，那么车道保持辅助系统就不会介入，系统的判断依据来源于是否打了转向灯。驾驶员若是坚持不回正方向盘继续变道的话，还是依然能"强行"控制方向盘变道的，毕竟车道保持辅助系统只是辅助。

在下雨天或是夜晚道路照明条件不好的情况下，车道保持辅助系统所识别的准确率会受影响，而且行驶在弯道的时候这个系统就属于鸡肋了。这个功能只是辅助系统，外出行驶时还是需要驾驶员集中注意力，小心驾驶。

（7）夜视系统

夜视系统是一种源自军事用途的汽车驾驶辅助系统。在这个辅助系统的帮助下，驾驶员在夜间或弱光线的驾驶过程中将获得更高的预见能力，它能够针对潜在危险向驾驶员提供更加全面准确的信息或发出早期警告。夜视系统启动后,专用红外线灯开启,然后按下仪表板上的一个按钮,原来显示速度的显示器切换为摄像机图像的状态,汽车前方的道路情况以一种灰度级图像显示在显示器上。图5.8所示为奔驰汽车夜视系统。

图5.8　奔驰汽车夜视系统

汽车夜视系统利用的是热成像原理,因为任何物体都会散发热量,不同温度的物体散发的热量不同。人类、动物和行驶的车辆与周围环境相比散发的热量更多。夜视系统的摄像机扫描这些信息,并转变成可视的图像,把在夜间人们肉眼看不清的物体清楚地呈现在显示屏上。传感器根据光照强度辨别天色,确认达到夜间时段时,夜视系统开启。当车速超过15 km/h时,红外线灯自动开启,增强夜视系统接收图像的效果。

有实验表明,一般汽车前照灯只能照射100 m左右,而夜视系统可以看到450 m以外的路况信息,而耗电量只是前照灯的1/4。另一方面,在开启前照灯的情况下也不影响夜视图像的显示,迎面驶来的汽车的强烈灯光不会使夜视系统失灵。此外,夜视系统是全天候的"电子眼",在雨雪、浓雾天气,公路上的物体都能尽收眼底,提高了汽车行驶的安全性。

2. 被动安全技术

汽车被动安全技术涉及的问题很多,其核心是在汽车碰撞事故中最大限度地保护乘员。而汽车碰撞过程是一个复杂的瞬时物理过程,包括成百上千个零件的复杂变形和相互作用,具有很强的非线性特性,其中包括以大变形、大应变为特征的几何非线性,以弹性变形为特征的材料非线性,以不同零部件表面接触摩擦作用为特征的边界非线性。这些非线性特性综合作用,使汽车碰撞过程的分析变得非常复杂。但多年来经过国内外科学家和工程师的艰苦努力和不断创新,发明了一系列汽车碰撞缓冲性能的结构和装置,在汽车碰撞事故中可以有效地保护乘员。现代被动安全性措施挽救了大量人的生命,其社会效益和经济效益是巨大的。

汽车的被动安全系统主要包括安全带、安全气囊、智能安全带及安全气囊系统、行人碰撞保护装置等。安全气囊作为乘员约束保护系统的组成部分,已经成为现代汽车被动安全性的标志,得到广泛的应用。欧、美、日等发达国家和地区,乘用车的前排座位几乎都安装正面碰撞安全气囊,侧面安全气囊的装车率也迅速上升。安全气囊的作用是当汽车受到强大冲击时可以保护驾驶员和乘员的安全,防止驾乘人员受到严重的脑损伤,从而大大降低在中等、严重正面碰撞中乘员受伤的风险。

(1) 安全带

汽车安全带是为了在碰撞时对乘员进行约束以及避免碰撞时乘员与方向盘及仪表板等发生二次碰撞或避免碰撞时冲出车外导致死伤的安全装置。图5.9所示为汽车安全带又称座椅安全带,是乘员约束装置的一种。汽车安全带是公认的最廉价也是最有效的安全装置,很多国家是强制装备安全带的。

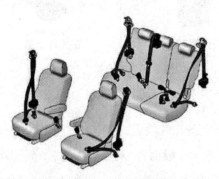

图5.9 整车安全带布置效果图

安全带在汽车发明以前就已经存在了,那时欧洲普遍使用马车,安全带只是为了防止乘客从马车上摔下来。到了1910年飞机上开始出现安全带。1922年赛车场上的跑车开始使用安全带。到了1955年,美国福特轿车开始装用安全带。总体来说这个时期的安全带以两点式安全带为主。1955年飞机设计师尼尔斯到沃尔沃汽车公司工作以后发明了三点式安全带。1963年沃尔沃汽车公司开始把尼尔斯的三点式汽车安全带注册,并在自产的汽车上装配。1968年美国规定轿车面向前方的座位均要安装安全带,欧洲和日本等发达国家和地区也相继制定了汽车乘员必须佩带安全带的规定。我国公安部于1992年11月15日颁布了通告,规定1993年7月1日起,所有小客车(包括轿车、吉普车、面包车、微型车)驾驶人和前排座乘车人必须使用安全带。《道路交通安全法》第五十一条规定:机动车行驶时,驾驶人、乘坐人员应当按规定使用安全带。目前使用最广泛的是三点式安全带。

安全带能够拉伸和收回,当安全带未拉紧时,身体可以轻松地前进,但当车辆发生撞击,人体急速前进时,安全带会保持固定,将人体牢牢地固定好,这样就发挥了它的作用。如图5.10所示,传统的安全带装置一般都会有一个卡子,如果快速地拉动安全带,比如在发生车祸的情况下,里面的卡子会由于安全带滚轮的快速转动而被离心力带出迅速将安全带锁死,牢牢地把人固定在座位上,待冲击峰值过去以后,或者人已经受到安全气囊的保护时,安全带就会放松以免压伤人的肋骨,就是这一系列的动作保证了驾乘人员安全开车。

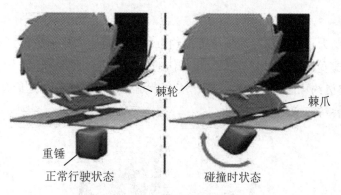

图5.10 安全带内部锁止

(2) 安全气囊

安全气囊指安装在汽车上的充气软囊,在车辆发生撞击事故时瞬间弹出,起到缓冲的作用,保护驾驶员和乘客的安全。一般而言,发生碰撞时,安全气囊可以避免乘坐人员头部和身体直接撞击到车辆内部,降低人员伤害程度。如今,安全气囊已被多数国家规定为必备的车辆被动性安全装置之一。

当汽车与障碍物碰撞后,称为一次碰撞,若乘员与车内构件发生碰撞,则称为二次碰撞。气囊在一次碰撞后、二次碰撞前迅速打开一个充满气体的气垫,使乘员因惯性而移动时"扑在气垫上",从而缓和乘员受到的冲击并吸收碰撞能量,减轻乘员的伤害程度。

按照气囊的数量,安全气囊分为单气囊系统(只装在驾驶员侧)、双气囊系统(正、副驾驶员侧各有一个安全气囊)和多气囊系统(前排安全气囊、后排安全气囊、侧面安全气囊)。按照保护对象的不同,安全气囊可分为驾驶员防撞安全气囊、前排乘员防撞安全气囊、后排乘员防撞安全气囊与侧面防撞安全气囊几种。图5.11所示为汽车内部分安全气囊。主、副驾驶座安全气囊,常被放置在方向盘中央和副驾驶手套箱上方,如图5.12所示。

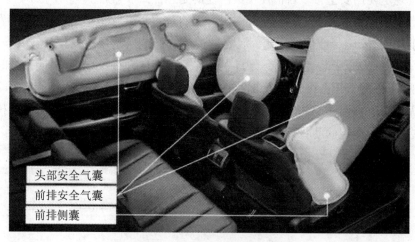

图5.11 车内安全气囊布置

图5.12 主/副驾驶座安全气囊

安全气囊由三部分组成:首先是气囊自身,它由薄薄的尼龙纤维制成,折叠在方向盘或仪表盘中;然后是告知气囊充气的传感器,传感器可检测到相当于以16~24 km/h的速度撞击墙壁的冲撞力;最后是充气系统,安全气囊由与固体火箭助推器类似的系统进行充气,叠氮化钠和硝酸钾迅速发生反应,生成大量的热氮气,此气体为气囊充气,气囊在膨胀时将冲出方向盘或仪表盘。如果发生碰撞,充气系统可在不到0.1秒的时间内迅速充气,从而使车内人员免受正向碰撞所产生作用力的冲击。大约在1秒后,气囊就会收缩(气囊上有许多小孔),因此不会妨碍车内人员的行动。图5.13所示为气体发生器。

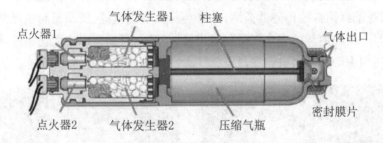

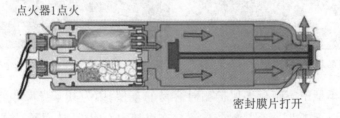

图5.13 气体发生器

经过统计,大部分的碰撞事故都属于较低程度的碰撞,我们知道气囊充气瞬间释放的能量很大,当碰撞不太严重、恰好又达到了气囊弹出的条件时,气囊膨胀的力量有可能会增加对人体的伤害。因此研发出了二级气体发生器的安全气囊,它类似于火箭升天时的多级推进器。在发生较低程度的碰撞时,只有一级气体发生器工作,气体产生量少,因此能让气囊

"较软"地缓冲与人体的接触;当检测到碰撞较为严重时,第二级气体发生器启动,通常第二级会在第一级启动后延迟启动,依靠对启动时机的控制,实现更好的缓冲效果(一般会延迟几十毫秒到一百多毫秒之间,延迟的时间根据碰撞的程度而决定)。

即便安全气囊控制的时机再合适,当碰撞事故发生时,单纯靠安全气囊也是无法有效减小伤害的,需与之配合的是交通法规里要求必须使用的安全带。虽然法规强制要求,但很多人还是没有系安全带的习惯,殊不知,如果发生事故,没有安全带的束缚,安全气囊有可能会造成车内人员更严重的伤害。

智能安全气囊增设多普勒车速传感器,能够监测汽车与障碍物的相对速度。红外乘员传感器,能够检测乘员的身材大小,通过加装收紧装置,在气囊起爆前先收紧安全带缓解冲撞,碰撞后自动解除收紧力。当车速低于16 km/h时,只收紧安全带不引爆气囊。

(3) 行人碰撞保护装置

最基本的行人保护技术,主要涉及车身吸能材料的应用,如吸能保险杠、软性的引擎盖材料、大灯及附件无锐角等。其中,在发动机舱盖上采用缓冲结构设计,是国内汽车厂商较为常见的做法。

行人碰撞防护系统包括防护引擎盖、车外行人安全气囊等装置,如图5.14和5.15所示。防护引擎盖通过前保险杠的压力传感器来检测是否发生行人碰撞事故,然后在短时间内利用专门的升高机构将发动机舱盖抬起一定的距离,从而当行人的头部或躯干与机舱盖发生撞击时,能够获得更多的缓冲空间,避免与刚性较强的发动机机体发生猛烈的碰撞。车外行人安全气囊通过前保险杠的传感器监测,如果与行人发生碰撞,发动机舱盖尾部会自动抬起一定高度,同时隐藏在内部的安全气囊释放出来,包裹住可能造成较大伤害的部分前风挡玻璃和A柱,以达到主动式发动机舱盖与安全气囊协作防护的效果。

图5.14 防护引擎盖

图5.15 车外行人安全气囊

中型车是所有车型中实施行人保护相对容易的车型,因为其车身尺寸(包括车前部尺寸)能够基本保证行人碰撞时头部接触的位置是在风挡中心附近,从而通过这一区域的吸能设计来降低头部伤害指数。很多中型车在进行安全设计时,都充分利用了这一特点。

5.1.2 动力性能

1. 缸内直喷

传统的发动机是在进气管中喷油再与空气形成混合气体,最后才进入到气缸内的。在此过程中,因为喷油嘴离燃烧室还有一定距离,微小的油粒会吸附在管道壁上,而且汽油与空气的混合会受到进气气流和气门关闭的影响。缸内直喷是直接将燃油喷射在缸内,在气缸内直接与空气混合。ECU可以根据吸入的空气量精确地控制燃油喷射量和喷射时间,高压的燃油喷射系统可以使油气雾化和混合效率更加优异,使符合理论空燃比的混合气体燃烧更加充分,从而降低油耗,提高发动机的动力性能。缸内直喷如图5.16、图5.17所示。

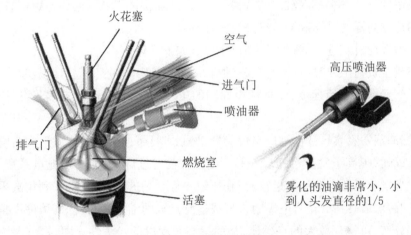

图5.16 缸内直喷示意图

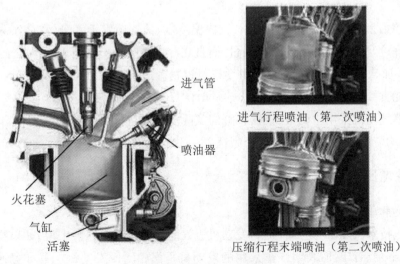

图5.17 缸内直喷实物图

缸内直喷又称FSI(Fuel Stratified Injection),即燃料分层喷射技术,它采用了两种不同的燃烧模式,均质燃烧模式和分层燃烧模式。所谓均质燃烧可以理解为普通的燃烧方式,即燃料和空气混合形成一定浓度的可燃混合气,整个燃烧室内混合气的空燃比是相同的,经火花塞点燃燃烧。由于混合气形成时间较长,燃料和空气可以得到充分混合,燃烧更均匀,从而获得较大的输出功率。对于分层燃烧,整个燃烧室内的混合气的空燃比是不同的,火花塞附近的混合气浓度要比其他地方的高,以保证有效点火,这样在火花塞周围的混合气可以迅速燃烧,火焰传播也正常,然后带动较远处较稀的混合气体燃烧,从而提高燃油经济性。均质燃烧的目的是在高速行驶、加速时获得大功率;分层燃烧是为了在低转速、低负荷时节省燃油。

分层燃烧是如何实现的呢?首先发动机在进气行程活塞移至下止点时,ECU控制喷油嘴进行一次小量的喷油,使气缸内形成稀薄混合气;在活塞压缩行程末端时再进行第二次喷油。这样在火花塞附近形成混合气相对浓度较高的区域(利用活塞顶的特殊结构),然后利用这部分较浓的混合气引燃汽缸内的稀薄混合气,从而实现气缸内的稀薄燃烧,这样可以用较少的燃油达到同样的燃烧效果,降低发动机的油耗。

缸内直喷发动机与进气道喷射发动机相比有如下优势:

大负荷或全负荷工况时,缸内直喷发动机在进气行程中将燃油喷入燃烧室,由于油束的移动速度小于活塞的下行速度,使得油束周围的压力较低,燃油迅速扩散蒸发,进而形成均质燃烧混合气。

另外,燃油蒸发吸收热量使缸内温度降低,增强了抗爆震性能。因此缸内直喷发动机具有较高的压缩比,提高了发动机的热效率。由于缸内温度降低,提高了充量系数,可发出较大的功率。当发动机处于低负荷运行时,在压缩冲程时刻进行燃油喷射,利用缸内滚流的运动促进油气混合,最后在火花塞电极附近形成适宜点火的油气,并且油气浓度在整个燃烧室内呈现梯度分布,可实现较大的空燃比,从而提高发动机的经济性。同时,分层燃烧模式使燃烧发生在燃烧室的中心区域,燃烧被周边的空气隔绝,降低了热量损失,可进一步降低燃油消耗率。

进气道喷射发动机在冷启动过程中,缸内温度低,油气蒸发不完全,致使实际喷油量远远超过了按理论空燃比计算得到的喷油量,而且在冷启动时易出现失火或不完全燃烧现象,使HC排放增加。相反,缸内直喷技术发动机可以精确地控制每个循环的空气与燃油比例,结合分层燃烧直接启动技术,可以降低冷启动时的HC排放,瞬态响应好。

缸内直喷发动机采用质调节,根据各缸的实际需求进行燃油喷射,可减少各缸之间的差异,提高各缸均匀性,各缸均匀性可以控制在3%以内。

2. 涡轮增压

(1) 单涡轮增压

涡轮增压技术(Turbo)是一种提高发动机进气能力的技术。一般来说,如果我们在轿车尾部看到Turbo或者T,即表明该车采用的发动机是涡轮增压发动机。譬如奥迪A61.8T、帕萨特1.8T、宝来1.8T等。应用涡轮增压技术来提升发动机的功率,已经有30多年的历史了。1998年以后,国内的汽车制造厂也开始使用Turbo技术。

所谓单涡轮增压指的是汽车上采用一个涡轮进行增压。涡轮增压器与发动机无任何机械联系,它实际上是一种空气压缩机,通过压缩空气来增加进气量。它是利用发动机排出的废气惯性冲力来推动涡轮室内的涡轮,涡轮又带动同轴的叶轮,叶轮压缩由空气滤清器送来的空气,使之增压进入气缸。当发动机转速增快,废气排出速度与涡轮转速也同步增快,叶轮就压缩更多的空气进入气缸,相应增加燃料量就可以增加发动机的输出功率。一般而言,加装废气涡轮增压器后的发动机功率及扭矩可增大20%~30%。图5.18所示为涡轮增压原理示意图。

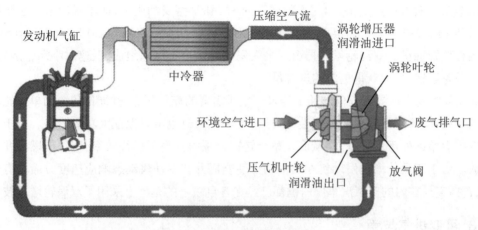

图5.18　涡轮增压原理示意图

涡轮增压的优点是在发动机转速较高时增压效果显著,燃油经济性好,可以大幅度降低有害气体的排放和发动机噪声。其缺点是由于叶轮本身的惯性作用导致涡轮增压器在发动机转速较低、废气能量不足时无法有效工作,致使涡轮增压器的响应时间滞后,即涡轮迟滞,因此车辆在低速行驶时发动机功率增加不明显。而且在发动机工况连续发生变化时,涡轮增压器瞬时响应速度较慢,致使汽车的加速性尤其是低速加速性能较差。

（2）机械增压系统

机械增压是利用发动机本身的动力来带动一个压气机,进行增压。增压器会消耗发动机的动力,它的转速随发动机转速改变而改变,不会出现增压滞后的情况,发动机低速运转时效果极好,动力输出非常流畅,但它受发动机转速限制,在发动机高速状态下会增压不足。

（3）复合增压系统

机械增压有助于低转速时的扭力输出,但是高转速时功率输出有限;而废气涡轮增压在高转速时拥有强大的功率输出,但低转速时则力不从心。于是发动机的设计师们就设想把机械增压和涡轮增压结合在一起,即复合增压系统,来解决两种技术各自的不足,同时解决低速扭矩和高速功率输出的问题。这种装置在大功率柴油机上采用比较多,汽油机上应用的还比较少。大众的1.4 TSI发动机采用了这一系统,这款发动机兼顾了低速扭力输出和高速功率输出,在低转速时,由机械增压提供大部分的增压压力,在1500 r/min时,两个增压器同时提供增压压力。随着转速提高,涡轮增压器能使发动机获得更大的功率,与此同时,机械增压器的增压压力逐渐降低。在转速超过3500 rpm时,由涡轮增压器提供所有的增压压力,此时机械增压器在电磁离合器的作用下完全与发动机分离,防止消耗发动机功率。该发动机输出功率大、燃油消耗率低、噪声小,只是结构太复杂,技术含量高,维修保养不容易,因此很难普及。

（4）双涡轮增压技术

双涡轮增压技术,就是采用两个相互独立的涡轮增压器的增压系统。传统的单涡轮增压器在发动机低转速时有增压滞后和动力空挡的缺点,双涡轮增压发动机在两个涡轮增压器的共同作用下,进气效率大幅提升,增压效果更加显著。由于使用了两个涡轮增压器,双涡轮增压系统的结构变得更加复杂,因此多用于直列6缸和V型发动机上,而单涡轮增压系统则多用于直列4缸发动机上。2014年大众率先推出了最新开发的双涡轮2.0 L TDIbiturbo双涡轮增压直喷发动机。双涡轮增压器由一个大涡轮和一个小涡轮组成,低速时小涡轮运转,高速时大涡轮运转,从而获得更多的进气量。

大众双涡轮增压器在任何转速下均可产生所需要的充气压力,性能比传统的单涡轮增压器大大提高,改善了发动机的适应性,发动机转速较低时也可以保证大功率输出。由于发动机进气压力始终处于最佳状态,从而在整个转速范围内提高了燃烧效率,节约了燃油并改善了排放。由于双涡轮增压发动机在车辆动力性能提升和发动机动态响应速度方面具有突出优势,包括宝马在内的多家汽车厂商也都已经在各自旗下的车型上采用了双涡轮增压技术。

3. 可变进气歧管

可变进气歧管通过改变进气管的长度和截面积来提高燃烧效率,使发动机在低转速时更平稳、扭矩更充足,高转速时更顺畅、功率更强大。

进气歧管一端与进气门相连,另一端与进气总管后的进气谐振室相连,每个气缸都有一根进气歧管。发动机在运转时,进气门不断开启和关闭,气门开启时,进气歧管中的混合气以一定的速度通过气门进入汽缸,当气门关闭时混合气受阻就会反弹,从而会产生振动。如果进气歧管很短,显然振动频率会更快;如果进气歧管很长的话,这个振动频率就会变得相对慢一些。如果进气歧管中混合气的振动频率与进气门开启的时间达到共振的话,那么此时的进气效率显然是很高的。因此可变进气歧管,在发动机高速和低速时都能提供最佳配气。如图5.19所示为装有可变进气歧管的发动机。

图5.19　装有可变进气歧管的发动机

发动机在低转速时,用又长又细的进气歧管,可以增加进气的气流速度和气压强度,并使得汽油得以更好地雾化,燃烧得更好,提高扭矩。发动机在高转速时需要大量混合气,这时进气歧管就会变得又粗又短,这样才能吸入更多的混合气,提高输出功率。

可变进气歧管可以变截面、变长度。

(1) 变截面

根据流体力学的原理,管道的截面积越大,流体压力越小;管道截面积越小,流体压力越大。举个例子:小时候我们都玩过自来水,将水管前端捏扁,自来水的压力会变大。

根据这一原理,发动机需要一套机构,在高转速时使用较大的进气歧管截面积,提高进气流量;在低转速时使用较小的进气歧管截面面积,提高气缸的进气负压,也能在气缸内充分形成涡流,让空气与汽油更好地混合。图5.20所示为变截面进气歧管。

图5.20 变截面进气歧管

以4气门发动机为例,2进2排设计,其中一个进气歧管带有气阀,该气阀受ECU直接控制。当发动机低转速运转时,需要的进气歧管截面积小,这时可以关闭气阀,使两个进气门只有一个能够进气,这相当于减少了一半的截面积。发动机高转速运转时,气阀在ECU控制下开启,两个进气门同时工作,这相当于加大了截面积。

(2) 变长度

当汽油发动机低速运转时,电子控制模块发指令给转换阀控制机构,关闭转换阀,空气经空气滤清器和节气门后沿着弯曲而又细长的进气歧管流进气缸。细长的进气歧管提高了进气速度,增强了气流的惯性,使进气充量增多。当汽油发动机高速运转时,电子控制模块发指令给转换阀控制机构,打开转换阀,空气经空气滤清器和节气门及转换阀直接进入粗短的进气歧管。粗短的进气歧管,进气阻力小,使进气充量增多。

可变长度进气歧管可以提高汽油发动机在中、低速和中、小负荷时的动力性,提高了有效输出扭矩。由于它提高了中、低速运转时的进气速度,增强了气缸内的气流强度,改善了燃烧过程,使中、低速的最低燃油消耗率下降,燃油经济性有所提高,也使轿车汽油发动机的排放净化性能得到改善。

4. 可变气门

为了进一步挖掘传统内燃机的潜力,工程人员研发出了可变气门正时和可变气门升程技术,二者有效结合,为发动机在各种工况和转速下提供更高的进、排气效率,提升动力的同时,也降低了油耗。

发动机的配气相位机构负责向气缸提供汽油燃烧做功所必需的新鲜空气,并将燃烧后的废气排出,这一套动作可以看作是人体吸气和呼气的过程。从工作原理上讲,配气相位机构的主要功能是按照一定的时限来开启和关闭各气缸的进、排气门,从而实现发动机气缸换气补给的整个过程。

如将发动机的气门比作一扇门,门开启的大小和时间长短,决定了进出的人流量。门开启的角度越大,开启的时间越长,进出的人流量就越大,反之亦然。同样的道理应用于发动机上,就产生了气门升程和正时的概念。气门升程就好像门开启的角度,气门正时就好像门开启的时间。可变气门正时和升程技术可以使发动机的"呼吸"更为顺畅自然。

发动机的气门通常由凸轮轴带动,对于没有可变气门正时技术的普通发动机而言,进、排气门开闭的时间都是固定的,这种固定不变的气门正时很难顾及到发动机在不同转速和工况时的需要。前面说过发动机进、排气的过程犹如人体的呼吸,不过固定不变的"呼吸"节奏却阻碍了发动机效率的提升。

(1) 可变气门正时

当发动机处在高转速区间时,四冲程发动机的一个工作冲程仅需千分之几秒,这么短的时间往往会导致发动机进气不足和排气不净,影响发动机的效率。因此,就需要通过气门的早开和晚关,来弥补进气不足和排气不净的缺陷。这种情况下,必然会出现一个进气门和排气门同时开启的时刻,在配气相位上称之为气门重叠角。

发动机转速越高,气缸的一个工作循环内留给吸气和排气的绝对时间也越短,因此要达到更高的充气效率,就需要延长发动机的吸气和排气时间。显然,转速越高,要求的气门重叠角度越大。但在低转速工况下,过大的气门重叠角则会使废气过多地泻入进气端,吸气量反而会下降,气缸内气流也会紊乱,此时ECU也会难以对空燃比进行精确地控制,从而导致怠速不稳、低速扭矩偏低。相反,如果配气机构只对低转速工况进行优化,那么发动机就无法在高转速下达到较高的峰值功率。所以发动机的设计会选择一个折中的方案,不可能在两种截然不同的工况下都达到最优状态。

为了解决这个问题,就要求配气相位可以根据发动机转速和工况的不同进行调节,高低转速下都能获得理想的进、排气效率,这就是可变气门正时技术开发的初衷。

以丰田的可变气门正时VVT-i技术为例,其工作原理为:该系统由ECU协调控制,发动机各部位的传感器实时向ECU报告运转情况。由于在ECU中储存有气门最佳正时参数,所以ECU会随时对正时机构进行调整,从而改变气门的开启和关闭时间,或提前、或滞后、或保持不变。图5.21所示为配气相位。

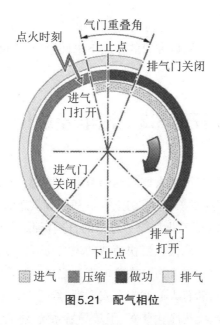

图5.21 配气相位

简单地说，VVT系统就是通过在凸轮轴的传动端加装一套液力机构，从而实现凸轮轴在一定范围内的角度调节，也就相当于对气门的开启和关闭时刻进行调整。

（2）可变气门升程

可变气门升程以本田的i-VTEC为代表，该可变气门升程系统的结构和工作原理并不复杂，工程师利用第三根摇臂和第三个凸轮即实现了看似复杂的气门升程变化。其工作原理如图5.22所示。

当发动机在中、低转速时，三根摇臂处于分离状态，普通凸轮推动主摇臂和副摇臂来控制两个进气门的开闭，气门升量较小。此时虽然中间凸轮也推动中间摇臂，但由于摇臂之间是分离的，所以两边的摇臂不受它控制，也不会影响气门的开闭状态。

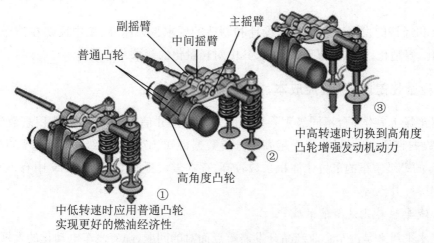

图5.22 本田i-VTEC系统工作原理

发动机达到某一个设定的转速时，ECU会控制电磁阀启动液压系统，推动摇臂内的小活塞，使三根摇臂锁成一体，一起由高角度凸轮驱动，这时气门的升程和开启时间都相应增大,使得单位时间内的进气量更大,发动机动力也更强。当发动机转速降到某一转速时,摇臂内的液压也随之降低,活塞在回位弹簧的作用下退回原位,三根摇臂分开。

任务5.2　汽车轻量化

　　汽车给人们带来了方便,扩大了人们活动的范围,对人类的发展无疑起到了巨大的推动作用。但随着汽车工业的快速发展,汽车的生产量和保有量急剧增加,其对人类社会的负面作用也日益凸显。一方面,汽车工业消耗了过多的自然资源,尤其是不可再生资源,石油的供应前景非常不乐观,仅能保证几代人畅快消费的现实与可持续发展的伟大理想相距甚远。另一方面,汽车排放污染已成为大气污染主要的来源之一,给人类社会赖以生存与发展的环境带来了严重的压力。此外,随着人们对汽车安全性、舒适性、环保性能要求的提高,汽车安装空调、安全气囊、隔热隔音、废气净化装置、卫星导航系统、影音器材、无线电通信等设备越来越普及,无形中增加了汽车的质量、耗油量和耗材量。

　　因此,全世界汽车工业界已清楚地认识到,着眼于未来,才能可持续发展,节省资源和减少对环境的污染是迫切需要解决的两大问题。而要使汽车更省油、更环保,目前一个可行的重要措施就是汽车轻量化。汽车轻量化,就是在保证汽车的强度和安全性能的前提下,尽可能地降低汽车的整备质量,从而提高汽车的动力性,减少燃料消耗,降低排气污染。实验证明,汽车质量降低一半,燃料消耗也会降低将近一半。由于环保和节能的需要,汽车轻量化已经成为世界汽车发展的潮流。

5.2.1　汽车轻量化的必要性

　　社会和经济的发展对现代汽车设计和制造的要求越来越高,集中反映在洁净化、安全化、轻量化、舒适化、信息化等五大方面,其中对轻量化的要求尤为紧迫。

1. 轻量化是降能耗、控成本、重设计的关键体现

　　根据市场上700多台不同级别乘用车的重量和尺寸信息,以重量比体积系数作为对比数据,该数据越低,则轻量化水平越高。分析数据得知,37%的A级轿车、35%的B级轿车以及45%的C级轿车的重量比体积系数较高,存在较大提升空间;而SUV中有30%～40%的比例期待提升。

　　(1) 汽车轻量化是节能的需求

　　节能水平历来是汽车企业产品开发需重点面对的问题,随着汽车电动化的发展,降低整车能耗水平就变得越来越重要。从政策层面看,目前新能源补贴更加关注续航里程高、电池质量能量密度大、整车能耗水平低的汽车。工信部于2019年7月发布了《乘用车企业平均燃料消耗量与新能源汽车积分并行管理办法》修正案(征求意见稿),鼓励企业研发先进低油耗

车,推动传统车转型,与新能源车协同发展,避免了单纯依靠纯电动车分担积分压力现象。

汽车的燃油消耗和车重的关系很难用简单的数学关系式来表达,但可以从理论分析和试验两个方面找到它们之间的关系。汽车行驶必须克服多种阻力做功,汽车行驶阻力 F 可由下式表达:

$$F = \mu_0 W + W\sin\theta + a(1+\beta)W + \lambda A v^2 \tag{5.1}$$

式中,F——汽车质量,μ_0——滚动阻力系数,θ——倾斜角,a——加速度,β——等价旋转质量比,λ——空气阻力系数,A——迎风面积,v——车速。

由式(5.1)可知,汽车在运行时,需要克服一系列阻力,包括滚动阻力、空气阻力、坡道阻力、加速阻力等,除了空气阻力主要与车身形状、大小有关外,其他三项均与车重有直接关联。因此,从汽车行驶所受阻力来看,汽车轻量化是节能的一项有效措施。

此外,从整车能耗来看,影响整车能耗水平的因素除了行驶阻力因素外,还有空调性能、热管理及电子电器附件的影响,而轻量化对能耗影响明显,整车大约有1/3的能耗是跟重量密切相关的。

对于当前市场上在售的普通燃油车来说,保守估计,重量每减轻 100 kg,油耗降低 3%～5%。对于传统燃油汽车来说,约 75% 的油耗与整车质量有关,汽车整备质量每减少 100 kg,每百公里可节约 0.3～0.6 L 燃油。若汽车整车质量降低 10%,燃油效率可提高 6%～8%;若滚动阻力减少 10%,燃油效率可提高 3%;若车桥、变速器等机构的传动效率提高 10%,燃油效率可提高 7%。

纯电动汽车目前的续航能力难以满足大多数人的需求,动力电池的能量密度仍然远小于汽油。为缓解续航里程焦虑、提高用户体验,可采取的措施有:增加电池组、提高电池容量和使用轻量化材料。对于新能源汽车,整车质量每减少 100 kg,续航里程可提高 6%～11%,日常损耗成本减少 20%。由于新能源汽车对轻量化的需求更加迫切,所以中国新能源汽车市场快速增长将会快速拉动汽车轻量化行业发展。

(2) 汽车轻量化是环保的要求

当今世界,汽车排放污染已成为大气污染最主要的来源之一,给环境带来了严重的压力。为了解决这一问题,各国都在不断地制定日益严格的汽车排放法规。

排放法规便是对汽车尾气相关成分含量的规定,汽车尾气中含有大量的有害物质,主要包括一氧化碳、氮氧化物、碳氢化合物和固体悬浮颗粒等,如图5.23所示,无论对环境还是人体健康都有着极大的威胁,欧美国家在20世纪中叶便开始陆陆续续制定相关的排放法规。

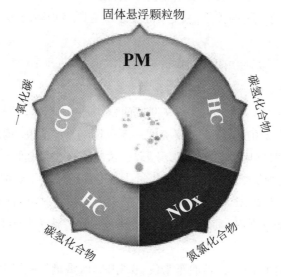

图 5.23　汽车尾气主要污染物

在空气污染防治方面,英国人最早付诸行动,1952年的伦敦雾霾事件让英国痛下决心整治空气污染。世界上第一个汽车排放法规的出台,要追溯到1966年的美国加州,加州出台这一法规也同样是因为空气污染问题,1943年洛杉矶光化学烟雾事件导致数百人死亡,众多植物枯死,因此开始对各个行业的污染物排放进行严格限制。

目前美国、欧盟、日本构成世界汽车排放法规的三大体系。欧盟自1992年开始执行欧Ⅰ标准,然后形成了四年周期,即平均四年就推出下一级别的排放法规。欧洲法规在标准的松严程度、道路交通情况等方面相对较适于中国的实际情况,成为了我国制定法规时的参考标准。

1999年北京开始实施国Ⅰ标准,2001年7月1日全国开始实施国Ⅰ标准。2002年8月1日,为准备奥运会,保证空气质量,北京先于全国实施国Ⅱ标准;2004年7月1日全国开始实施国Ⅱ标准。2005年12月30日北京开始实施国Ⅲ标准,2005年12月30日后销售车型需安装OBD系统;2007年7月1日全国开始实施国Ⅲ标准。2008年3月1日北京开始实施国Ⅳ标准;2010年7月1日全国开始实施国Ⅳ标准。2013年3月1日,为解决日益严重的京津冀雾霾问题,北京开始实施等同于国Ⅴ的京Ⅴ标准;2018年1月1日全国开始实施国Ⅴ标准。2020年7月1日全国开始实施国Ⅵ标准。

国Ⅵ排放标准分两个阶段实施:第一阶段,从2020年7月1日起,所有销售和注册登记的汽车都必须符合国ⅥA标准;第二阶段,从2023年7月1日起,所有销售和注册登记的汽车都必须符合国ⅥB标准。

排放法规越来越严,减少汽车对环境污染的技术是多方面的,如提高发动机效率、改进汽车造型以降低风阻系数、改进汽车轮胎等,而对汽车结构的要求则主要是轻量化。

2. 轻量化是企业控制成本的主要路径

从整车来看，各大系统所用材料无非就是各种钢材、铸铁、塑料、橡胶、铝制件、镁合金、玻璃和少量其他材料，以及高档车上采用的碳纤维等材料。其中以各种钢材、塑料及纯电动车的电芯材料所占比例较多。

对于纯电动车，电池包所占比重极大，占比大约在1/4~1/3，比如特斯拉Model S采用全铝车身，电池组重量大约占比1/4。因此，电池包轻量化是重中之重。要实现电池包轻量化，一方面要降低模组箱体的重量，通过改善材料及制造工艺，优化设计实现；另一方面，要降低电芯的重量，通过提升电池能量密度来实现，这是目前纯电动车开发的核心所在。工信部在2017年12月颁布的《促进汽车动力电池发展行动方案》提出，到2020年新型动力电池的能量密度要达到300 Wh/kg，2025年要达到500 Wh/kg。2019年天津力神研制的NCA电池已经达到303 Wh/kg，已经达到要求。2018年1月，国家制造强国建设战略咨询委员会又发布了《＜中国制造2025＞重点领域技术路线图（2017版）》，提出2020年、2025年、2030年单体能量密度分别达到350 Wh/kg、400 Wh/kg、500 Wh/kg。

相比传统锂电池，固态锂电池在安全性、能量密度上都有明显提高，并且有一定产业化基础条件。目前，蜂巢能源正在开发的全新固态电池能量密度将超越300Wh/kg。

随着各整车企业对成本的精细化管理、规模效应的体现，国内汽车单车成本逐年降低。从原材料价格来看，镁合金材料呈下降走势，铝合金、聚丙烯腈、塑料和橡胶的价格近两年相对稳定。当前部分中低端车普遍从设计及集成方面开展轻量化工作，而对于中高端车及纯电动车规模化采用轻量化材料，有助于拉动上游产业，加快新材料及工艺开发的突破，形成产业链相互促进发展。

5.2.2 汽车实现轻量化的促进因素

1. 国内乘用车高端化趋势明显，可减轻轻量化带来的价格焦虑

对于高性能和安全性的追求使得高端车型在汽车轻量化方面不惜代价，如豪华品牌捷豹已实现全铝车身。因轻量化材料价格普遍高于普通钢材，在中高端车型中应用尤为普遍。自主品牌迈入中高端市场有望促使车价采取更加激进的轻量化策略。汽车整备质量每减少100 kg，0~100 km/h加速性能提升8%~10%；制动距离缩短2~7 m。采用高强度材料，在减轻车身重量的同时，还可提高车身强度，提升车辆的安全性，降低车辆重心，提升车辆稳定性和操控性。高端车型在拉动汽车销量中扮演着越来越重要的角色。自主品牌成功迈入中高端乘用车领域，将成为我国汽车轻量化发展的利好因素。

2. 轻量化满足消费者对车辆性能的要求

除了能耗、排放、成本因素外，整车重量也影响车辆的加速、制动、操控、安全、震动噪声等性能，这些性能影响消费者对车辆的属性感知和购车诉求。

根据乘用车市场对购车期望以及满意度的数据，TOP15中有八项跟轻量化直接相关。这些因素一方面影响消费者在试乘试驾时对车辆的直观感受，影响其购车欲望；另一方面，也影响已购车用户的口碑传递。因此，一台优秀轻量化水平的车子，是能够兼顾到车辆各个方面的性能要求的。

3. 轻量化新技术在全球范围内的发展及应用

从全球范围内来看，轻量化有如下方向：现有钢制材料优化、成型工艺的轻量化，新型复合材料的替代，碳纤维的推广，铝镁合金件应用范围持续扩大，系统集成化深度发展。

国内市场在售的以铝合金材料为主车型有：蔚来ES8/ES6、凯迪拉克CT6、奇瑞捷豹XEL/XFL、特斯拉Model S、奥迪A8等。其中凯迪拉克CT6铝合金应用比例达62%，高强钢及热成型钢占比31%。宝马7系采用了碳纤维、铝合金、高强钢复合材料，白车身大约减重40 kg。奥迪A8也是采用了碳纤维、铝合金、高强钢等混合材料。

近年来，工信部等陆续出台了一系列相关产业政策，立足于原材料和成型加工，开展高强钢、铝合金/镁合金材料、高性能工程塑料、纤维复合材料的突破开发及产业化应用，特别是固态电池、电池模块、车身、底盘件、部分内饰件和电机电驱等零部件方面，支持轻量化发展。

5.2.3 轻量化的实现途径

要实现轻量化，需要从整车系统各个维度，结合新材料、新工艺、新设计思路进行深度扩展。

1. 关注整车轻量化重点区域

传统燃油车整个车身系统重量占比大约30%，而白车身重量大约占整车15%~18%。车身轻量化主要经历了四个阶段：普通钢制车身、高强钢车身、钢铝混合车身和铝合金/碳纤维等多种材料复合车身。目前大部分车身还是采用钢制材料，混合结构或者全铝车身占比很小，从全球范围来看，大约有12%~15%。这主要因为当前钢的加工成熟稳定可靠，成本优势大。实现车身轻量化需要从材料选择、成型方式、钣金件连接方式、阻尼及加强材料方面考虑。

对于配置传统燃油机的汽车来讲，动力系统的重量占比在20%以上。这里面有内燃机、变速箱、进排气系统、传动轴和供油系统等，涉及的零件复杂，对材料的要求也高，轻量化集中在发动机、变速箱和传动系统等方面。如上汽SGE1.5T发动机采用铝合金缸体缸盖、集成式排气歧管、塑料进气歧管、冲压件油底壳等，可以实现发动机减重10%以上。

底盘系统也是实现轻量化的关键之处。一般来讲，底盘由传动、行驶、转向和制动四大系统组成，而行驶系统则是四大系统中重量占比最大的。比如副车架和前下摆臂采用铝合金材料或者高强钢冲压件，转向节采用铝合金材料等，都可以有效实现轻量化。

内外饰系统轻量化也体现在材料选择和成型工艺上，如选择低密度材料、不等厚度成型、镁铝合金仪表板骨架等。

纯电动汽车的轻量化,更多集中在电池和电驱系统上,特别是电池系统,一方面是电池模组的重量,一方面是箱体等附件的重量。据统计,传祺 AION LX、东风启辰 T60EV、广汽丰田 iA5 三款车的能量密度都是比较高的,且三者都搭载了宁德时代 NCM811 电池,其中传祺 AION LX 电池包能量密度最大为 176 Wh/kg,但是距《促进汽车动力电池产业发展行动方案》提出的 2020 年电池包能量密度达到 260 Wh/kg 差距还很大。所以,需要从上述两个方面同步开展,既要提升电芯能量密度,也要做好箱体等结构优化设计,采用更轻质的高强度材料,更好的集成化设计方案。

2. 从三个维度入手

(1) 材料选择实现轻量化

通过选择高强钢、轻质材料以及不同材料的组合来实现轻量化。对于钢制材料,通过提升高强钢、超高强钢应用比例,可以降低材料厚度。一般这类材料用在部分外板件和车身结构件上,如立柱、车身纵梁、车顶横梁、各防撞梁等。这类材料在美欧系车型应用比例较高,大约在 60% 以上。

轻质材料有轻合金金属、新型塑料和纤维增强复合材料等,是实现轻量化的重要途径,可根据功能需要选择合适材料,或者多种材料联合使用,同时应兼顾成本、售后等方面。铝合金是除了钢制材料外,应用最广的金属材料。镁合金在方向盘骨架、仪表板骨架、座椅骨架、传动系统、底盘系等零件上有应用。塑料的应用也逐渐增多,如冷却模块框架、进气歧管、尾门内部结构等,大约有 50% 的减重效果。碳纤维复合材料由于成本昂贵,目前除了高级豪华车、跑车和部分高端电动车外,应用还比较有限。

(2) 制造工艺优化实现轻量化

选择先进的制造工艺,不仅可以实现轻量化,还可以有效提高生产效率,降低零件成本。成型工艺有热成型、液压成型、内高压成型、辊压成型、变厚度成型方案等;连接技术有激光焊、结构胶粘接等,通过这些工艺可以减少零件数量,提高材料利用率,提升零件刚度,实现轻量化。如在副车架制造方面,对高强钢进行一体液压成型,在不降低零件刚度的情况下,减少了零件数量,重量可以减轻 5%~10%。变厚度工艺在内饰件上有广泛应用,如前围内部隔音垫采用的 EVA 材料,根据设计需要,不同区域采用变厚度成型方案,预计可以实现 25% 的轻量化。

(3) 面向轻量化进行设计开发

轻量化设计开发不仅包含零件本身的设计,也包括系统和整车的集成开发,这是一个企业具有自主开发能力的核心体现。一方面既要保证有效减重,又要考虑到整车和零部件的强度、刚度和耐久等性能不因减重而受影响;另一方面,系统集成水平的提高也有助于提升轻量化水平。如宁德时代最新的电池集成技术,实现了整车减重 250 kg;比亚迪 e2 的电驱技术集成实现了 25% 的减重;电动公交车的轮边电机也替代了传动轴等零件,整体重量可以减轻 250~500 kg。

对于车身轻量化设计评价,按照目前汽车行业内比较通用的轻量化系数计算公式为

$$轻量化系数 = \frac{白车身重量}{扭转刚度 \times 正投影面积}$$

该公式能用来对比评价不同厂家的设计水平,即在同级别车型中,白车身重量越低,扭转刚度越高,轻量化系数越小,车身设计越好,反之越差。从欧洲汽车车身历年轻量化系数平均值来看,表现出总体趋小的趋势。

对于轻量化设计,除了车身件外,还有底盘车架等,这些零件的连续拓扑优化已经比较成熟,但是涉及整车非线性、离散结构,还需要跟实车实验结合,作进一步完善,这也与企业的开发能力和经验积累密切相关。

外资企业持续进入,激发了新能源产业发展新的活力。随着特斯拉上海临港工厂的投产,上汽大众MEB平台的国产化的推进等,作为新能源车关键技术需求的轻量化,是始终绕不开的话题。目前几大车企都已在国内设立合资或者独资新能源项目,将会带动新一轮行业发展。

大众MEB平台全称为电动车模块化平台,是大众汽车集团首款为大规模生产而开发的纯电动车平台。该平台采用平板式电池模组布置方式,使车辆拥有更长轴距与更短前后悬尺寸,轴距和同级别传统燃油车相比有很大提升,车辆内部空间更宽敞;没有中央地台,后排乘客可享受舒适腿部空间;电池包完全嵌入车底,显著降低车辆重心,实现接近50:50的前后重量分配。该平台扩展性强,可以根据不同车型用途,配置不同容量电池;支持快速充电,15~30分钟内可充满80%电量;动力电池采用轻量化铝制零件,配有集成式冷却系统、电池管理系统,大幅度提高电池防护水平和安全性;智能网联系统集成创新,实时在线。

从国家产业政策上看,《新能源汽车产业发展规划(2021~2035年)》征求意见稿,进一步指明了未来十五年的发展思路,2025年销量要达到整个市场销量的25%。如果以当前新能源车市场销量来估计,预计每年要有40%的增长率,空间广阔,不排除后续会有相应的持续支持。特别是纯电动车,占据了新能源市场销量的80%。该意见稿在当前新能源销量低迷时发布,坚定了"市场主导、创新驱动、协调推进、开放发展"的基本原则。

任务5.3 汽车底盘新技术

5.3.1 传动系统新技术

1. 机械无级变速器(CVT)

CVT直接翻译就是连续可变传动,也就是我们常说的无级变速箱,顾名思义就是没有明确具体的挡位,类似自动变速箱,但是速比变化不同于自动变速箱的跳挡过程,而是连续的,因此动力传输持续而顺畅,如图5.24所示。

图 5.24　CVT 变速箱结构

CVT 传动系统里,传统的齿轮被一对滑轮和一条钢片链条(如图 5.25 所示)所取代,每个滑轮其实是由两个锥形盘组成的 V 形结构,引擎轴连接小滑轮,透过钢片链条带动大滑轮。玄机就在这特殊的滑轮上:CVT 的传动滑轮构造比较奇怪,分成活动的左右两半,可以相对接近或分离。锥形盘可在液压的推力作用下收紧或张开,挤压钢片链条以此来调节 V 形槽的宽度。当锥形盘向内侧移动收紧时,钢片链条在锥盘的挤压下向圆心以外的方向(离心方向)运动,相反会向圆心以内运动。这样,钢片链条带动的圆盘直径增大,传动比也就发生了变化。

图 5.25　奥迪 A6L 的 CVT 变速箱钢片链条

CVT 变速箱具有如下特点:

① 由于没有了一般自动挡变速箱的传动齿轮,也就没有了自动挡变速箱的换挡过程,由此产生的换挡顿挫感也随之消失,因此 CVT 变速箱的动力输出是线性的,在实际驾驶中非常平顺。

② CVT 的传动系统理论上可以有无限多挡位,挡位设定更为自由,传统传动系统中的齿轮比、速比以及性能、耗油、废气排放的平衡,都更容易达到。

③ CVT 传动的机械效率、省油性大大优于普通的自动挡变速箱,仅次于手动挡变速箱,燃油经济性要好很多。

④ 相比传统自动挡变速箱而言,它的成本要略高,而且操作不当的话,出问题的概率更高。

⑤ CVT 变速箱传动的钢片链条能够承受的力量有限,不过随着科技的进步,钢片链条承受能力的问题正在解决,很快我们就可以看到大排量高扭矩车型会装备 CVT 变速箱。

(1) Multitronic

Multitronic是1999年奥迪与LuK公司共同研制的链条传动CVT无级变速器。Multitronic变速器可以用于奥迪MLP纵置前驱平台的车型上,如奥迪A4/A4L、A5以及A6/A6L。搭配的发动机可以是自然吸气或涡轮增压汽油机,也可以是涡轮增压柴油发动机。

在结构上Multitronic与其他品牌的无级变速器差异不大。TCM变速器控制系统能感知车辆是否下坡,控制器一旦发现车辆处于陡坡下坡状态则会自动降低"挡位",依靠发动机阻力控制车速。早期的Multitronic变速器只能模拟6个挡位,最新型的Multitronic变速器能够模拟出八个前进挡和运动模式,这就使得它的驾驶感觉更趋近于传统有级变速车型。早期的Multitronic变速器只能承受310 N·m的扭矩,这就使其应用范围受到很大限制。现在,新的技术将扭矩提高到了400 N·m,远远高于其他品牌的无级变速器,它可装备在动力强劲的奥迪A6 2.7TDI车型上。

(2) X Tronic

X Tronic是日产研发的CVT无级变速器。1997年首次应用于2.0 L车型;2003年装备于3.5 L的天籁上,最大可承受扭矩高于300 N·m。目前,日产有三款X Tronic变速箱,它们分别搭配1.5 L、2.0 L以及3.5 L自然吸气发动机使用。

匹配1.5L发动机的X Tronic变速器不提供手动模式,传动比从2.561至0.427。搭配2.0 L与3.5 L的X Tronic变速器可以模拟六个前进挡。2.0 L的传动比区间为2.349至0.508,而3.5 L变速器的传动比为2.371至0.439,范围较搭配2.0的更广一些。但如果与手自一体变速器相比,我们可以看出无级变速器的传动比范围非常有限,尤其在起步时的输出扭矩要小很多。这是由于它只使用两个固定大小的锥形盘结构所造成的。

X Tronic覆盖车型丰富,日产为1.5 L低端车型配备了X Tronic,令家用轿车也能够享受到无级变速器带来的平顺驾驶感受以及更低的油耗。同时,大排量V6以及SUV车型同样配置有X Tronic。

日产的大部分车型都配备了无级变速器,实现了其力求将这种变速器推广到全线产品的计划。我们熟悉的日产新阳光、轩逸、逍客、奇骏、天籁均使用了X Tronic变速器。另外,雷诺科雷傲与日产奇骏两款相同平台的SUV车型同为横置发动机全时四驱系统,没有分动箱,所以X Tronic也装备在了这两款车型上。

(3) Lineartronic

Lineartronic是斯巴鲁研发的纵置式链条传动无级变速器,如图5.26所示。由于斯巴鲁一直使用水平对置发动机以及左右对称全时四驱系统底盘结构,所以该款变速器的内部零件排列与日产的横置式有一些不同,它提供了前后两个动力输出轴。该款变速器能够模拟出六速手动模式,并可在下坡时利用发动机阻力进行制动。

2.0 L及2.5 L力狮、2.5 L傲虎均装备了Lineartronic无级变速器。由2.5 L自然吸气发动机最大扭矩为229 N·m推断,斯巴鲁的这款变速器可承受的扭矩应该不会高于250 N·m,因此使用范围受到了一些限制。

图5.26　Lineartronic无级变速器

2. 电控机械式自动变速器(AMT)

AMT是在传统的手动齿轮式变速器基础上改进而来的。它是糅合了AT和MT两者优点的机电液一体化自动变速器,AMT既具有普通自动变速器自动变速的优点,又保留了手动变速器齿轮传动效率高、成本低、结构简单、易制造的长处。由于它是在手动变速器上进行改造的,保留了绝大部分原总成部件,只改变其中手动操作系统的换挡杆部分,因此生产继承性好,改造的投入费用少,非常容易被生产厂家接受。

驾驶员通过加速踏板和操纵杆向电子控制单元(ECU)传递控制信号;电子控制单元采集发动机转速传感器、车速传感器等信号,时刻掌握车辆的行驶状态;电子控制单元(ECU)根据这些信号按存储于其中的最佳程序、最佳换挡规律、离合器模糊控制规律、发动机供油自适应调节规律等,对发动机供油、离合器的分离与结合、变速器换挡三者的动作与时序实现最佳匹配。从而获得优良的燃油经济性、动力性能以及平稳起步与迅速换挡的能力,达到驾驶员所期望的效果。

不过AMT变速箱并非完美的,AMT变速箱最大的缺点就是换挡舒适性不佳,且在换挡过程中动力中断,使得换挡过程中的极速性能不好。

3. 双离合变速箱(DCT)

双离合变速箱因为有两组离合器,所以又称为双离合变速器。

双离合变速箱源自赛车运动,最早应用在20世纪80年代初的保时捷Porsche 962C和1985年的Audi sport quattro S1 RC赛车上。但是因为耐久性等问题经过十余年的改进后,才真正被普通量产车所应用。

双离合变速箱结合了手动变速箱和自动变速箱的优点,没有使用变矩器,转而采用两套离合器,通过两套离合器的相互交替工作,来到达无间隙换挡的效果。两组离合器分别控制奇数挡与偶数挡,在换挡之前,DCT已经预先将下一挡位齿轮啮合,在得到换挡指令之后,迅速向发动机发出指令,发动机转速升高,已经啮合的齿轮迅速结合,同时第一组离合器完全放开,完成一次升挡动作,后面的动作以此类推。

因为没有了液力变矩器,所以发动机的动力可以完全发挥出来,同时两组离合器相互交替工作,使得换挡时间极短,发动机的动力断层也就非常有限。作为驾驶者我们最直接的感觉就是，切换挡动作极其迅速且平顺，动力传输过程几乎没有间断，车辆动力性能可以得到完全的发挥。与采用液力变矩器的传统自动变速器相比较，由于DCT的换挡更直接，动力损失更小，所以其燃油消耗可以降低10%以上。

不过与传统的自动变速器相比，DCT也存在一些固有的弊端，首先就是由于没有采用液力变矩器，又不能实现手动变速器半联动的动作，所以对于小排量的发动机而言，低转速下的扭矩不足的特性就会被完全暴露出来。其次，由于DCT变速器采用了电脑控制，属于一款智能型变速器，它在升/降挡的过程中需要向发动机发出电子信号，经发动机回复后，与发动机配合才能完成升/降挡。大量电子元件的使用，增加了其故障出现的概率。

目前常见的双离合变速箱有大众的DSG、福特的Powershift、三菱的SST以及保时捷的PDK等。

（1）DSG

DSG的中文意思为直接换挡变速器，DSG是大众对自己的双离合技术专有称谓。

DSG的起源如其他汽车新技术一样，其设计思路来自赛车运动，其实际应用在20世纪80年代初的保时捷Porsche 962C和1985年的奥迪Audi sport quattro S1 RC赛车上，并赢取了多项冠军。双重离合器的概念虽然非常先进，但存在着耐用性不佳的问题，耐用性的好坏又决定了其成本的多寡。

如图5.27所示，离合器1负责1挡、3挡、5挡和倒挡，离合器2负责2挡、4挡和6挡；挂上奇数挡时，离合器1结合，输入轴1工作，离合器2分离，输入轴2不工作，即在DSG变速器的工作过程中总是有2个挡位是结合的，一个正在工作，另一个则为下一步做好准备；手动模式下可以进行跳跃降挡：如果起始挡位和最终挡位属于同一个离合器控制的，则可通过另一离合器控制的挡位转换一下，如果起始挡位和最终挡位不属于同一个离合器控制的，则可以直接跳跃降至所定挡位。

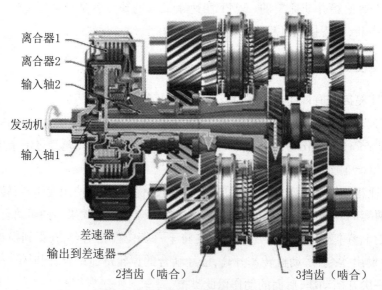

图5.27 DSG系统工作原理示意图

DSG除了拥有手动变速箱的灵活及自动变速箱的舒适外，它更能提供无间断的动力输出，这完全有别于两台自动控制的离合器。DSG主要由两个基本3轴的6前速机械波箱、一个内含两套多瓣式离合片的电子液压离合器机构、一套波箱ECU组成。不同于普通的双轴波箱或单输入轴系统，DSG波箱除了具有双离合器外，还具备同轴的双输入轴系统，而且将6个前进挡分别置于两边各自的从动轴上。传统的手动变速箱使用一台离合器，当换挡时驾驶员须踩下离合器脚踏，令不同挡的齿轮进行啮合，而动力在换挡期间出现间断。

DSG可以想象为将两台手动变速箱的功能合二为一，并建立在单一的系统内。DSG内含两台自动控制的离合器，由电子控制及液压推动，能同时控制两组离合器的运作。当变速箱运作时，一组齿轮啮合，在接近换挡之时，下一组挡位的齿轮已被预选，但离合器仍处于分离状态；当换挡时一台离合器将使用中的齿轮分离，同时另一台离合器与已被预选的齿轮啮合，在整个换挡期间能确保至少有一组齿轮在输出动力，令动力不出现间断的状况。

要配合以上运作，DSG的传动轴被分为两条，一条是放于内里实心的传动轴，而另一条则是在外面套着的空心传动轴。内里实心的传动轴连接了1挡、3挡、5挡及倒挡，而外面空心的传动轴则连接2挡、4挡及6挡，两台离合器各自负责一条传动轴的啮合动作，引擎动力便会由其中一条传动轴进行无间断地传送。考虑到零件使用寿命，设计人员选择了油槽膜片式离合器，离合器动作由液压系统来控制。

由于使用两套离合器并且在换挡之前下一挡位已被预选啮合，因此DSG的换挡速度非常快，只需不到0.2秒的时间，比最好技术的专业车手的手动变速还快，因此同一辆车使用DSG比使用MT的加速成绩好。

（2）Stronic

Stronic是奥迪双离合变速器的名称。有人说Stronic就是换了名字的大众DSG，这句话只说对一半，因为用于奥迪A3的7速以及TT上的6速横置双离合变速器的确是大众的干式DQ200和湿式DQ250，但是，用在Q5上的7速双离合变速器却是一款纵置式全时四驱双离合变速器，大众的DSG产品线是没有这款产品的。

两款横置式Stronic变速器分别可承受250 N·m和350 N·m的扭矩，用于前驱轿车不成问题。用在Q5上的纵置式Stronic变速器能够承受超过500 N·m以上的扭矩。

除去超级跑车保时捷911以及日产GT-R的双离合变速器，纵置式Stronic可以承受的扭矩较其他车型更高。横置式7速双离合变速器虽然挡位较6速的更多，但其干式结构影响了扭矩传递，使之性能不如6速的，而Stronic既实现了7段变速又能承受更高扭矩，让舒适与性能两者兼得。

装备横置式Stronic双离合变速器的车型有奥迪A3、TT；装备纵置变速器的车型有奥迪Q5、A5。

（3）Powershift

Powershift双离合器变速箱是由福特集团与变速箱大厂格特拉克（Getrag）共同研发的。目前在国内装备Powershift的有沃尔沃C30、XC60、S60以及福特蒙迪欧致胜的部分车型。

Powershift双离合变速箱于2008年问世，以手动变速箱所用的技术为基础。该变速箱拥有6个前进挡，有两个相互独立的湿式离合器，最大可承受450 N·m的扭矩。

与其他厂家的双离合器变速箱相比，Powershift双离合器变速箱最大的特点不是换挡速度快,而是拥有堪比CVT的极佳换挡平顺性。并且由于可以承受较大的扭矩,该变速箱可以使用在一些大马力车上,尤其是柴油车的绝配。不过由于该变速箱追求的不是换挡速度,因此在加速性能上并不十分理想。

6挡的Powershift双离合变速箱重量相对较轻,比目前市面上大多数4挡变速箱还要轻。轻量化设计和极小的动力损失能节省大约9%的燃油消耗。

（4）PDK

PDK,即保时捷双离合变速箱,近年来因为大众汽车的大力推行,在市场上获得了极高的知名度。但事实上,保时捷在1983年便已经将PDK用于956赛车上,并在1984年与1985年以962赛车在赛道上获得了极大的成功,图5.28所示为PDK结构图。

图5.28　保时捷PDK结构图

虽然保时捷已经掌握双离合技术多年,由于当时的电子控制系统和计算机运算能力有限,不足以满足行驶舒适性和平稳性方面的要求,导致保时捷将双离合技术压箱25年。随着电子控制技术与液压控制组件的成熟,它才正式在997的小改款中推出,以7速的PDK双离合器变速箱,全面取代Tiptronic变速箱。

PDK双离合器变速箱由一个传统手动变速箱和一个分为两个独立变速箱的液压控制系统组成。两个沿径向布置的湿式离合器可以通过液压控制,并使用变速箱油提供冷却和润滑。目前PDK变速箱在911、Boxster、Cayman以及Panamera都有装备。

4. 可变M型差速锁

宝马M3和M5上都装备有宝马M GmbH开发的可变转矩感应式差速锁。这种M型差速锁可以为车辆提供高水平的行车稳定性与最佳的牵引力,特别是在驶离弯道时表现尤其出色。M型差速锁可以在需要时产生锁止力。当两个驱动轮之一即将发生滑转时,差速锁将会发挥作用。另外,这种差速锁还得到了酷爱运动风格的驾驶人的特别青睐,因为在动感驾驶且路面摩擦系数较高的时候,它可以增强后轮驱动的优势。

当一个驱动轮快要失去牵引力或者在非常容易打滑的路面上行驶时,在两个驱动轮之间会产生速度差,这时集成的剪切泵会立即产生压力。这个压力会通过活塞传送给一个多片式离合器,然后根据车轮转速差将驱动力传送给抓地力更强的车轮。在极个别情况下,全部驱动力都可能会传送给摩擦系数较高的那个车轮。如果两车轮的转速差开始降低,泵的压力也会降低,锁止程度相应递减。这套自调节泵系统无须保养,其中填充的是高黏度硅油。

普通的转矩感应式差速锁可传递的总驱动力等于摩擦系数较低轮胎可传递的驱动力。如果摩擦系数过低（如在雪地、沙砾或冰面上），那么传统差速锁的牵引力优势则必然会受到限制。而可变 M 型差速锁即使在极苛刻的驾驶状态（如驱动轮的摩擦系数变化剧烈）下仍可以提供充足的牵引力。因此，可变 M 型差速锁加上精心调校的 DSC 系统和均衡分配的轴荷，可让车辆具有极为优异的冬季驾驶特性。

可变 M 型差速锁的另一个优点是，随着驱动轮之间转速差的增大，差速锁可以立即提供更大的锁止力。这样可防止车轮丧失驱动力，如高速转弯时弯道内侧的车轮，从而帮助车辆始终保持前进方向。

5. i-AWD

i-AWD 智能四驱系统（如图 5.29 所示）是铃木研发的智能扭矩分配系统，它能够保证前轮的扭矩输出在 50%~100% 的范围内调节。简单地说，这套系统在一般情况下都表现为前轮驱动，当有车轮出现附着力不足的情况时，系统便会配合 ESP 系统将四个车轮的驱动力重新分配，此时后轮最多可以分配到 50% 的力。从结构上看，这套四驱系统采用的依旧是传统的电控多片离合器接通四驱，只是它增加了一个可供驾驶者手动开关的按钮。这样的好处就是在日常驾驶时选择前驱模式以达到省油的目的，在需要时打开四驱模式，以便在冰雪、雨天等湿滑路面上获得更好的行驶稳定性。

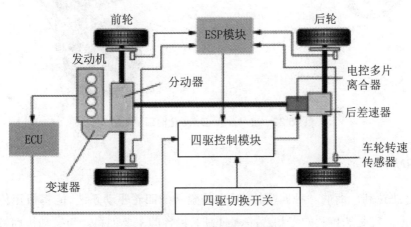

图 5.29　i-AWD 智能四驱系统

根据铃木的定位，这套四驱系统并非为运动而生，实际上是为了应付更复杂的不良路面，这和日本本土不少的微型车、小型车都装备四驱系统应对冬季路况的传统有一定关系。i-AWD 智能四驱系统的主要目的还是在于提升车辆的主动安全性。

6. xDrive 全时四驱系统

宝马 xDrive（如图 5.30 所示）在不同车型上具有不同的结构，但它们都有个共同的结构，就是都采用电子控制的多片离合器。伺服电动机根据收集来的行驶和操作信息进行适度旋转，并可以通过一个压板按压多片离合器，从而改变分配给前轴和后轴的驱动力。不同的是，在不同车型上向前轴传递动力的方式不太一样，在X5和X6上采用齿轮传动向前轴传递动力，而在X3上则采用钢链传动。

宝马xDrive属于全时四驱系统，当车辆在正常条件下起步时，多片式离合器保持接合，宝马xDrive以40∶60的比例向前、后桥分配动力，以体现宝马汽车后轮驱动的特性。

在运行中xDrive使用传感器不断监测车轮的滑转情况，一旦发现有车轮打滑，宝马xDrive能够在0.1秒内完成驱动力分配的调节。在必要时，驱动力分配可以发生显著的变化：根据不同的需要，驱动转矩在前、后桥之间的分配比可以在0∶100至50∶50的范围内连续变化。

xDrive一直在不断改进中，随着电子技术的进步，最新的xDrive在DSC系统的帮助下，可在车轮开始滑转之前做出响应。因此，车辆甚至可在驾驶人意识到需要采取行动之前得以稳定。

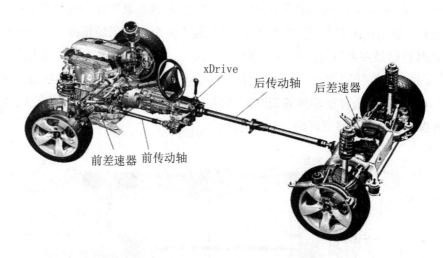

图5.30　宝马5系xDrive全时四驱系统

7. 4RM

4RM是法拉利厂商的一种四驱技术，它是全新的四轮驱动系统，能将扭矩传输到车辆的4个车轮上。它是法拉利的专利产品，也是FF包含的主要创新。与发动机前置车辆上的传统四轮驱动系统不同，它能够保留传统的中—后置发动机架构以及通过单个传动轴与发动机相连的后驱动桥变速箱。此外，前轮还配有新的动力传输装置（PTU），该装置位于前轴上，直接与发动机连接。4RM还集成了法拉利F1-Trac、E-Diff、PTU等多项控制功能，而且能通过准确地向各个车轮分配适量扭矩实现对牵引力和稳定性的控制，这都归功于所有系统的无缝融合。4RM控制系统的软件能够提前预测附着力。FF能够从容应对从结冰路面到干燥的赛车道等所有可能的驾乘路况。附着力预测最初用于赛车，后来发展至公路车领域。它还支持F1-Trac系统，让FF能够及时、准确地预测每只车轮在不打滑的前提下能够向路面传递的最大扭矩。在实际情况中，这意味着4RM控制系统能够在任何路况中确保实现最大牵引力,因为该系统能够单独将最大扭矩分配至每个车轮。

4RM控制系统只有在绝对必要时才将扭矩传递给前车轴,如果在给定的附着力情况下,所需扭矩超出了后车轴所能传递的扭矩时,4RM控制系统就显得十分必要了。在特定附着力条件下,如果驾驶人员要求的扭矩低于后轮可传递的最大扭矩,那么牵引力由F1-Trac系统控制,但只对后轮进行控制。电子差速器(E-Diff)负责确保在各种情况下为后轮分配最佳扭矩,如局部锁死功能在车辆出弯时发挥的作用(如458 Italia)。如果驾驶人员需要的扭矩超出了后车轴传递能力,4RM控制系统就会通过动力传输单元(PTU)向前车轴传递额外的扭矩。4RM控制系统实际上能够完全独立地向两只前轮分配扭矩。

这意味着,只有在FF重量分配系统、F1-Trac系统、电子差速器控制系统不足以传递驾驶人员所需的扭矩时才会采用前轮驱动,例如在附着力很低时,驾驶人员仍然需要进行高性能驾驶的情况。

4RM控制系统的特点是多重逻辑,它是专为FF应对各种附着力恶劣的路况而开发的。车辆在低附着力情况下转弯加速时,F1-Trac系统、电子差速系统和动力传输单元就会协同工作,为每个车轮分配最大扭矩,以便实现最优的车辆性能。扭矩传输到前轮的过程是均衡渐进的,这样就保证了最大的稳定性。

该系统亦能识别转向不足和过度转向等情况,以及各种附着力差异。它会通过修正传输至各个车轮的扭矩大小对以上两种情况进行及时纠正。这也保证了最大程度的稳定性。

4RM控制系统还在高性能起步功能中集成了专为低附着力路面优化的特定高性能启动逻辑。该系统能够识别每个车轮可用的附着力大小,然后在不造成车轮打滑的前提下向地面传递最大扭矩。这样车辆就能够在任意附着力情况下获取最大限度的纵向加速度,且不会出现车轮打滑。这与常规的四驱系统有着很大差别,在常规四驱系统中,从静止到启动时出现的车轮打滑现象是通过ASR系统或锁死差速器进行控制的。

4RM控制系统会重新向车轮分配扭矩,不会出现其他系统导致的刹车现象。因而车辆可以在各种附着力情况下保持最佳性能:牵引力的最大化有利于实现更好的纵向加速。车辆能够在极限情况下拥有更高的稳定性和操控性,甚至在积雪的下坡路面启动亦能保持卓越性能。

5.3.2 转向系统新技术

1. 电子控制动力转向系统(EPS)

动力转向系统是在驾驶员的控制下,借助汽车发动机产生的液体压力或电动机驱动力来实现车轮转向,所以动力转向系统也称为转向动力放大装置。

动力转向系统由于能使转向操纵灵活、轻便,能吸收路面对前轮产生的冲击等优点,在汽车设计时对转向器结构形式的选择灵活性增大,因此动力转向系统在中型载货汽车,尤其在重型载货汽车上得到广泛使用。但是,传统的动力转向系统所设定的固定放大倍率不可能同时满足汽车在不同行驶路况下的要求,因此,汽车的转向盘操纵无法达到令人满意的程度。

电子控制动力转向系统(Electronic Control Power Steering,简称EPS或ECPS)是根据车速、转向情况等对转向助力实施控制,使动力转向系统在不同的行驶条件下都有最佳的放大倍率。在低速时有较大的放大倍率,可以减轻转向操纵力,使转向轻便、灵活;在高速时则适当减小放大倍率,以稳定转向手感,提高高速行驶的操纵稳定性。

发动机前置及前轮驱动式轿车的前轴负荷的增加使得转向轻便性成为普遍关注的问题,由于电子控制动力转向系统不仅能很好地解决转向轻便与转向灵活的矛盾,还能提高行驶安全性和舒适性,因此,电子控制动力转向系统的应用已日渐增多。

电子控制动力转向系统由机械转向机构、转向助力系统和电子控制系统组成。根据转向动力源不同,可分为液压式电子控制动力转向系统、电动式电子控制动力转向系统。

(1)液压式电子控制动力转向系统

它在传统的液压动力转向系统的基础上增设了控制液体流量的电磁阀、车速传感器和电子控制单元等。电子控制单元根据检测到的车速信号,控制电磁阀,使转向动力放大倍率实现连续可调,从而满足高、低速时的转向助力要求。液压式EPS根据其控制方式的不同,又可分为流量控制式、反作用力控制式和阀灵敏度控制式三种形式。

(2)电动式电子控制动力转向系统

① 流量控制式EPS

图5.31所示为丰田凌志汽车上采用的流量控制式电控动力转向系统。该系统主要由车速传感器、电磁阀、整体式动力转向控制阀、动力转向液压泵和电子控制单元等组成。电磁阀安装在通向转向动力缸活塞两侧油室的油道之间,当电磁阀的阀芯完全开启时,两油道就被电磁阀旁路。

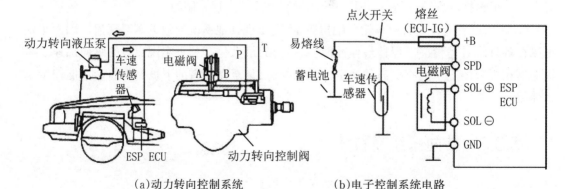

(a)动力转向控制系统　　　　(b)电子控制系统电路

图5.31　流量控制式动力转向系统(丰田凌志轿车)

ECU根据车速传感器的信号,控制电磁阀阀芯的开启程度,从而控制转向动力缸活塞两侧油室的旁路液压油流量来改变转向助力。

当车速很低时,控制器输出的控制信号脉冲占空比很小,通过电磁阀线圈的平均电流很小,电磁阀阀芯开启程度也很小,旁路液压油流量小,液压助力作用大,使转向盘操纵轻便。当车速提高时,控制器输出的控制信号脉冲占空比增大,使电磁阀线圈的平均电流增大,电磁阀阀芯的开启程度增大,旁路液压油流量增大,从而使液压助力作用减小,以增加转向盘的路感。

② 反作用力控制式EPS

反作用力控制式动力转向系统主要由转向控制阀、分流阀、电磁阀、转向动力缸、转向液压泵、储油箱、车速传感器及电子控制单元等组成,其工作原理如图5.32所示。

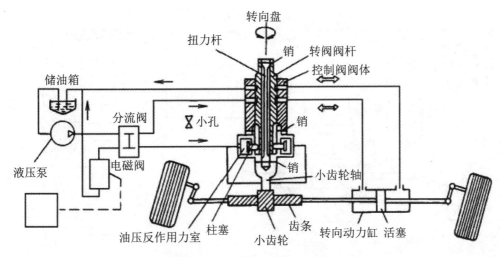

图5.32 反动控制式动力转向系统

转向控制阀是在传统的整体转阀式动力转向控制阀的基础上增设了油压反作用力室而构成的。扭力杆的上端通过销子与转阀阀杆相连,下端与小齿轮轴用销子连接。小齿轮轴的上端通过销子与控制阀阀体相连。转向时,转向盘上的转向力通过扭力杆传递给小齿轮轴。当转向力增大,扭力杆发生扭转变形时,控制阀体和转阀阀杆之间将发生相对转动,于是就改变了阀体和阀杆之间油道的通、断关系和工作油液的流动方向,从而实现转向助力作用。

分流阀的作用是将来自转向液压泵的油液向控制阀一侧和电磁阀一侧分流,按照车速和转向要求,改变控制阀一侧与电磁阀一侧的油压,确保电磁阀一侧具有稳定的油液流量。固定小孔的作用是把供给转向控制阀的一部分流量分配到油压反作用力室一侧。

电磁阀根据需要开启适当的开度,使油压反作用力室一侧的油液流回储油箱。工作时,ECU根据车速的高低线性控制电磁阀的开口。

当车辆停驶或速度较低时,ECU使电磁阀线圈的通电电流增大,电磁阀开口面积增大,经分流阀分流的油液通过电磁阀重新回流到储油箱中,使作用于柱塞的背压(油压反力室压力)降低。于是柱塞推动控制阀转阀阀杆的力(反作用力)较小,因此只需要较小的转向力就可使扭力杆扭转变形,使阀体与阀杆发生相对转动而实现转向助力作用。

当车辆在中高速区域转向时,ECU使电磁阀线圈的通电电流减小,电磁阀开口面积减小,所以油压反作用力室的油压升高,作用于柱塞的背压增大,于是柱塞推动转阀阀杆的力增大,此时需要较大的转向力才能使阀体与阀杆相对转动而实现转向助力作用,使得在中高速时驾驶员可获得良好的转向手感和转向特性。

③ 阀灵敏度控制式EPS

阀灵敏度控制式EPS是根据车速控制电磁阀,直接改变动力转向控制阀的油压增益(阀灵敏度)来控制油压。这种转向系统结构简单、部件少、价格便宜,而且具有较大的选择转向力的自由度,可以获得自然的转向手感和良好的转向特性。阀灵敏度控制式EPS如图5.33所示。

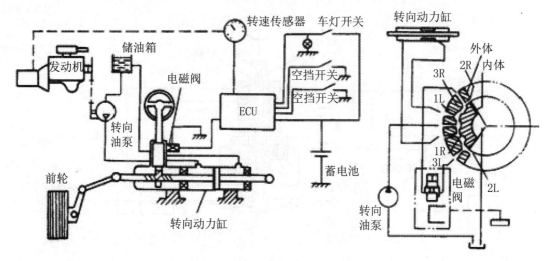

图5.33 灵敏度控制式动力转向系统

当车辆停止时,电磁阀完全关闭,如果此时向右转动转向盘,则高灵敏度低速专用小孔1R及2R在较小的转向力矩作用下即可关闭,转向油泵的高压油液经1L流向转向动力缸右腔室,其左腔室的油液经3L、2L流回储油箱。此时具有轻便的转向特性。而且施加在转向盘上的转向力矩越大,可变小孔1L、2L的开口面积越大,节流作用越小,获得的转向助力也越大。

随着车辆行驶速度的提高,ECU输出的控制信号使电磁阀的开度线性增加。如果向右转动转向盘,则转向油泵的高压油液经1L、3R旁通电磁阀流回储油箱。此时,转向动力缸右腔室的转向助力油压就取决于旁通电磁阀和灵敏度低的高速专用可变孔3R的开度。车速高时,电磁阀的开度大,旁路流量大,转向助力作用小;在车速不变的情况下,施加在转向盘上的转向力越小,高速专用小孔3R的开度越大,转向助力作用就越小,当转向力增大时,3R的开度逐渐减小,获得的转向助力也随之增大。

它利用直流电动机作为动力源,电子控制单元根据转向参数和车速等信号,控制电动机转矩的大小和转动方向。电动机的转矩由电磁离合器通过减速机构减速增矩后,加在汽车的转向机构上,使之得到一个与工况相适应的转向作用力。

电动式EPS按照其转向助力机构结构与位置的不同,又可分为转向轴助力式、转向器小齿轮助力式和齿条助力式三种形式。

① 电动式EPS的组成与原理

电动式EPS在机械转向机构的基础上,增加了电动式助力机构及转向助力控制系统。电动式EPS如图5.34所示。

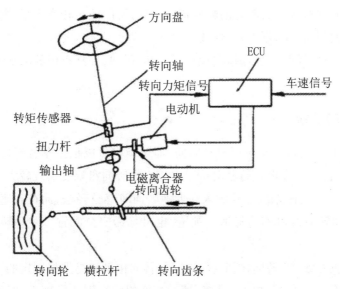

图 5.34 电动式 EPS

电动式 EPS 利用电动机作为助力源,ECU 根据车速、转向力及转向角等参数,计算得到最佳的转向助力转矩,并向转向助力机构输出控制信号,实现最佳的转向助力控制。

当操纵转向盘时,装在转向盘轴上的转向力矩传感器不断地检测转向轴上的转向力矩信号,该信号与车速信号同时输入到电子控制单元。电子控制单元根据这些输入信号,确定助力转矩的大小和方向,即选定电动机的电流大小和方向,调整转向辅助动力的大小。电动机的转矩由电磁离合器通过减速机构减速增矩后,加在汽车的转向机构上,使之得到一个与汽车工况相适应的转向作用力。

② 电动式 EPS 的特点

能耗低:电动式 EPS 只在转向时系统才工作,消耗的能量较少。因而与液压式动力转向系统相比,在各种行驶工况下均可节能 80%~90%。

轻量化显著:电动式 EPS 无液压式 EPS 必须具有的液压缸、油泵、转阀、液压管道等部件,因此其结构紧凑、重量减轻、无油渗漏问题、系统易于布置。

优化助力控制特性:液压助力的增减有一定的滞后性,反应敏感性较差,随动性不够。电动式 EPS 由于采用电子控制,可以使转向系统的转向性能得到优化,增强随动性。

系统安全可靠:当电动式 EPS 出现故障时,可立即切断电动机与助力齿轮机构的动力传送,迅速转入人工-机械转向状态。

2. PAWS 全轮精准转向技术

全轮精准转向技术主要应用于讴歌的旗舰车型 RLX,该系统的核心在于分置于左右后悬架中的电控执行机构,通过对动力总成、EPS、VSA 等提供的行驶信息进行分析,可独立调整两个后轮的前束角,最大调节范围在 2 度左右。其主要作用表现为:

① 直线行驶和紧急制动时,两个后轮的前束角为正,即两个后轮的前端向内收,形成"内八字",增强车辆直线行驶的稳定性。

② 转向或调头时,两个后轮与前轮的指向相反,帮助减小转弯半径,同时减少前驱车可能产生的转向不足,提高车辆的过弯性能。

③ 高速行驶中并线时,左右后轮与前轮的指向相同,提高车尾的随动能力,使并线的动作更敏捷、稳定。

3. 主动转向系统

主动式转向并不是指汽车可以自动转向,而是指它可以根据车速变化而不断改变转向系统中的传动比,使车辆在低速行驶时可以以较小的转向盘幅度实现较大的转向,而在高速行驶时则相反。主动转向系统让驾驶人在低速转向时感觉轻松,而在高速转向时感觉更加安全。因此,主动转向既可称为舒适性配置,也可称为安全配置。主动转向原理如图5.35所示。

在传统的转向系统中,转向盘和前轮之间的转向传动比是严格固定的,驾驶人的指令总是以相同的方式传递。如果转向很直接,那么在低速状态下非常理想,但不适合高速状态,因为在高速时,由于物理原因转向灵敏性会增加,此时就需要转向反应更为间接些,否则对安全行车不利。但在低速时,如果转向反应太间接,那么转向动作就会变得很费力,驾驶人要大幅度地转动转向盘。因此,传统的转向系统通常是对两种极端情况进行妥协的结果。

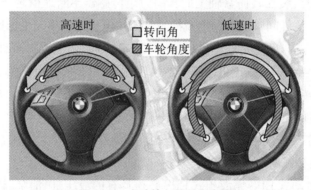

图5.35　主动转向原理示意图

未配备主动转向系统的车辆,通常需要转动转向盘三圈或三圈半才能把车轮从一个锁死位置打到另一个锁死位置;而配备主动式转向系统后,在低速时则可以把这个操作过程减少到一圈,在停车入位或调头、转急弯时驾驶人会感到较为轻松省力。

在崎岖的山路上行驶时,驾驶人驾驶配备传统转向系统的车辆就不得不交叉双臂转动转向盘,而驾驶装备主动转向系统的车则只需要把手臂保持原有恰当的位置,轻打转向盘即可通过急弯,不仅提高了驾驶舒适性,而且还提高了行驶安全性。

5.3.3　制动系统新技术

行车安全与制动系统的性能有着最直接的关系。随着汽车发动机的功率越来越大,汽车的行驶速度越来越快,汽车制动系统也在迅速发展。

1. 全电制动控制系统

全电制动不同于传统的制动系统,因为其传递的是电,而不是液压油或压缩空气,可以省去许多管路和传感器,缩短制动反应时间。

(1) 主要组成

① 电制动器:其结构和液压制动器基本类似,有盘式和鼓式两种,作动器是电动机。

② 电制动控制单元(ECU):接收制动踏板发出的信号,控制制动器制动;接收驻车制动信号,控制驻车制动;接收车轮传感器信号,识别车轮是否抱死、打滑等,控制车轮制动力,实现防抱死和驱动防滑。由于各种控制系统如卫星定位导航系统、自动变速系统、无级转向系统、悬架系统等的控制系统与制动控制系统高度集成,所以ECU还得兼顾这些系统的控制。

③ 轮速传感器:准确、可靠、及时地获得车轮的速度。

④ 线束:给系统传递能源和电控制信号。

⑤ 电源:为整个电制动系统提供能源,与其他系统共用。

(2) 全电制动控制系统的优点

① 整个制动系统结构简单,省去了传统制动系统中的制动油箱、制动主缸、助力装置、液压阀、复杂的管路系统等部件,使整车质量降低。

② 制动响应时间短,提高制动性能。

③ 无制动液,维护简单。

④ 系统总成制造、装配、测试简单快捷,制动分总成为模块化结构。

⑤ 采用电线连接,系统耐久性能良好。

⑥ 易于改进,稍加改进就可以增加各种电控制功能。

(3) 全电制动控制系统推广所面临的问题

全电制动控制系统是一个全新的系统,给制动控制系统带来了巨大的变革,为将来的车辆智能控制提供条件。但是,要想全面推广,还有不少问题需要解决。

首先是驱动能源的问题。全电路制动控制系统需要较多的能源,一个盘式制动器大约需要1 kW的驱动能量,目前车辆的12 V电力系统提供不了这么大的能量。因此,将来车辆的动力系统要采用高压电,加大能源供应,才可以满足制动能量要求,同时需要解决高电压带来的安全问题。

其次是控制系统失效处理。全电制动控制系统面临的一个难题是制动失效的处理,因此需要一个备用系统保证制动安全,不论是ECU元件失效,传感器失效还是制动器本身、线束失效,都能保证制动的基本性能。实现全电制动控制的一个关键技术是系统失效时的信息交流协议,如TTP/C。系统一旦出现故障,会立即发出信息,并确保信息传递不出现不可预测的信息滞后。TTP/C协议是根据TDMA制定的。

第三是抗干扰处理。车辆在运行过程中会遇到各种干扰信号,需要消除这些干扰信号造成的影响。目前存在多种抗干扰控制系统,基本上分为两种,即对称式和非对称式抗干扰控制系统。

随着技术的进步,上述的各种问题会逐步得到解决,全电制动控制系统会真正代替传统的以液压为主的制动控制系统。

2. 自动驻车系统

自动驻车系统(如图5.36所示)使驾驶者在车辆停下时不需要长时间刹车,在启动自动电子驻车制动的情况下,能够避免车辆不必要的滑行。

简单地讲,自动驻车的作用就是使车辆不会溜车,特别适用于上下坡以及频繁起步停车时。自动驻车系统与电子手刹(EPB)共同构成一套智能的刹车控制系统,从而将行车过程中的临时性制动和停车后的长时性制动功能整合在一起,并且由电子控制方式实现停车制动。

电子手刹是一项通过电子控制方式实现停车制动的技术。其工作原理与机械式手刹相同,均是通过刹车盘与刹车片产生的摩擦力来实现停车制动,只不过控制方式从之前的机械式手刹拉杆变成了电子按钮。在功能上将刹车控制系统从基本的驻车功能延伸到自动驻车功能。

图5.36 自动驻车系统图示

自动驻车系统功能的实现,并不是简单使用电子手刹来完成的。刹车管理系统通过电子手刹(EPB)的扩展功能来实现对四轮刹车的控制。或者说,自动驻车系统是电子手刹(EPB)的一种扩展功能,由ESP部件控制。

当车辆临时停驻,并且在很短一段时间之后就需要重新启动时,驻车就交由ESP控制刹车来完成,ECU会通过一系列传感器来测量车身的水平度和车轮的扭矩,对车辆溜动趋势进行判定,并对车轮实施一个适当的刹车力度,使车辆静止。这个刹车力度刚好可以阻止车辆移动,并不会太大,以便再次踩油门前行时,不会有太严重的前窜动作。在临时驻车超过一定时限后,刹车系统会转为后轮机械驻车(打开电子手刹),来代替之前的四轮液压制动。当车辆欲将前行时,电子系统会检测油门的踩踏力度,以及手动挡车型的离合器踏板的行程,来判定刹车是否解除。

传统的手刹在斜坡起步时需要依靠驾驶者通过手动释放手刹以及熟练地油门、离合配合来舒畅起步。而自动驻车系统能够通过控制器给出准确的驻车力,在启动时,驻车控制单元通过计算分析离合器距离传感器、离合器啮合速度传感器、油门踏板传感器等提供的信息,当驱动力大于行驶阻力时自动释放驻车制动,使汽车能够平稳起步。聪明的自动驻车系统可使车辆在等红灯或上下坡停车时自动启动四轮制动,即使在D挡或是N挡,也无需一直脚踩刹车或使用手刹,车子始终处于静止状态。当需要解除静止状态时,也只需轻点油门即可解除制动。这一配置对于那些经常在城市里走走停停的车主来说确实实用,同时也减少了大家由于麻痹大意造成的一些不必要的事故。

3. ABS系统

ABS防抱死制动系统,通过安装在车轮上的传感器发出车轮将被抱死的信号,控制器指令调节器降低该车轮制动缸的油压,减小制动力矩,经一定时间后,再恢复原有的油压,如此不断循环(每秒可达5～10次),始终使车轮处于转动状态而又有最大的制动力矩。

没有安装ABS的汽车,在行驶中如果用力踩下制动踏板,车轮转速会急速降低,当制动力超过车轮与地面的摩擦力时,车轮就会被抱死,完全抱死的车轮会使轮胎与地面的摩擦力下降,如果前轮被抱死,驾驶员就无法控制车辆的行驶方向,如果后轮被抱死,就极易出现侧滑。

值得提醒的是,在遇到紧急情况时,制动踏板一定要踩到底,才能激活ABS,这时制动踏板会有一些抖动,有时还会有一些声音,但也不能松开,这表明ABS开始起作用了。

通常在干路面上,最新的ABS系统能将滑移率控制在5%～20%的范围内,但并不是所有的ABS都以相同的速率或相同的程度来进行制动。尽管四轮防抱死制动系统能使汽车在尽可能短的距离内进行制动,但如果制动进行得太迟,使之在与障碍物碰撞前不能完全停下来,仍不能阻止事故的发生。

5.3.4 行驶系统新技术

1. 一体式底盘管理系统

一体式底盘管理系统(ICM)的主要作用是协调底盘和悬架系统之间的配合,它通过评估众多传感器的信号并集中分析车辆的驾驶特性,可以在瞬间精确协调传动轴和悬架的配合,让驾驶人在各种驾驶条件下始终都能获得极高的稳定性。如后面将要介绍的动态驾驶控制等,就是在ICM的大力协助下实现的。

无论在什么场合、什么时间,一体式底盘管理系统可以确保传动系和悬架功能在几毫秒内达到完全和谐,提供最大的稳定性和优异的性能。即使行驶条件发生突变,比如出现自发转向、突然加速与制动时,ICM也能以最大的精确性使xDrive、动态稳定控制(DSC)、动态驱动力分配系统以及主动转向系统做出反应。当然,这种干预的性质与范围都是经过预先设计的,不仅能保证最大的行驶稳定性,还能保证最佳的动态性能。

2. 敏捷操控系统

敏捷操控系统是奔驰对装备在C级轿车上悬挂软硬调节的称呼,它可以根据路况来调整悬挂的软硬,以达到最佳的舒适性及操控性。在正常行驶并且减震器脉冲较低时,阻尼力自动降低,从而显著提高乘坐的稳定性,而且不影响操控安全性;当减震器脉冲较大时,例如在高速转弯或躲避障碍时,系统设置为最大阻尼力,从而有效地保持车辆的稳定性。

敏捷操控系统是一项纯粹的液压机械技术,不需要复杂的传感器或电子系统。这项技术主要基于减震器连杆中的一个旁通管,以及在单独油腔中运动的一个控制活塞,其工作原理如图5.37所示,在减震器脉冲较低时,控制活塞迫使减震器油通过旁通管,在减震阀产生非常小的阻尼力,"更柔和的"减震器特性造就了乘坐稳定性。

如果减震器受到较高的脉冲时,控制活塞移向其端部,这时减震器油不再流过旁通管。此时系统能够提供最大的减震效果。

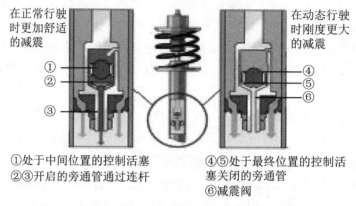

①处于中间位置的控制活塞
②③开启的旁通管通过连杆
④⑤处于最终位置的控制活塞关闭的旁通管
⑥减震阀

图5.37 敏捷操控系统悬挂工作原理

3. 悬架系统新技术

汽车悬架是汽车的重要组成部分,其作用有二:一是尽量保持车轮与地面的接触;二是减少震动,提高乘坐的舒适度。悬架包括弹性元件,减震器和传力装置等三部分,这三部分分别起缓冲、减震和力的传递作用。弹性元件多指螺旋弹簧,它能承受垂直载荷、缓和及抑制不平路面对车体的冲击,具有占用空间小、质量小、无需润滑的优点。减震器主要指液力减震器,是为了加速衰减车身的震动,它是悬架机构中最精密和复杂的机械件。传力装置是指车架的上下摆臂等叉形刚架、转向节等元件,用来传递纵向力、侧向力及力矩,并保证车轮相对于车架(或车身)有确定的相对运动规律。

悬架的分类方法有许多种,从结构上分,分成独立和非独立悬架。

（1）非独立悬架

非独立悬架又称硬轴式悬架,它是最早出现的一种悬架形式,其车轮装在一根整体相连的车轴的两端,当一边车轮跳动时,由于车轮两边是硬性连接,就会使另一侧车轮也相应跳动,使整个车身震动或倾斜,汽车的平稳性和舒适性较差。但由于它构造较简单,承载力大,目前仍有许多商用车、皮卡、越野车及部分轿车的后悬架采用这种形式。

从减震材料上分,非独立悬架有钢板弹簧式、螺旋弹簧式和空气式非独立悬架。

① 钢板弹簧式

钢板弹簧式非独立悬架(如图5.38所示)是很多载重商业车辆使用的悬架形式,钢板弹簧被用作非独立悬架的弹性元件,由于它兼有导向机构的作用,使得悬架系统大为简化。由于载重负荷高、成本低廉、结实可靠,这种悬架广泛用于货车的前、后悬架中。它中部用U型螺栓将钢板弹簧固定在车桥上。悬架前端为固定铰链,也叫死吊耳。它由钢板弹簧销钉将钢板弹簧前端卷耳部与钢板弹簧前支架连接在一起,前端卷耳孔中为减少磨损装有衬套。后端卷耳通过钢板弹簧吊耳销与后端吊耳与吊耳架相连,后端可以自由摆动,形成活动吊耳。当车架受到冲击弹簧变形时,两卷耳之间的距离有变化的可能。

图 5.38　钢板弹簧式非独立悬架

为了提高汽车的平顺性,有些轻型货车采用主簧下加装副簧,实现渐变刚度钢板弹簧。如南京汽车工业公司引进的依维柯后悬架。其主簧由厚度为9 mm的4片(或3片)组成,副簧由厚度为15 mm的2片(或3片)钢板组成,从而形成渐变刚度钢板弹簧。在小载荷状况时,仅主簧起作用,而当载荷增加到一定值时,主簧与副簧接触,共同发挥作用,悬架刚度得到提高,弹簧特性变为非线性的,当副簧全部参加工作后,弹簧特性又变成线性的。这类悬架的特点是副簧逐渐随载荷增加而参加工作,因此悬架刚度的变化平稳,改善了汽车行驶的平顺性能。

② 螺旋弹簧式

螺旋弹簧非独立悬架(如图5.39所示)是一种复合式悬架,装有该类后悬架的轿车,其后桥的结构形式对后悬架的刚度特性有重要影响。因为螺旋弹簧作为弹性元件,只能承受垂直载荷,所以其悬架系统要加设导向机构和减震器。采用螺旋弹簧、空气弹簧(主要用于商用车上)的非独立悬架都必须设置能约束车轴运动的导向杆。螺旋弹簧非独立悬架多见于皮卡、越野车和一些廉价小轿车的后桥上。

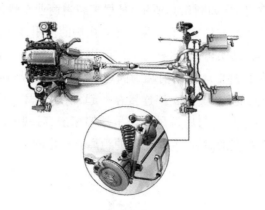

图5.39 螺旋弹簧式非独立悬架

  绝大部分乘用车悬架都是螺旋式弹簧和筒形减震器的组合,螺旋弹簧是缓冲元件,因形似螺旋线而得名,它具有不需润滑、不怕污垢、重量小且占空间少的优点。当路面对轮子的冲击力传到螺旋弹簧时,螺旋弹簧产生变形,吸收轮子的动能,转换为螺旋弹簧的位能(势能),从而缓和了冲击对车身的影响。但是,螺旋弹簧本身不消耗能量,储存了位能的弹簧将恢复原来的形状,把位能重新变为动能。如果单独使用弹簧而没有消震元件,一些轻型汽车就会像杂技演员跳"蹦蹦床"一样,受到一次冲击后连续不断地上下运动。

  减震器形似筒状,是一种消震元件。它利用本身的油液流动的阻力来消耗震动的能量。当减震器内的油缸活塞受外力作用移动时,油液高速流经阻尼孔道,通过摩擦消耗动能,将其转换为热量,从而使地面对汽车的冲击作用减弱直至消失。但是,能量的消耗是需要时间的,要产生有效的摩擦,孔道必须做得很小,由于单位时间流过的液体有限,产生的摩擦损耗也有限,减震器不能在短时间内消除震动。如果单独使用减震器而没有缓冲元件,地面冲击的作用将直接加在车身上,使乘员不堪忍受。减震器能迅速衰减车身的震动,利用本身的油液流动的阻力来消耗震动的能量。当车架与车轴相对运动时,减震器内的油液会通过一些窄小的孔、缝等通道反复地从一个腔室流向另一个腔室,这时孔壁与油液间的摩擦和油液内的分子间的摩擦形成了对车身震动的阻力,这种阻力工程上称为阻尼力。阻尼力会将车身的震动能转化为热能,并被油液和壳体所吸收。人们为了更好地实现轿车的行驶平稳性和安全性,将阻尼系数不固定在某一数值上,而是能随轿车运行的状态而变化,使悬架性能总是处在最优的状态。因此,有些轿车的减震器是可调式的,将阻尼分成两级或三级,根据传感器信号自动选择所需要的阻尼级。

  因此,螺旋弹簧与减震器组合使用是一种力学上的巧妙组合,充分利用二者的特点,能够即时缓冲地面的冲击,并在螺旋弹簧几个来回过程中拖动减震器活塞,驱动油液把大部分震动能量吸收掉,使汽车迅速平稳下来。

  ③ 空气式

  汽车在行驶时由于载荷和路面的变化,要求悬架刚度也随之变化。当空车时车身抬高,满载时车身则被压低。如以舒适性为先的大客车,其空车与满载时的车身载重变化较大,而且要求在好路上降低车身高度,提高车速行驶;在坏路上提高车身,增大通过能力。因而要求车身高度能随使用要求调节。空气弹簧非独立主动悬架则可以满足此要求。

（2）独立悬架

① 麦弗逊悬架

麦弗逊悬架（如图5.40所示）是独立悬架的一种，它是由工程师Mcpherson发明的，麦弗逊是美国伊利诺斯州人，1891年生。大学毕业后他曾在欧洲搞了多年的航空发动机，并于1924年进入了通用汽车公司的工程中心。20世纪30年代，通用的雪佛兰分部想设计一种真正的小型汽车，总设计师就是麦弗逊。他对设计小型轿车非常感兴趣，目标是将这种四座轿车的质量控制在0.9吨以内，轴距控制在2.74米以内，设计的关键是悬架。麦弗逊一改当时盛行的板簧与扭杆弹簧的前悬架方式，创造性地将减震器和螺旋弹簧组合在一起，装在前轴上。实践证明这种悬架形式构造简单、占用空间小，而且操纵性很好。后来，麦弗逊跳槽到福特，1950年福特在英国的子公司生产的两款车，是世界上首次使用麦弗逊悬架的商品车。麦弗逊悬架由于构造简单、性能优越的缘故，至今还有很多汽车在使用。

麦弗逊悬挂通常由两个基本部分组成。支柱式减震器和A（或L型）字形托臂。之所以叫减震器支柱是因为它除了减震还有支撑整个车身的作用，它的结构很紧凑，把减震器和减震弹簧集成在一起，组成一个可以上下运动的滑柱。下托臂通常是A字形的设计，用于给车轮提供部分横向支撑力，以及承受全部的前后方向应力。整个车体的重量和汽车在运动时车轮承受的所有冲击就靠这两个部件承担。所以麦弗逊悬架的一个最大设计特点就是结构简单，好处是悬挂重量轻和占用空间小。我们知道，汽车悬挂属于运动部件，运动部件越轻，那么悬挂响应速度和回弹速度就会越快，所以悬挂的减震能力也就越强。而且悬挂质量减轻也意味着弹簧质量减轻，那么在车身重量一定的情况下，舒适性也越好。占用空间小带来的直接好处就是设计师能在发动机舱布置下更大的发动机，而且发动机的放置方式也能随心所欲。在中型车上能放下大型发动机，在小型车上也能放下中型发动机，让各种发动机的匹配更灵活。同时它也有很多不足，如稳定性差、抗侧倾和抗制动点头能力弱，虽然增加稳定杆以后有所缓解但无法从根本上解决；耐用性相对较差，减震器容易漏油需要定期更换。

图5.40 麦弗逊悬架

② 双摇臂悬架

双摇臂悬架(如图5.41所示)是独立悬架的一种,也叫双叉骨、双愿骨悬架。为什么有双愿骨这个名字呢?西方过圣诞节的时候,人们喜欢吃火鸡,在吃的时候要对火鸡上的一根骨头许个愿,这条有点像A字的骨头就叫愿骨。双摇臂悬架上的A字形摇臂与这根愿骨比较相像,所以又叫双愿骨。

双摇臂悬架拥有上下两个不等长的摇臂,双摇臂的臂可做成A字形或V字形。V形臂的上下2个V形摆臂以一定的距离分别安装在车轮上,另一端安装在车架上。横向力由两个摇臂同时吸收,支柱只承载车身重量,因此横向刚度大。由于上下摇臂不等长(上长下短),车轮在上下运动时能自动改变外倾角并且减小轮距变化,上臂比下臂运动弧度小,可减小轮胎磨损,并且也能自适应路面,轮胎接地面积大,贴地性好。但是由于多了一个上摇臂,所以需要占用较大的空间,因此小型车的前桥一般布置不下此种悬架。双摇臂悬架是大型轿车、越野车和城市休闲SUV前悬架常用的设计。这种设计相对麦弗逊式设计在稳定性、适应性上要更出色,使用寿命也大大提升。此结构设计使得减震支柱不承受横向力,提高了汽车行驶平顺性和方向稳定性。但任何结构设计的优势都不是绝对的,相对麦弗逊设计它的结构更加复杂,相应速度、灵敏性相对较低,乘坐舒适性打了折扣。

图5.41 双摇臂悬架

③ 多连杆悬架

多连杆悬架(如图5.42所示)属于独立悬架,它是一种较先进、复杂、精确的悬架系统。所谓多连杆悬架,顾名思义就是通过各种连杆配置把车轮与车身相连的一套悬架机构。而连杆数量在3根以上才称为多连杆,目前主流的连杆数量为4或5根。因此其结构要比双摇臂式和麦弗逊式复杂很多。我们知道,双摇臂悬架是通过上下两个控制臂对车轮进行定位的。由于控制臂仅能做上下方向的浮动,通过对控制臂长度的设计配置可以达到动态控制车轮外倾角的目的,从而提高汽车转弯时的操控性能。但对于转向轮和随动轮来说,仅仅靠控制外倾角来提高适应弯道的性能显然是有限的。在四轮定位参数中除了外倾角,前束角也是影响弯道操控的重要参数,那么怎么样才能像控制外倾角一样动态控制前束角呢?这一点双摇臂可以做到,但提高的性能非常有限。

多连杆悬架能使车轮绕着与汽车纵轴线成二定角度的轴线内摆动,能满足不同的使用性能要求。它通过不同的连杆配置,使悬挂在收缩时能自动调整外倾角、前束角,并使后轮获得一定的转向角度。其原理就是通过对连接运动点的约束角度设计使得悬挂在压缩时能主动调整车轮定位,而且这个设计自由度非常大,能完全针对车型做匹配和调校。因此多连杆悬挂能最大限度地发挥轮胎抓地力从而提高整车的操控极限。但由于结构复杂,成本也高,无论是研发实验成本还是制造成本都是最高的,但性能是所有悬挂设计中最好的。

多连杆悬架能实现双摇臂悬架的所有性能,然后在双摇臂的基础上通过连杆连接轴的约束作用使得轮胎在上下运动时前束角也能相应改变,这就意味着弯道适应性更好,如果用在前驱车的前悬挂,可以在一定程度上缓解转向不足,给人带来精确转向的感觉;如果用在后悬挂上,能在转向侧倾的作用下改变后轮的前束角,这就意味着后轮可以一定程度地随前轮一同转向,达到舒适操控两不误的目的。跟双摇臂悬架一样,多连杆悬挂同样需要占用较多的空间,而且多连杆悬挂无论是制造成本还是研发成本都是最高的,所以常用在中高级车的后桥上。而前后都用多连杆的悬架则在奔驰的轿车系列较为常见。

所以总的来说,现在最经济适用、性价比最高的前独立悬挂是麦弗逊悬架,能做高性能调校和匹配的悬挂是多连杆和双摇臂悬架。结构最复杂、实现性能最多的是多连杆悬架。但由于后两者在结构上使其质量较重,所以为了达到更好的响应速度常用铝合金打造,使成本相对较高(特别是多连杆悬架)。

图5.42　多连杆独立前悬架

任务5.4　未来汽车

5.4.1　燃料多样化

汽车发展已经有一百多年历史了,它的动力源主要是内燃机,但是内燃机的缺陷是效率较低,只有20%～30%。目前内燃机使用的能源也愈显紧张,而且汽车带来的污染也已成为世界一大"公害",再加上化石能源的有限性,这就对未来汽车动力来源提出了新的要求。

1. 电动汽车

电动汽车利用蓄电池存储的能量使电动机转动,并将转动力传递给车轮,驱动车辆行驶。电动汽车和内燃机汽车一样历史悠久,它诞生于19世纪70年代。1873年英国人罗伯特·戴维森研制成功第一辆具有实用价值的用蓄电池驱动的电动车。电动车没能得到发展,是因为当时蓄电池能量密度低、使用寿命短、充电时间长、续航里程短。而汽油车轻便、快捷、舒适,一次加油能连续行驶400~500 km。近年来,人们所关注的电动汽车和早期的电动车有所不同,它是指从车载电源获取电力,以电动机驱动车辆行驶,同时满足道路交通安全法规等各项要求的电动汽车。

现代电动汽车是全部或部分由电能驱动电动机作为动力系统的汽车,它包括纯电动汽车、混合动力电动汽车、燃料电池电动汽车、太阳能电动汽车等几种类型。

（1）纯电动汽车

纯电动汽车(如图5.43所示)是完全由可充电电池(如铅酸电池、镍镉电池、镍氢电池或锂离子电池)提供动力源的汽车,它由电力驱动及控制系统、驱动力传动系统等组成。电力驱动及控制系统是汽车的核心,也是区别于内燃机汽车最大的不同点。电力驱动及控制系统由电源、驱动电动机和电动机的调速控制装置等组成。电动汽车的其他装置基本与内燃机汽车相同。

图5.43　蔚来ES6纯电动汽车

纯电动汽车是目前可以达到零排放标准的机动车,它具有节能、污染小、能在特殊环境下使用、操作方便、噪声小等优点。目前纯电动汽车用的电池性能还不理想,一次充电后汽车持续行驶里程短,充电、维修等基础设施还不完善。

（2）插电式混合动力汽车

混合动力电动汽车是由两种不同动力驱动的汽车(如图5.44所示)。目前混合动力汽车主要由内燃机、电动机、电池、电控单元、车用辅助设备等组成。两种动力可以并联,也可以串联。混合动力汽车既有内燃机良好的动力性及长行驶里程的优点,也有电动机零排放、低噪声及节约石油能源等优点。

图5.44 比亚迪唐DM插电式混合动力汽车

(3) 燃料电池电动汽车

燃料电池电动汽车是采用燃料电池作为电源的汽车。燃料电池是通过电化学反应将燃料的化学能直接转变为电能的高效率发电装置。燃料可以是氢气、甲醇、石油气、甲烷等。目前,大多数燃料电池电动汽车使用压缩氢气或液态氢气作为燃料。图5.45所示为现代氢能汽车。

图5.45 现代氢能汽车NEXO

2. 燃气汽车

燃气汽车按使用燃料不同、燃料的使用形态不同和使用方法不同,可分为天然气汽车和液化石油气汽车。其中,天然气汽车包括液化天然气汽车、压缩天然气汽车、吸附天然气汽车和液化石油气汽车。

(1) 液化天然气汽车

液化天然气汽车是指以-162 ℃左右低温液化并储存在车载绝热气瓶中的天然气作为燃料的汽车,如图5.46所示。

图5.46 解放JH6车型(LNG)

（2）压缩天然气汽车

压缩天然气汽车是指以多级加压压缩到20 MPa左右并储存在车载高压气瓶中的气态天然气作为燃料的汽车，如图5.47所示。

图5.47 大众压缩天然气汽车

（3）吸附天然气汽车

吸附天然气汽车是指利用以中压状态储存在吸附罐内活性炭中的天然气作为燃料的汽车。

（4）液化石油气汽车

液化石油气汽车是指以储存在车载气瓶中的液化石油作为燃料的汽车。

3. 醇燃料汽车

醇类燃料可以与汽油或柴油按一定比例配制成混合燃料，亦可直接作为发动机的燃料。与汽油相比，醇类燃料具有较高的输出效率，能耗量折合油耗量较低，由于燃烧充分、有害气体排放较少，属于清洁能源。甲醇主要从煤和石油中提炼，若规模生产，成本不高于汽油；乙醇一般利用谷物和野生植物生产，成本较低。西方一些国家开始使用醇类燃料与汽油掺混使用，掺混比例在5%～15%以下时，可不更改发动机结构。更大比例掺混燃料处于研究试验阶段。醇类燃料推广的主要困难是甲醇产量较低，成本稍高；甲醇有毒，公众不易接受；冷启动困难，具有较强腐蚀性等。随着技术的进步，醇类燃料将有很大的发展空间。

5.4.2 汽车智能化

在汽车智能化上,新的智能技术层出不穷,如平视显示器(如图5.48所示)和夜视系统。HUD可以直接在玻璃上显示相关的图像和数据,能保证驾驶员视线不用离开路面来观察仪表盘。通过夜视系统可以将物体发出的热量转换成为人类肉眼可见的图像,结合HUD显示功能让夜间驾驶变得安全可控。这些只是未来汽车智能化的冰山一角,未来的汽车应该是智能网联汽车。

图5.48 增强现实平视显示器

1. 智能网联汽车的定义

智能网联汽车是指汽车联网与智能化的有机联合,是搭载先进的车载传感器、控制器、执行器等装置,并融合现代通信与网络技术,实现车与人、车、路、后台等智能信息交换共享,实现安全、舒适、节能、高效行驶,并最终可替代人来操作的新一代汽车,如图5.49所示。

2021年2月24日印发的《国家综合立体交通网规划纲要》,提出建设融合感知平台,推动智能网联车与现代数字城市协同发展。

图5.49 未来智能网联汽车的想象图

2. 智能网联车的技术架构

智能网联汽车集中运用了计算机、现代传感、信息融合、模式识别、通信网络及自动控制等技术,是一个集环境感知、规划决策和多等级驾驶辅助等于一体的高新技术综合体,拥有相互依存的价值链、技术链和产业链体系。

（1）智能网联汽车的价值链

如果说车联网在汽车安全、节能、环保方面的价值是间接的、基础性的,那么智能汽车在提高行车安全、减轻驾驶员负担方面的核心价值则是直接的、显而易见的,并有助于节能和环保。研究表明,在智能汽车的初级阶段,通过先进智能驾驶辅助技术有助于减少50%~80%的道路交通安全事故。在智能汽车的终极阶段,即无人驾驶阶段,甚至可以完全避免交通事故,把人从驾驶过程中解放出来,这也是智能汽车最吸引人的价值魅力所在。

（2）智能网联汽车的技术链

智能网联汽车的技术体系由传感、决策、控制、通信定位及数据平台等关键技术组成,主要包括以下几个方面:

① 先进传感技术,包括利用机器视觉的图像识别技术,利用雷达（激光、毫米波、超声波）的周边障碍物检测技术,利用柔性电子/光子器件检测和监控驾驶员生理状况的技术等。

② 通信定位和地图技术（DSRC、3G/4G/5G、GPS/北斗）,包括数台智能网联汽车之间信息共享与协同控制所必需的通信保障技术、移动自组织网络技术、高精度定位技术、高精地图及局部场景构建技术。

③ 智能决策技术,包括危险事态建模技术、危险预警与控制优先级划分技术、多目标协同技术、车辆轨迹规划技术、驾驶员多样性影响分析、人机交互系统等。

④ 车辆控制技术,包括基于驱动、制动系统的纵向运动控制,基于转向系统的横向运动控制,基于悬架系统的垂向运动控制,基于驱动、制动、转向、悬架的底盘一体化控制,以及利用通信及车载传感器的车队列协同和车路协同控制等。

⑤ 数据平台技术,包括非关系型数据库架构、数据高效存储和检索、大数据的关联分析和深度挖掘、云操作系统、信息安全保障机制等。

（3）智能网联汽车的产业链

智能网联汽车产业链主要包括以下几个方面:

① 先进传感器厂商:能够开发和供应先进的传感器系统,包括机器视觉系统、雷达系统（激光、毫米波、超声波）等。

② 汽车电子供应商:能够提供智能驾驶技术研发和集成供应的企业,如自动紧急制动（AEB）、自适应巡航（ACC）等。

③ 整车企业:提出产品需求,提供智能汽车平台,开放车辆信息接口,进行集成测试。

④ 车联网相关供应商:包括通信设备制造厂商、通信服务商、平台运营商及内容提供商等。

3. 智能网联车的发展阶段

从发展的角度来看,智能汽车将经历初级阶段(即辅助驾驶)和终极阶段(即完全替代人的无人驾驶)。美国高速公路安全管理局将智能汽车定义为以下5个层次。

（1）无智能化(层次0)

由驾驶员时刻完全地控制汽车的原始底层结构运行,包括制动器、转向器、油门踏板等。

(2) 具有特殊功能的智能化(层次1)

该层次汽车具有一个或多个特殊自动控制功能,通过警告防范车祸的发生,可称之为辅助驾驶阶段。这一阶段的许多技术大家并不陌生,如车道偏离警告系统(LDW)、正面碰撞警告系统(FCW)和盲点信息系统(BLIS)。

(3) 具有多项功能的智能化(层次2)

该层次汽车具有将至少两个原始控制功能融合在一起实现的系统,完全不需要驾驶员对这些功能进行控制,可称之为半自动驾驶阶段。这个阶段的汽车会智能地判断驾驶员是否对警告的危险状况做出响应,如果没有,则替驾驶员采取行动,如紧急自动刹车系统(AEB)、紧急车道辅助系统(ELA)。

(4) 具有限制条件的无人驾驶(层次3)

该层次汽车能够在某个特定的驾驶交通环境下让驾驶员完全不用控制汽车,汽车可以自动检测环境的变化以判断是否返回驾驶员驾驶模式,可称之为高度自动驾驶阶段。目前,谷歌无人驾驶汽车基本处于这个层次。

(5) 全工况无人驾驶(层次4)

该层次汽车能够完全自动控制车辆,全程检测交通环境,能够实现所有的驾驶目标,驾驶员只需提供目的地或者输入导航信息,在任何时候都不需要对车辆进行操控,可称之为完全自动驾驶阶段或者无人驾驶阶段。

复习思考题

1. 汽车的主动安全技术有哪些?安全带属于主动安全技术还是被动安全技术?
2. 简要说说主动刹车的技术原理。
3. 简单介绍行人碰撞保护系统。
4. 缸内直喷的燃油压力够吗?比歧管喷射的发动机多了什么元件?
5. 缸内直喷发动机的优点有哪些?
6. 简要说明涡轮增压和机械增压的优缺点。
7. 可变气门正时的作用是什么?
8. 可变进气歧管改变的是进气歧管的什么?
9. 为什么要进行汽车轻量化?
10. 汽车轻量化发展方向有哪些?

汽车名人：亨利·福特

当他来到人世时，这个世界还是马车时代。当他离开人间时，这个世界已经成了汽车的世界。他为大众造车，大众是他的受益者。他就是亨利·福特。

1863年7月30日的清晨，亨利·福特出生在美国底特律南郊迪尔本镇一个富裕的农场主之家。

12岁时亨利·福特花了很多时间建立了一个自己的机械坊，15岁时他就亲手造了一台内燃机。

1879年他离开家乡去底特律做机械师学徒工，学成后他进入西屋电气公司。

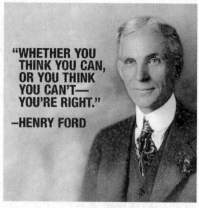

亨利·福特

1891年亨利·福特成为爱迪生照明公司的一个工程师。

1896年6月4日亨利·福特把他亲手打造的第一辆"汽车"——一部手推车车架装在四个自行车车轮上的四轮车开上了底特律大街。

1898年亨利·福特辞职离开爱迪生照明公司，创立了底特律汽车公司。

1900年这家汽车公司在生产了25辆汽车后破产倒闭了。

1903年福特汽车公司在底特律麦克大道的一间窄小的租赁车间中宣告成立。

1903年至1908年间，亨利·福特和他的工程师们狂热地制造了19款车型。

1908年福特的公司生产出了世界上第一辆属于普通百姓汽车——T型车。

1913年福特汽车公司首先使用了大规模流水线生产方式。由此，世界上第一条汽车总装线诞生了。

1914年福特安装了第一条自动传送带，那是工业企业使用的第一条自动线。

1947年4月7日晚上亨利·福特因突发脑出血病逝于家中。

半个世纪之后，《财富》杂志称其为"20世纪最伟大的企业家"。在福布斯"有史以来最有影响力的20位企业家"排行榜中，他的名字列在榜首。

 任务工单

汽车技术与未来

项目		班级	
姓名		学号	
小组		日期	

1. 实训要求：
(1) 请理解主动安全和被动安全的区分标准。
(2) 汽车配置主动安全技术和被动安全技术能够确保行驶安全吗？
(3) 请列举10项汽车安全技术。
(4) 汽车配置丰富的主动安全技术和被动安全技术，能够做到智能驾驶吗？
2. 实训实施：

自我评价	小组互评	老师评价

项目6 汽车造型与色彩——走马观"车"

1. 了解影响汽车造型的三个因素及其在汽车造型发展演变过程中的作用。
2. 了解汽车车身造型的演变历史。
3. 了解色彩的基本知识及汽车色彩与使用安全的关系。
4. 从营销的角度理解汽车色彩对于汽车营销的影响。

汽车不仅是现代化的交通工具,也是现代社会的一种装饰品,是流动的艺术品,它优美的造型和靓丽的色彩给人们带来美的享受。汽车造型要满足汽车高速、安全和舒适等基本要求;汽车的色彩是汽车外表包装和品牌识别的标志,同时也包含着消费心理、文化背景、个性风格等因素。色彩能美化产品和环境,满足人们的审美要求。优美的色彩设计能够提高产品的外观质量和增强产品的市场竞争力。

任务6.1 汽车造型

1885年卡尔·本茨成功制造出一辆装有汽油发动机的三轮车,拉开了现代汽车史的帷幕。在此后的一百多年内,汽车无论从车身造型,还是从动力源或底盘、电气设备来讲,都有了翻天覆地的变化。其中最富特色、最具直观的当数车身造型的演变。

良好的汽车造型设计是空气动力学和美学的完美结合,它不仅能够提高汽车的空气动力学特性,提高燃油经济性和动力性能,而且能够适应消费者的审美意愿,刺激消费。因此,在市场竞争中,汽车造型设计发挥着重要作用,较高的汽车销量往往与优秀的汽车造型设计相关联。60多年前,美国通用汽车总经理阿尔佛得·斯隆就曾预言:"未来是外观设计的时代,它的最大作用莫过于刺激消费。"

6.1.1 影响汽车造型的因素

影响汽车造型有三个因素,即机械工程学、人体工程学和空气动力学。其中,机械工程学影响汽车的动力性与操纵稳定性；人体工程学影响汽车驾乘人员的安全性与舒适性；空气动力学影响汽车的动力性。前两个因素在决定汽车构造的基本骨架上具有重要意义，特别是设计初期，受这两个要素的制约更大。汽车造型的演变就是三者协调发展的结果。要使汽车具有行驶功能，必须安装发动机、变速器、车轮、制动器、散热器等装置，而且要考虑把这些装置安装在车体的哪个部位才能使汽车更好地行驶，具有更好的动力性和更好的操纵稳定性，这就是机械工程学。人体工程学要求驾乘人员有足够的活动空间，驾驶方便，并尽量扩大驾驶员的视野，具有良好的舒适性；高速行驶的汽车，肯定会受到空气阻力。空气阻力的大小，大致与车速的平方成比例增加。因此，必须在车身外形上下工夫，尽量减少空气阻力，这就是空气动力学研究的范畴。

当然，汽车造型设计还要考虑其他因素。例如，商品学要素对汽车的造型设计也有一定的影响。从制造厂商的角度出发，外形能强烈刺激顾客购买欲的汽车是最为有利的。但是无视或轻视前面所述的三个基本要素，单纯取媚于顾客的汽车造型是不长久的，终究要被淘汰。此外，一个国家、一个厂家，乃至一个外形设计者都有各自的特色，这对汽车造型也有不小的影响。比较美国和意大利的汽车造型，就能感受到两国风土人情和传统方面的差异。同一国家的不同厂家，也各具自己的风格。但这都不是决定汽车造型的根本因素，只不过是表现手法上的不同。

要将上述三个因素完美地体现在一辆汽车上是相当困难的。例如，仅仅考虑汽车能行驶，即机械工程学，就可能把坐席置于发动机上面，但驾驶员操作不便；如果把汽车设计得像一座住宅装上四个轮子，虽然宽敞、舒适，但空气阻力太大，不可能高速行驶；如果把汽车设计成皮艇那样的外形，空气阻力虽然很小，但又存在发动机往哪里放、人怎样驾驶等问题。尽管困难很多，但自汽车问世以来，人们就一直在追求理想造型。

到20世纪前半期，汽车的基本构造已基本成熟，汽车设计者们开始着手从汽车外部造型上进行改进，并相继引入了空气动力学、流体力学、人体工程学以及工业造型设计(工业美学)等概念，力求让汽车能够从外形上满足各种年龄、各种阶层、甚至各种文化背景的人的不同需求，使汽车成为科学与艺术结合的完美产品。

6.1.2 汽车造型的演变

汽车诞生一百多年来，汽车造型经历了马车形、箱形、流线形、船形、鱼形、楔形和子弹头形等演变过程。

1. 马车形汽车

汽车诞生时，人们的主要精力集中在动力的更换上，汽车的外形被忽视，仍沿用了马车造型，如图6.1所示。英国早期生产的一种汽车甚至还专门设计了一个相当于马车上挂马鞭的钩子。当时人们将汽车称为无马的"马车"，汽车还没有自己的造型风格。

图6.1　1893年的马车形汽车

卡尔·本茨的第一辆三轮汽车和戴姆勒的第一辆四轮汽车不但是马车型,还是无篷车。早期的汽车没有车篷是有原因的。首先,人们感到能有一辆不用马拉的车已经很不错了。其次,早期的发动机功率很小,一般只能乘坐两至三人,如果再给它装上一个车篷和车门,会影响动力性能。正是由于这些原因,汽车无篷阶段持续了很长的时间。

1892年标致汽车公司为摩洛哥王族制造的汽车也属于马车形汽车,使用了自行车车轮。作为一种交通工具,人们总是希望它越跑越快。所以,车速逐渐成为评价汽车性能的重要指标。人们这种普遍愿望激励着汽车工程师们想出种种办法来提高车速。车速提高以后,所带来的直接问题就是马车形汽车采用的敞篷式或活动布篷难以抵挡风雨侵袭。于是改善驾乘环境条件的问题被提了出来。

1903年美国福特A型汽车将车头部分做成倾斜形状,从而减弱了吹在驾乘人员面部的风力。1908年美国福特公司生产了著名的T型车,是一种带布篷的小客车,成为马车形汽车的典型代表,如图6.2所示。

图6.2　1908年的马车形福特T型车

汽车的马车形时代,由于汽车没有自己的造型风格,可以说是汽车造型的史前时代。

2. 箱形汽车

随着发动机技术的发展和汽车传动装置的改进,汽车的速度也逐渐提高。风吹、日晒、雨淋给驾驶员和乘车人员带来许多不便。1896年法国人本哈特和拉瓦索生产了世界上首辆封闭式汽车,是箱形汽车的开端,如图6.3所示。美国福特汽车公司在1915年生产出一种新型的福特T型车,这种车的车室很像一只大箱子,被称为箱形汽车,人们将这种T型车作为箱形汽车的代表,如图6.4所示。箱形汽车可以说是真正意义上汽车造型的初期阶段。

图6.3 世界上首辆封闭式汽车

图6.4 1915年的箱形福特T型车

箱形汽车重视人体工程学,内部空间大,乘坐舒适,有"活动房屋"的美称。毫无疑问,人们坐在带有车厢的汽车里,要比坐在敞篷车里舒服得多,避免了风吹、日晒和雨淋。因此这种汽车一问世,就得到了公众的喜爱。但是,随着车速的提高,空气阻力大的问题就暴露出来,箱形汽车的"大箱子"阻碍了汽车前进速度。工程师们想尽办法来提高车速,如降低车身以减少迎风面积;改进轮胎结构,以减小车轮与地面之间的滚动阻力等。虽然这些措施都取得了一定的效果,但仍然不能令人满意。例如,采用降低车身的高度减小空气阻力,由于影响前方视野,这种方法最终被放弃。转而通过提高功率的方法,这样一来,发动机由单缸变成4缸、6缸、8缸,汽缸一列排开,发动机罩也随之变长。典型的例子就是意大利1931年生产的阿尔法·罗密欧牌汽车的外形,如图6.5所示。

图6.5 1931年阿尔法·罗密欧汽车

研究证明,当汽车以不变的速度在平坦的路面上行驶时,所受到的阻力有轮胎与地面的滚动阻力和空气阻力两种。其中滚动阻力数值不是很大,而且随着车速的变化其变化值也不大。但空气阻力就不一样了,它与车速的平方成正比,随着车速的提高明显加大。当车速超过60~70 km/h,阻力逐渐增大,超过100 km/h后,发动机功率几乎都消耗在空气阻力上。

作为高速行驶的汽车,箱形并不够理想,因为它的阻力大大阻碍了汽车前进的速度,所以人们又开始研究一种新的车型——流线形。

3. 流线形汽车

随着汽车速度的提高,空气阻力成为汽车前进的最大障碍。显然,箱形汽车不够理想。因为它的阻力大,前窗玻璃、车顶和汽车后部都会产生空气涡流的阻力,消耗了汽车的大部分动力。因此,人们开始运用流体力学原理研究汽车车身的造型,发现了前圆后尖造型的阻力较小这一规律。

最初,人们只是直观地想通过减小汽车迎风面积来降低空气阻力,也就是减小汽车横断面的几何尺寸,即宽度和高度。其中,由于受到乘坐空间的限制,车身的宽度没有多大的减小幅度,于是降低车身高度成了减小空气阻力的主攻方向。1900年车身的普遍高度与马车相仿,为2.7 m,1910年降低到2.4 m,1920年降低到1.9 m,而当代轿车的车身高度为1.3~1.5 m。在汽车横断面不能再减小的情况下,改变汽车纵剖面的形状成为降低汽车空气阻力的关键。

为了减小空气阻力,需要减小迎风面积,但是空气阻力中除了迎风阻力之外,还包括形状阻力。形状阻力是由汽车造型引起的空气涡流所造成的阻力。形状阻力与汽车的纵剖面形状有关。也就是说,汽车的空气阻力除与迎风面积和车速有关外,还与汽车的纵剖面形状有关,如图6.6所示。汽车纵剖面呈现流线形的正面阻力和后面涡流会小于箱形的阻力。因此,人们开始致力于流线形车身的设计。

图6.6 汽车纵剖面形状与空气阻力示意图

1920年德国科学家保尔·亚莱用风洞对有名的齐柏林号飞艇进行了空气阻力的研究。通过试验证明,一件物体受到的空气阻力的大小与物体的形状、迎风面积和前进速度有关。前圆后扁的物体阻力最小,从而找到解决形状阻力的途径。

1934年美国大学教授雷依用汽车模型做风洞试验,测量出各种模型的空气阻力,随后更多的研究成果被用于汽车设计上。

1934年1月美国克莱斯勒汽车公司在纽约车展上推出的气流牌轿车首先采用流线形车

身,是流线形汽车的先锋,如图6.7所示。这辆汽车采用流线形造型,整体感强,各部分线条连贯,车头圆滑,4个翼板与车身贴合,车灯、备胎等隐入车身内,前风窗玻璃分成左右两块。虽然气流牌汽车创下了多项速度纪录,但它的销售并不好,究其原因,主要是它的外形设计超越了当时的欣赏能力,看惯了箱形汽车的人们,对这一革命性的变革一时还难以接受。但是它开创了汽车造型的新时代,并对以后的汽车造型产生了巨大的影响。

图6.7 1934年的克莱斯勒气流牌轿车

1936年美国福特汽车公司在气流牌轿车的基础上加以改进,成功地研制出林肯和风牌流线形轿车,如图6.8所示。此车颇具动感,俯视整个车身呈纺锤形,很有特色。

图6.8 林肯和风牌轿车

流线形汽车的大量生产是从德国甲壳虫汽车开始的。1937年德国大众汽车公司的费迪南德·波尔舍设计了一种甲壳虫形汽车,仿造了既可以在地上爬,也能在空中飞的甲壳虫外形。波尔舍最大限度地发挥了甲壳虫外形的长处,使其成为同类车中之王,"甲壳虫"也成为该车的代名词,如图6.9所示。

大众汽车公司的甲壳虫汽车,开创了流线形汽车大量生产的先河。1939年8月15日第一批甲壳虫汽车问世,而到1981年,第2000万辆甲壳虫汽车在墨西哥的大众分厂下了装配线,打破了福特T型车的产量记录,一度成为世界上同种车型销量最多的汽车。

图6.9 甲壳虫汽车

波尔舍将甲壳虫外形成功地运用到汽车造型上,从而奠定了流线形汽车造型在人们心目中的地位,克莱斯勒气流牌轿车开创的流线形时代也被称为甲壳虫时代。

从克莱斯勒气流牌汽车的失败到大众甲壳虫汽车的成功,进一步说明了这样一个道理:只要是合理的,就会有生命力,即使不被当时的人们所接受,但却能经得起时间的考验。但是,流线形汽车也有缺点:一是乘员活动空间狭小,特别是后排乘员的头顶几乎没有空间,使人产生一种被压迫感;二是流线形汽车与箱形汽车相比,侧向风压中心移到汽车重心的前面,侧向风力相对于汽车重心所产生的力矩加剧了汽车侧偏的倾向。而箱形汽车由于侧向风压中心在汽车重心之后,所以侧风对箱形汽车重心所产生的力矩,可以使将要发生侧偏的汽车回位而不易侧偏。

4. 船形汽车

船形汽车采用了将车室置于两轴之间的设计方法,从外形上看,整车像一只小船,所以被称为船形汽车。美国福特公司1949年推出具有历史意义的新型福特V8型汽车是船形汽车的代表,如图6.10所示。

福特V8型汽车改变了以往汽车造型的模式,使前翼子板和发动机罩、后翼子板和行李舱罩融于一体,大灯和散热器罩也形成一个平滑的面,车室位于车的中部,整个造型很像一只小船,所以人们把这类车称为船形汽车。福特V8型汽车的成功,不仅在外形上有所突破,还首先把人体工程学应用在汽车的设计上,强调以人为主体来设计便于操纵、乘坐舒服的汽车。

图6.10　福特V8型汽车

无论是流线形汽车还是箱形汽车,都出现了人体工程学与空气动力学的对立。而船形汽车较好地发挥了两种汽车外形设计的长处,克服了其缺点,使人体工程学与空气动力学基本统一在一种汽车造型设计上,特别是解决了流线形汽车遇横风不稳定的问题。因为船形汽车发动机前置,汽车重心相对前移,而且加大了行李舱,使风压中心位于汽车重心之后,这样船形汽车遇到横风时就不会侧偏。从20世纪50年代至今,船形汽车已成为世界上数量最多的一种车型。

船形汽车存在的问题是由于车的尾部过分地伸长,形成了阶梯状,高速行驶时会产生较强的空气涡流,因此影响了车速的提高。

5. 鱼形汽车

船形汽车尾部过分向后伸出,形成阶梯状,在高速时会产生较强的空气涡流。为了克服这个缺点,设计者将汽车后窗部分倾斜,形成斜背式。由于斜背式汽车的背部很像鱼脊背,所以这种汽车被称为鱼形汽车。与流线形汽车相比,鱼形汽车的背部和地面的角度较小,尾部较长,围绕车身的气流也比较平顺,涡流阻力较小。另外,鱼形汽车基本上保留了船形汽车的长处,车室宽大,视野开阔,舒适性也好,并增大了行李舱的容积。

最初的鱼形车是美国1952年生产的别克牌小客车,如图6.11所示。1964年美国的克莱斯勒顺风牌和1965年的福特野马牌汽车都采用了鱼形造型,如图6.12所示。自顺风牌汽车以后,世界各国逐渐生产鱼形汽车。

图6.11 1952年的鱼形别克轿车

图6.12 1965年的福特野马牌鱼形汽车

甲壳虫汽车是流线形,鱼形汽车也属于流线形,但两者有本质的区别。甲壳虫汽车的车背是从车后轮之后开始突然倾斜为斜背式。鱼形汽车是从船形汽车的阶梯背进化而来的,车背从后轮前部就开始倾斜为斜背式。所以鱼形汽车无论是实用性还是空气动力性,都远远优于甲壳虫汽车。

鱼形汽车并非完美无缺,其缺点是:由于鱼形汽车后窗玻璃倾斜太甚,表面积增加两倍,强度下降,存在结构上的缺陷;鱼形汽车在高速行驶时容易产生较大的升力,使汽车与地面附着力减小,使汽车行驶稳定性和操纵稳定性降低。

鱼形汽车带来的问题,使人们开始致力于既能减小空气阻力又能减小升力的空气动力性的研究。针对鱼形汽车的缺点,人们想了许多方法加以克服,如将车尾截去一部分,成为鱼形短尾式;在鱼形汽车尾部安上一只翘翘的"鸭尾"以克服一部分升力,这便是"鱼形鸭尾"式车型,如图6.13所示。但是,这些做法对减小升力的效果不明显。

图6.13 鱼形鸭尾式汽车

6. 楔形汽车

为了从根本上解决鱼形汽车的升力问题,人们又开始了艰难的探索,设想了种种方案,最后终于找到了"楔形"。就是将车身整体向前下方倾斜,车身后部像刀切一样平直,这种造型能有效地克服升力。

最早采用楔形造型的是1963年司蒂倍克公司的阿本提轿车,如图6.14所示。阿本提诞生于船形汽车的盛行时代,与通常的汽车造型形成尖锐的对立,因此未能起到引导车身外形向前发展的作用,超越了当时人们的审美习惯,所以销路不好,公司随后就倒闭了。但这种汽车的外形却得到了汽车设计专家的高度评价,并预示着楔形时代的到来,许多著名的车型身上都有着阿本提的影子。

图6.14 1963年的阿本提楔形轿车

不过,真正优秀的东西不会被埋没的,楔形设计1966年和1968年分别被奥兹莫比尔和卡迪拉克所采纳、继承、发展。从那以后,楔形成为了轿车的首选造型。今天的新型轿车大多采用了这种结构,一般将发动机罩做成前倾式,行李舱高度加高。个别车型的尾部甚至采用了"鸭尾式"造型(有利于使沿车顶流动的空气在鸭尾部产生向下的作用力,增大后轮的附着力)。

研究楔形的结构可以发现,车身前部呈尖形且向下倾斜,高速行驶时的空气流可在前轮产生向下的压力,防止前轮发飘。车身尾部如同刀切一样平直,可减小车顶以后部分的负压,防止后轮发飘,如图6.15所示。这种造型最大限度地解决了升力问题。

图6.15　雪铁龙SM楔型车

汽车发展到鱼形,关于空气阻力的问题已经基本解决,楔形继承了这一成果,并有效地克服了鱼形车的升力问题,使汽车的行驶稳定性有了显著的提高,当之无愧为目前最为理想的车身造型。楔形汽车对一般轿车也只是一种准楔形,绝对的楔形汽车造型是会影响车身实用性(乘坐空间小)的。所以,除了一些跑车、赛车采用楔形车身外(如图6.16所示),绝大多数实用型轿车都是采用船形和楔形相结合的方案,它较好地协调了乘坐空间、空气阻力和升力关系,使实用性与空气动力性较好地结合起来。

图6.16　楔形跑车

未来轿车的造型必然是在楔形车的基础上加以改进。例如,把前窗玻璃和发动机罩进一步前倾,尾部去掉阶梯状;车窗玻璃和车身侧面平齐,形成一个平面,后视镜等通过合理的造型设计获得最低的风阻力,或者用车内显示屏幕代替。总之,未来轿车的造型将更为平滑流畅。

7. 子弹头形汽车

汽车造型发展到楔型以后,升力问题基本上得到了解决,但人类追求至善至美的心是永不满足的。当汽车的升力问题基本解决以后,人们又从改变轿车使用的概念做起了文章,于是多功能厢式汽车(MPV)问世了。子弹头形汽车属于微型厢式汽车范畴,由于这种车的外形酷似子弹头,被称为子弹头形汽车,如图6.17所示。

图6.17 子弹头形汽车

最早推出的多功能厢式汽车是法国雷诺汽车公司生产的空间(SPACE)牌汽车,但未能引起广泛的注意,直到美国克莱斯勒汽车公司将多功能厢式汽车作为其新一代旗舰产品加以推广后,才家喻户晓。1984年克莱斯勒汽车公司推出第一代多功能汽车,克莱斯勒道奇分部推出的产品叫大篷车(CARAVAN,道奇捷龙),克莱斯勒顺风分部推出的产品叫航海家(VOYAGER,普利茅斯捷龙)。这是世界汽车工业史上划时代的产品之一,它不仅使当时处于危机的克莱斯勒汽车公司起死回生,而且宣告一个以强调实用性、多用途和家庭化、休闲娱乐为特征的汽车消费新时代的到来。

尽管这两种汽车仍以轿车外形为原型,但其一改轿车传统的两厢或三厢式结构,在小型客车车型的基础上进一步延伸发展,使之成为既有轿车的造型风格、操纵性能和乘坐感觉等特性,又具小客车的多乘客和大空间的优点,成为集商务、家用和旅游休闲等功能为一体的多用途车。这种车型一问世,马上引起了消费者的极大兴趣,销售形势非常乐观。后来,通用、福特、丰田、雷诺、奔驰等汽车公司先后推出了自己的MPV,使这种类型的汽车形成了一股强大的势力,占据了一定的市场份额。

由于MPV的前风挡玻璃倾斜度大,外形圆滑,因此风阻系数很小(小于0.3),非常有利于车速的提高。MPV不仅在外形设计上集流线形与楔形的优点于一身,而且在制造加工上引进了航空航天的先进技术。两种不同风格的交叉结合,使流线形从以往的短曲线发展成为了长弧曲线。这种造型表现出了未来主义的艺术倾向,线条流畅、色调温和、动感性强,具有鲜明的时代气息和时尚风格。

6.1.3 汽车造型的发展趋势

汽车造型演变的每一个时期都在不断地开拓着汽车新造型,在满足机械工程学和人体工程学的前提下最大限度地减小空气阻力和升力的影响,从而使汽车性能得以提高。同时,汽车造型的演变也是汽车美学的发展。如今的汽车造型设计已不单纯是某一种形式了,而是在技术解决后的一种复合体,21世纪的汽车造型只能用复合型来表示了。

汽车造型的发展趋势综合起来主要如下:

1. 气动最优化

一部汽车车身造型发展史,从某种意义上说就是一部不断追求具有最佳气动造型的历史。人们一直在努力研究能够减小气动阻力且气动稳定性好的车身造型,这仍是未来汽车造型追求的目标之一,但更主要的工作是在研究气动行驶稳定性上。

2. 个性化

车身气动最优化是否会导致未来汽车造型的雷同,从而失去个性化呢?其实汽车车身造型的发展过程已经揭示了这个问题的答案。在车身造型的历史发展时期,可能会由于追求气动造型的优化而使得某一种车型成为一个时期内的主导车型,但绝不是唯一。就是同一主导车型,也会由于气动特性非唯一评定指标而形成不同风格。随着社会的发展,社会意识和美学观念在造型过程中会起到越来越大的作用,现代人对汽车样式个性化要求也会越来越高,人们的审美意识也大不相同。随着人类物质文化水平的提高和生活环境的变化以及生活方式的多样化,作为大众化商品的轿车无疑将出现各式各样更加新颖更加奇特的新车型。

3. 人性化

汽车是人们的代步工具,与人们的日常生活息息相关,已形成独特的汽车文化。"一堆冰冷的钢铁"是无法满足现代人精神和文明需要的。车身造型设计必须以人为本,体现人机协调,使用操作方便、舒适,使汽车适应人的各种生理和心理要求,从而提高工作效率、保障安全、维护健康。未来的车身造型设计将在车身外观设计、人机工程以及内部环境等方面更加注意人性化。

4. 虚拟化

随着虚拟现实技术在车身造型中的应用,造型设计可采用计算机模拟色彩、纹理、质感、背景、阴影,并运用三维视觉效果生成虚拟汽车车身造型。通过仿真设备和虚幻环境的动态模型创造出人能够感知的虚拟现实,完全替代传统的实体模型和造型效果图的平面表述方式,甚至能做到未出实车而能体验实车的感觉,使车身造型设计发生了实质性的变革。

5. 全球化

20世纪90年代以来,面对市场和用户对新技术和新产品日益提高的要求,制造厂商必须在最短的时间内使产品更新换代,这就使得各公司不得不建立合作伙伴关系,以弥补资金和技术力量之不足,通过整合资源、优势互补以达到事半功倍的效果。这样,汽车造型设计就逐步摆脱了国家和地域的束缚,逐渐走向全球化。

综观汽车造型的发展,可以看出它一直在围绕着"高速、安全、舒适"这一主题向前发展。每个时期都在不断地开拓着汽车造型的新纪元。一部汽车造型的发展史,就是一部人类追求汽车性能的奋斗史。

任务6.2　汽车色彩

我们的世界是充满色彩的世界。色彩能美化产品和环境,满足人们的审美要求。优美的色彩设计能够提高产品的外观质量和增强产品的市场竞争力。

6.2.1　汽车色彩与联想

1. 色彩基本知识

色彩是汽车造型的重要组成部分。人们在观察汽车的瞬间,首先感知的是汽车的色彩,然后才是外形、质感。也就是说,人的视觉神经对色彩的感知是最敏感的,其次是形态,最后是质感。

色彩是一种视觉现象,光线照射在物体上,经过物体表面对光线的吸收和反射,再作用于人的视觉器官从而形成了色彩的感觉。

任何色彩都具有三种物理属性,即色相、明度和纯度,称为色彩的三要素。色彩三要素是认识和表现色彩的基本依据,也是鉴别、分析色彩的标准。色彩三要素之间,既相互独立,又相互联系。

2. 汽车色彩命名与联想

我国对色彩的表示,多以色相命名,而对明度和纯度的表示,大多以修饰语加以区别,通常有以下几类:以自然物的色彩命名,如苹果绿、橘黄、驼灰、孔雀蓝、象牙白等;以色彩浓度命名,如淡黄、浅绿、深黄等;以色彩的明暗命名,如明绿、暗绿、正绿等。这种命名方法,直观、想象力强,但准确度差。

由于文化、习惯等因素的影响,人们看到色彩时,往往不自觉地联想到其他事物,即色彩的联想和象征。由于国家、民族、年龄、性别、职业、生活环境的不同,这种联想具有很大的差别,但也存在共同的联想。

汽车车身的颜色,不论是对汽车的使用者还是对外界环境和车辆本身,都是非常重要的。汽车常见的颜色有银色、灰色、白色、黑色、红色、蓝色、黄色、绿色等。

银色是最能反映汽车本质的颜色。看到银色使人想起金属材料,给人的整体感很强。美国杜邦公司的调查结果显示,银色汽车最具人气,也最具运动感。

白色给人以朴实、大方的感觉,容易与外界环境相吻合而显和谐。白色车相对中性,对性别要求不高。另外,白色是膨胀色,容易使小车显大。日本车在20世纪80年代,有"白色代表高档"的说法,白色车的销量曾占总销量的70%。

黑色是一种矛盾的颜色,既代表保守和自尊,又代表新潮和性感,给人以庄重、尊贵、严

汽车文化

肃的感觉。黑色也是中间色,容易与外界环境相吻合,但黑色车身不耐脏,有一点灰尘就能看出来。黑色一直被认为是体形较大的公务车首选,高档车选黑色气派十足,但小排量的车选黑色就不太协调。不过不少新派的车迷开始觉得黑色也酷。

红色给人以跳跃、兴奋、欢乐的感觉。红色是别致又理想的颜色,非常适合跑车或运动型车,在阳光下如同一团火焰掠过,非常提神。红色在过去是消防车的颜色,后来又成出租车的"代言色",但现在车主个性日益张扬,人们对颜色早没有了限制和偏见。

蓝色是安静的色调,感觉非常收敛,个性不张扬,蕴含星空的深邃和大海的包容。蓝色非常适合个性不张扬的女性。但蓝色也不耐脏。

黄色给人以欢快、温暖、活泼的感觉。黄色是膨胀色,在环境视野中很显眼,跑车和小型车选用黄色非常适合。香槟色是黄色派生出来的金属漆颜色,被私家车大量选用。

绿色是大自然中森林的色彩,也是春天的色彩,具有较好的可视性。绿色的金属漆一改以前冰冷的色调,以温暖的面貌出现。在小型车中,绿色非常值得推荐,但豪华型车如果选用绿色,就有点不伦不类的感觉。

银色、白色、黑色是汽车市场的主流色,从色彩学来讲,这三种颜色都属于"非彩色"色系,也是中庸之色;红、蓝、黄、绿等是个性色系,因为有了它们的点缀,汽车世界才活色生香。

汽车车身颜色的常见命名与风格含义见表6.1。

表6.1 汽车车身颜色的命名与风格含义

颜色	常见命名	风格含义
银色	水晶银、金属银、丝缎银	雅致、前卫、热爱未来
灰色	宇宙灰、金属灰、狼堡灰	冷静、谨慎、注重实际
白色	极地白、砖石白、塔夫绸白、糖果白	挑剔、纯洁、宁静
黑色	魔力黑、无黑	权力感、沉稳、优雅、经典、尊贵、简洁
红色	波尔多红、法拉利红、庞贝红、印第安红、瑞丽红	热情、奔放、气魄、毅力、速度感
蓝色	勒芒蓝、领袖蓝、太空蓝、水恒蓝、温莎蓝、峡湾蓝	沉着、冷静、忠诚、安全、睿智
黄色	香槟金、伊莫娜黄、丰收金、未来金	聪明、温暖、快乐、年轻、动感、理想主义
绿色	威尼斯绿、云杉绿、碧玺绿、典雅绿、皇家绿	和谐、期望,自然、安静

3. 汽车的色彩变迁

年龄、性别、性格以及文化程度和社会地位等方面的差异,都会影响人们对汽车色彩的选择。一个人对某种汽车色彩的喜爱,在一定程度上可以反映出他的性格。

汽车色彩也是不断更新的。以日本汽车色彩的变迁为例:1965年以前,灰色汽车备受青睐;1965年则盛行蓝色、灰色和银色汽车;1968年黄色汽车迅速增多;1970年橄榄色和褐色汽车逐渐增多;1977年褐色汽车最受欢迎;1982年白色汽车占到总数的50%;1985年到1986年白色占到总数的3/4。在世界范围内,1989年最畅销的汽车色彩是白色和红色。进入20世纪90年代后,黑色汽车销售量增加。进入21世纪,银色成为了首选颜色。到了2007年,白色又超越了曾连续七年称霸的银色。

6.2.2 汽车色彩的设计

车身颜色是消费者在选购新车时,仅次于品牌和车型的重要考虑因素。即使是同一品牌、同一款车,颜色不同也可导致很高的产品差价。在国外,因色彩导致的汽车销售价差可多达300美元。不同的消费层次对色彩选择有较大不同。

汽车色彩的设计绝非随心所欲,一般要经过色彩研究、色彩构成、用户评议、信息反馈、色彩初步确定、环境试验、色彩最终确定等一系列程序。

每年不同的汽车公司都推出不同的色彩,一种色彩的推出绝不是根据设计者的喜好,而是根据科学研究而得出的色彩设计方案。例如,奥迪汽车公司就委托英国的环球色彩公司来做汽车产品整体设计。首先奥迪公司选好准备新推出的汽车款式,再请环球色彩公司来提供10~20种颜色,奥迪公司再根据提供的颜色来确定设计不同颜色的汽车。

在设计汽车色彩时,应从汽车的使用功能、使用环境、使用对象、安全性、流行趋势和营销等方面来考虑。

1. 汽车色彩与使用功能

汽车在使用过程中,已经形成惯用色彩。例如,消防车采用红色,因为红色醒目,亮度高,容易被发现,使人们尽早知道有火灾发生,赶紧避让。白色用于医疗救护车,是运用白色的纯洁、神圣的含义。邮政车选择绿色,是因为绿色给人以和平、安全的感觉。作为军用车辆,一般都采用深绿色,使车辆与草木、地面的颜色相近,达到隐蔽的目的。工程车辆多用黄色或黄黑相间,是运用黄色亮度高、醒目的特点,以引起行人和其他车辆的注意。校车一般也采用黄色。

有的汽车在底色上加上有功能标志的图案,以示其使用功能,如白色救护车上的红十字标志,冷藏车上的白色雪花等。

另外,汽车的色彩应符合人们的传统习惯,贴近人们的思想感情。如殡仪车的色彩应具有肃穆、庄重的气氛,白色和黑色是最优选择。

2. 汽车色彩与使用环境

由于不同地区日光照射强度有差别,造成了人们对于不同色彩的偏爱。在美国,以纽约为中心的大西洋沿岸的人们喜欢淡色,而在旧金山太平洋沿岸的人们则偏爱鲜明色。北欧的阳光接近发蓝的黄色,所以北欧人喜欢青绿色。

汽车行驶在城市中,对城市色彩有一定的装饰作用。但是,汽车色彩与环境色彩发生碰撞的现象会使原本喧嚣的环境更加嘈杂混乱,使人的视觉感官更易疲劳。因此,汽车色彩与环境色彩还应该相互协调。

3. 汽车色彩与使用对象

汽车的使用对象是多样化的。由于各国、各民族、各地区的社会政治、经济、文化、教育以及生活习惯的不同，人们的色彩观念也不同，都有自己偏爱和禁忌的色彩。日本丰田汽车公司调查发现，白色的丰田车在日本最受欢迎，其次是红色和灰色。而销往美国、加拿大的丰田车则是淡茶色和浅蓝色最受欢迎，其次是白色和杏黄色。

4. 汽车色彩与使用安全

汽车的行驶安全是与汽车的制动性、操纵稳定性等直接相关的，但是汽车的色彩也影响着行车的安全性。

我们知道，色彩具有进退性、胀缩性、明暗性、感知性。色彩的进退性就是所谓的前进色和后退色。例如，有红色、黄色、蓝色和绿色共4辆轿车与观察者保持相同的距离，但是看上去似乎红色车和黄色车要离观察者近一些，而蓝色和绿色的轿车看上去离观察者较远。这说明红色和黄色是前进色，而蓝色和绿色是后退色。

颜色的胀缩性就是将相同车身涂上不同的颜色，会产生体积大小不同的错觉。如黄色感觉大一些，有膨胀性，称为膨胀色；而体积相同的蓝色、绿色车感觉小一些，有收缩性，称为收缩色。据日本和美国车辆事故调查，发生交通事故的汽车中，蓝色和绿色车最多，黄色车较少。

颜色的明暗性是指在人们的视觉中，颜色的亮度是不同的，可分为明色和暗色。红色和黄色为明色，明色车的视觉效果较好。暗色的车型看起来觉得小一些、远一些和模糊一些。

那么究竟开什么颜色的车上路最安全呢？研究表明，在天气晴好的条件下，浅色系的汽车视认性好，安全性能高于深色系汽车。在清晨及傍晚时段光线不好的情况下，黑色汽车的事故率竟是白色汽车的3倍。黄色是前进色、膨胀色，看起来比实际要大，很容易引起对面来车和行人的注意。而蓝色和绿色为后退色、收缩色，看起来比实际要小，尤其是在傍晚和下雨天，常不为对方车辆和行人注意而发生事故。20世纪50年代，日本的汽车色彩多为深蓝色和深绿色，常发生撞车事故，但在汽车的颜色改为黄色的地区，交通事故明显减少。为此，日本汽车制造公司减少了蓝色和绿色车辆的涂装。一般来讲，暖色较冷色有前进的特性。如以黑色为背景时，尤其是在傍晚、雾天和下雨天时黄色更醒目，所以汽车颜色为黄色较为安全。因此基于安全考虑，车辆宜选用具有前进性的色彩。

新西兰奥克兰大学的休·弗内斯教授对1000多辆各色小汽车进行调研后发现，银白色是最佳选择，出车祸的几率最小，而且即使出事，司机受伤程度也相对较轻。银白色汽车为何比其他颜色的汽车更安全呢？据推测，这可能与银白色对光线的反射率较高有关。科学家建议提高银白色汽车上路行驶的比例，以减少交通事故。相比之下，开白、黄、灰、红车的司机受伤的概率大致相同，而黑、褐、蓝、绿车更容易发生交通事故，驾车人受伤的概率是开白、黄、灰、红车的2倍。红色是膨胀色，容易从环境中"跳"出来，引起人们注意，有利于交通安全。但驾驶员长时间行车时，红色容易引起视觉疲劳，不利于对其他淡色物体的观察，从这一点上讲又十分不利于安全。轿车颜色专家认为，哪些颜色更有利于行车安全是比较复杂的,一般来说,浅淡鲜亮的颜色比深色车要安全一些。

汽车内饰的颜色选择也同样影响着行车安全。因为,不同的颜色对驾驶员的情绪具有一定的影响。这就是颜色的感知性。汽车内饰采用明快的配色,能给人以宽敞、舒适的感觉。有关专家建议,夏天最好采用冷色,冬天最好采用暖色,恰当地使用色彩装饰可以减轻疲劳,减少交通事故的发生。除去冷暖色系具有的明显的心理区别以外,色彩的明度与纯度也会引起对色彩物理印象的错觉。一般来说,颜色的重量感主要取决于色彩的明度,暗色给人以重的感觉,明色给人以轻的感觉。纯度与明度的变化给人以色彩软硬的印象,如淡的亮色使人觉得柔软,暗的纯色则给人以强硬的感觉,等等。红色内饰容易引起视觉疲劳,浅绿色内饰可放松视觉神经。

5. 汽车色彩与流行趋势

流行色彩是指在一定的时期内被人们广泛采用的颜色。汽车的流行色彩同样是丰富多彩的。即使在崇尚个性、喜欢标新立异的今天,许多人选择汽车颜色与选购衣裳一样,也会有一种群体心理趋向性,也就是常说的"流行色"情结。

由于传统文化等因素的作用,人们对某种颜色会产生根深蒂固的观念,不会轻易改变,如黑色或深棕色给人以庄重、尊贵、保守、严肃的感觉;白色则给人以纯洁、清新、明快、活泼、大方的感觉。高级豪华轿车用得较多的是黑色或类似黑色的深色;中等级别的轿车一般选用浅色或中性色;年轻人开的运动车型则要求色彩浓烈;客车、旅游车则常以三种以上的色彩组成具有动感的色带。

日本一涂料公司与美国某化学公司通过对日、美、英、法四国七个色彩学会调查资料的分析发现,最受欢迎的汽车色彩为带有光泽的白色。在日本,白色轿车的普及率比第二名的黑色高出40%;在美国,白色轿车普及率为22%,比第二名的红色高出6%;在欧洲,白色轿车的普及率为28%,比第二名的红色高出2%。显然,白色、红色和黑色是最受消费者欢迎的色彩。

汽车流行色彩有其自身的发展规律。新鲜感是流行色彩的原动力,如果总是感受同样的色彩,人们就需要新的刺激。大量的资料表明,汽车的流行色彩也是呈现周期性的变化,其新鲜感周期大约为1.5年,交替周期大约是3.5年。

随着社会的发展,流行色彩和常用颜色将相互依存、转化。进入21世纪,随着科技和制漆技术的发展,各种各样的色彩都开始流行。近年来,银色、黑色、白色和蓝色的汽车较受中国消费者的喜爱,尤其是银、黑,一直占据着流行色的前两名,这也显示出消费者对富有庄重、现代感的色彩的欢迎。银色在未来的一段时间内还将占据主打色的地位,但更多的中性色彩将受到关注,客户需要能够充分展现自己个性的色彩。柔和的车体表面配合精细的色彩变化以及略带有金色和橙色色调的银色和灰色的变体色将成为未来的一种趋势。加入了一些银色调的米色和中性且带有细致的青绿色调的石墨色也将受到欢迎。

6. 汽车色彩与市场营销

法国色彩学家郎克罗长期研究得出一个结论:成功的色彩设计可以使企业产品提高

15%～30%的经济附加值。欧洲在20世纪80年代的营销学中提出"七秒钟色彩理论",即一个人、一件商品,可以通过其独特的色彩选择,使自身在七秒钟内给人留下深刻的印象。汽车色彩的营销,就是研究和了解消费者的心理,给汽车恰当的定位,然后对汽车配以恰当的色彩,将汽车的理念传达给消费者,使营销实现高效化,取得最佳效果。

不同的颜色满足不同目标客户的需求。对轿车而言,越是高档的车颜色越单调,由于消费者对于某些车型主要希望凸显自己的身份和地位,所以一般来说黑色最多,其次还有深蓝、银灰,个别还有白的。这些颜色比较庄重、大方,给人一种有礼仪的感觉。而中低档轿车的消费者主要以年轻人为主,他们希望表达自己的个性,所以颜色会比较鲜艳、活泼、丰富,颜色有扩展感。这种车如果选择较深的颜色则会显得更小,所以厂家也尽量避免使用较深的颜色。

同时,在全球汽车市场上,个性化的色彩不断涌现,客户对于汽车色彩的选择也越来越挑剔。一些原有设计理念已经被打破,汽车个性化时代已经到来。

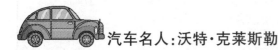

复习思考题

1. 影响汽车造型的因素有哪些?
2. 汽车造型的演变过程分为几个阶段,各自有何特点?
3. 甲壳虫汽车和鱼形汽车有何本质区别?汽车造型的发展趋势是什么?
4. 汽车颜色与行车安全有什么联系?如何选择汽车颜色?
5. 汽车内饰的色彩选择对驾驶员有哪些影响?

汽车名人:沃特·克莱斯勒

沃特·克莱斯勒(1875—1940年),出生于美国堪萨斯州。

1893年克莱斯勒在太平洋联合铁路接受了4年的机械师培训。

1908年芝加哥汽车展览会是克莱斯勒事业发展的一个重要契机。

1917年克莱斯勒被提拔为别克的总裁和执行董事。

1919年他被杜兰特任命为通用公司的执行副总裁。没过多久,克莱斯勒与杜兰特分道扬镳。

1920年克莱斯勒开始重振威利斯-欧弗兰特公司。

1924年克莱斯勒开发的克莱斯勒6型问世。

1925年6月6日克莱斯勒汽车公司正式成立。

1928年克莱斯勒公司收购了道奇兄弟公司,跃升为美国第三大汽车公司。

1934年克莱斯勒开发了超级轿车艾弗罗。

1934年第100万辆普利茅斯轿车驶下了位于底特律的林克大路总装线。

1935年7月22日克莱斯勒在过完60周岁生日后,辞掉公司总经理职务改任董事长。

沃特·克莱斯勒

1940年7月22日克莱斯勒去世。

汽车造型与色彩

项目		班级	
姓名		学号	
小组		日期	

1.实训要求：
(1)请对照本章内容,对校园中停放的汽车造型进行抽样调查,分析其各属于何种造型？
(2)请查找交通事故资料分析汽车颜色与汽车行车安全有什么关系？
(3)请对校园中停放的汽车外表颜色进行抽样调查,统计分析不同颜色在当今汽车色彩中的占比情况？
2.实训实施：

自我评价	小组互评	老师评价

项目7　汽车驾驶与安全——走马上"车"

知识目标

1. 熟悉汽车驾驶考试的考试流程，掌握机动车驾驶证准驾车型及代号。
2. 掌握道路交通法律、法规，理解道路交通信号（交通信号灯、交通标志、交通标线、交通警察手势信号）的含义。
3. 理解驾驶员场地考试（桩考）的操作要求及合规标准。
4. 熟悉汽车驾驶员道路驾驶考试的考核内容及具体考核要求。
5. 了解汽车安全驾驶相关知识。

汽车驾驶是指汽车在驾驶员的操纵下，利用汽车的功能，适应各种道路和交通条件的操作。驾驶证是国家公安部门颁布的驾驶机动车辆的资格证书，要获得驾驶证必须通过汽车驾驶员考试。驾驶员应掌握典型道路及恶劣气象条件下的安全驾驶技术及汽车道路驾驶应急处理措施。

任务7.1　左行右行通行规则

7.1.1　左行规则

目前，世界上实行公路左侧行车交通规则的国家寥寥无几。左行交通如图7.1所示。殊不知，在人类史上，左侧行驶这一规则曾经相当普及。据说这种左行习惯可追溯到古罗马时期。由于骑马往往是从左侧上马的，上马石都设在道路的左侧，这使得骑手自然而然地沿着道路左侧行走。当对方来人时，就沿着道路左侧行走，这成了一条常规，但并不作为一条法律。1300年罗马教皇波普·卜那法斯八世宣布举行第一个基督大庆纪念，朝圣者众多造成交通拥挤，从而规定来罗马者一律沿着路的左侧行走。这条布告在许多欧洲国家，在大约500年的时间里，其影响力犹如法律。

靠左行车的多是典型岛国和半岛、次大陆国家。目前实行车辆靠左行驶的国家有英国、日本、印度、印度尼西亚、巴基斯坦、斯里兰卡、澳大利亚、新西兰、泰国、爱尔兰、马耳他、新几内亚、斐济、汤加、瑙鲁、牙买加、圭亚那、马来西亚、新加坡、南非等。

图7.1　左行交通

左行的最大优点来自人类的一个避害本能：人类在快速运动的情况下，在发现前方有危险时，会本能地向左倾斜或转向，以保护心脏。对占人口多数的右利手人来说，在驾车过程中突然发现前面有危险的情况下，向左转向比向右转向快捷得多。此外，人类视觉通常以右眼为主眼，因此驾驶员座位安置在车辆右侧，更便于观察对面来车情况。

7.1.2　右行规则

靠右行多是典型大陆国家，如美国、加拿大、中国、俄罗斯、德国、法国、巴西等。

由于美国是经过与英国进行长期战争才取得国家独立，为彻底与英国划清界限，美国在建国伊始便由道路交通的"左派"转为"右派"。由战争原因改变"左右阵营"的不仅仅是美国，匈牙利、奥地利、捷克就是在第二次世界大战中被德国占领后才改为靠右行驶的。当美国加入到右行阵营后，"左右"的力量对比开始发生明显改变。众所周知，由于汽车驾驶观察路况的需要，靠右行驶和靠左行驶决定了"左驾车"和"右驾车"之别。美国是现代汽车工业的发祥地，美国的"左驾车"源源不断地销往世界各地，这在相当程度上决定了很多国家靠左行驶还是靠右行驶的问题。

中国便是其中的典型，1945年以前，中国交通是靠左行驶的。抗日战争胜利后，美国汽车开始大量进入中国，"左驾车"占了数量优势，由是之故，国民政府下令从1946年1月1日开始，汽车一律靠右行驶。另外，美国也顺便"左右"了加拿大。

新中国成立后，鉴于靠右行驶已经成为人们的交通习惯。原有左置转向盘汽车适合靠右行驶，并与世界上大多数国家右侧通行的规定保持一致，就沿用了右侧行驶的规定。1955年8月6日中华人民共和国公安部颁布的《城市交通规则》规定"驾驶车辆，赶、骑牲畜，都必须在道路的右边行进"，又一次以法律的形式规定了靠右行通行制。1985年的《城市机动车安全检验暂行标准》和1987的《机动车运行安全技术标准》等国家标准中都规定："机动车的方向盘不得设右。"在2004年5月1日施行的《中华人民共和国道路交通安全法》中，又再次明确规定:"机动车、非机动车实行右侧通行。"

右侧通行是我国车辆通行的基本原则。《道路交通安全法》规定右侧通行的标准是,机动车、非机动车在道路上行驶时,道路划设中心线的,以中心线为界分左右;没有划中心线的道路,以几何中心为界,以面对方向定左右,即左手一侧的道路为左侧道路,右手一侧的道路为右侧道路,除有特殊规定的车辆外,一律靠右侧的道路行驶。右侧通行的原则只适用于机动车和非机动车,行人不适用右侧通行的原则,自行车推行视为行人。

右行的优点是,司机可以用左手保持对方向盘的掌控,同时使用右手完成换挡、操作仪表板等复杂的动作。另外,右行便于骑自行车或摩托车的人用左手打出转弯手势。右行交通规则被世界上大多数国家所采用,习惯于靠右行驶的司机在这些国家不必花费时间去熟悉新的交通规则。同时驾驶员座位在左侧的汽车产量大,同一型号的汽车中,左舵车比右舵车的价格要便宜一些。

7.1.3 我国通行规则

我国道路的通行规则是根据《中华人民共和国道路交通安全法》有关规定制定出来的,有着以下规则:机动车、非机动车实行右侧通行。根据道路条件和通行需要,道路划分为机动车道、非机动车道和人行道的,机动车、非机动车、行人实行分道通行;没有划分机动车道、非机动车道和人行道的,机动车在道路中间通行,非机动车和行人在道路两侧通行;道路划设专用车道的,在专用车道内,只准许规定的车辆通行,其他车辆不得进入专用车道内行驶。车辆、行人应当按照交通信号通行;遇有交通警察现场指挥时,应当按照交通警察的指挥通行;在没有交通信号的道路上,应当在确保安全、畅通的前提下通行。机动车上道路行驶,不得超过限速标志标明的最高时速。在没有限速标志的路段,应当保持安全车速。夜间行驶或者在容易发生危险的路段行驶,以及遇有沙尘、冰雹、雨、雪、雾、结冰等气象条件时,应当降低行驶速度。机动车通过交叉路口,应当按照交通信号灯、交通标志、交通标线或者交通警察的指挥通过;通过没有交通信号灯、交通标志、交通标线或者交通警察指挥的交叉路口时,应当减速慢行,并让行人和优先通行的车辆先行。

道路交通标志和标线是指设置在道路上的用规定的图形、符号、文字、线条、立面标记、突起路标等来表示特定管理内容和行为规则的交通设施。《道路交通标志和标线》(GB5768—1999)于1999年4月5日由国家质量技术监督局发布,同年6月1日起实施。该标准共集录了255种道路交通标志、72种道路交通标线及15个道路施工安全设施设置典型示例。该标准适用于公路、城市道路、矿区、港区、林区、场(厂)区道路及在上述道路上行驶的一切车辆和行人,对道路交通标志和标线的形状、图案、文字、颜色、材料、构造、制作、安装、反光、照明,对设置原则、设置地点等规定了相应的技术要求。

1. 道路交通标志的分类

道路交通标志分为主标志和辅助标志两大类。

（1）警告标志

警告标志从字面上可以理解为在交通时所要注意的地方,是警告车辆、行人注意道路交通的标志,通常为三角形,黄底黑边图案。

警告标志包括交叉路口标志、急弯路标志、反向弯路标志、连续弯路标志、陡坡标志、窄路标志、窄桥标志、双向交通标志、注意行人标志、注意儿童标志、注意牲畜标志、注意信号灯标志、注意落石标志、注意横风标志、易滑标志、傍山险路标志、堤坝路标志、村庄标志、隧道标志、渡口标志、驼峰桥标志、路面不平标志、过水路面标志、铁路道口标志、注意非机动车标志、事故易发路段标志、慢行标志、注意障碍物标志、施工标志、注意危险标志等。

在行车过程中,看到这一类的标志,就要注意路况,小心驾驶,避免交通事故的发生。警告标志设置的位置与公路的计算行车时速有关。在农村山区公路,一般应设在距离危险地点20~50 m的地方。

（2）禁令标志

禁令标志是禁止或限制车辆、行人交通行为的标志,通常为圆形白底红边或红斜杠黑色图案。

禁令标志包括禁止通行标志、禁止驶入标志、禁止机动车通行标志、禁止载货三轮车通行标志、禁止大型客车通行标志、禁止汽车拖车挂车通行标志、禁止拖拉机通行标志、禁止农用运输车通行标志、禁止两轮摩托车通行标志、禁止某两种车通行标志、禁止非机动车通行标志、禁止畜力车通行标志、禁止人力货运三轮车通行标志、禁止人力客运三轮车通行标志、禁止人力车通行标志、禁止骑自行车下坡标志、禁止骑自行车上坡标志、禁止行人通行标志、禁止向左转弯标志、禁止向右转弯标志、禁止直行标志、禁止向左向右转弯标志、禁止直行和向左转弯标志、禁止直行和向右转弯标志、禁止调头标志、禁止超车标志、解除禁止超车标志、禁止车辆临时或长时停放标志、禁止鸣喇叭标志、限制宽度标志、限制高度标志、限制质量标志、限制轴重标志、限制速度标志、解除限制速度标志、停车检查标志、停车让行标志、减速让行标志、会车让行标志等,如图7.2所示。

图7.2 禁令标志

其中禁令标志中的解除禁止超车、解除限制速度标志为白底、黑圈、黑杠、黑图案,图案压杠,形状为圆形,让路标志为顶角向下的等边三角形。禁令标志一般应设置在需要限制或禁止的地方,除禁止停车标志外均应成对设置在限制或禁止路段的起终点和桥梁的两端。

(3) 指示标志

指示标志是指示车辆、行人行进的标志。指示标志的颜色为蓝底、白图案,形状为圆形、长方形和正方形。

指示标志包括直行标志、向左转弯标志、向右转弯标志、直行和向左转弯标志、直行和向右转弯标志、向左和向右转弯标志、靠右侧道路行驶标志、靠左侧道路行驶标志、立交直行和左转弯行驶标志、立交直行和右转弯行驶标志、环岛行驶标志、单行路标志、步行标志、鸣喇叭标志、最低限速标志、干路先行标志、会车先行标志、人行横道标志、车道行驶方向标志、专用车道标志、允许调头标志等,如图7.3所示。

图7.3 指示标志

指示标志多用于城市道路和高等级公路，一般公路使用较少。在路上行车要按照指示牌行驶，不可违反交通规则。

（4）指路标志

指路标志除里程碑、百米桩、公路界牌外，一般为蓝底、白图案，形状除地点识别标志外，均为长方形和正方形。

指路标志包括一般道路指路标志（如图7.4所示）和高速公路指路标志（如图7.5所示）。

图7.4　一般道路指示标志

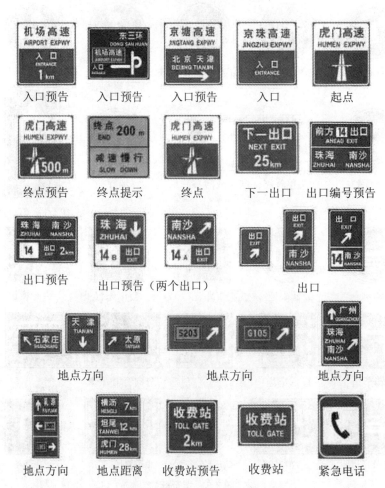

图7.5　高速公路指路标志

指路标志在一般公路上常用的有地名、分界、指向等标志和里程碑、百米桩、公路界碑。地名标志设在城镇的边缘处；分界标志设在行政区划、管养路段的分界处；指向标志设在距离岔路口30～50 m处。里程碑、百米桩和公路界碑均属指路标志。里程碑设在国道上时颜色为白底、红字；设在省道上时颜色为白底、蓝字；设在县、乡道上时颜色一律为白底、黑字。公路界碑的颜色不分道路性质，一律为白底、黑字。

（5）旅游区标志

旅游区标志是为了吸引和指示人们从高速公路或其他道路上前往临近的旅游区，在通往旅游景点的岔路口设置一系列提示旅游景点方向、距离的标志。使旅游者能方便地识别通往旅游区的方向和距离。它的颜色为棕色底、白色字符图案，形状为长方形和正方形，如图7.6所示。

图7.6 指引标志和旅游符号

由于国内外不同层次游客的文化背景、语言及习俗等的巨大差异，以单一文字等表示的各种旅游区标志难以满足不同游客的要求，这就需要一种适应各方面要求的通用标志。图形标志便是这种一看便知的图形语言。图形语言有国际通用的图形和地区内使用的图形标志。

（6）道路施工安全标志

道路施工安全标志是通告道路施工区通行的标志，用以提醒车辆驾驶员和行人注意施工路段情况，确保交通安全。

图7.7所示都是我们常见的道路施工安全标志，在行车过程遇到这类标志时，请小心驾驶。

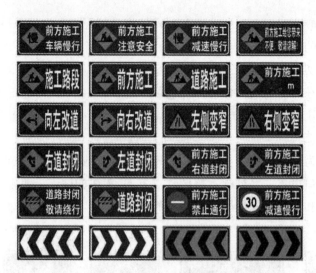

图7.7 道路施工安全标志

(7) 辅助标志

凡主标志无法完整表达或指示其内容时,为维护行车安全与交通畅通,则会设置辅助标志。辅助标志的颜色为白底、黑字、黑边框,形状为长方形。辅助标志(如图7.8所示)附设在主标志下,起辅助说明作用。

图7.8 辅助标志

2. 道路交通标线

道路交通标线是由标划于路面上的各种线条、箭头、文字、立面标记、突起路标和轮廓标等所构成的交通安全设施。它的作用是管制和引导交通,可以与交通标志配合使用,也可单独使用。

道路交通标线按功能可分为指示标线、禁止标线和警号标线。

(1)指示标线

指示标线是指示车行道、行车方向、路面边缘、人行道等设施的标线。它包括双向两车道路面中心线、车行道分界线、车行道边缘线、左弯待转区线、左转弯导向线、港湾式停靠站标线、导向箭头和人行横道线,如图7.9、图7.10所示。

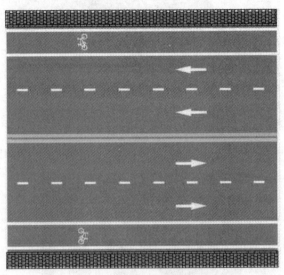

图7.9 车行道分界线

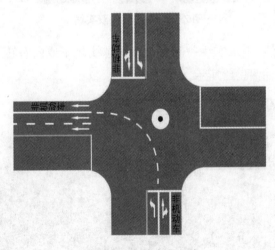

图7.10 左转弯导向线

(1)禁止标线

禁止标线是用以告示道路交通的遵守、禁止、限制等特殊规定,车辆驾驶员以及行人需要严格遵守的标线。禁止标线有以下几种:

① 停止线:表示车辆等候放行信号的位置,如图7.11所示。

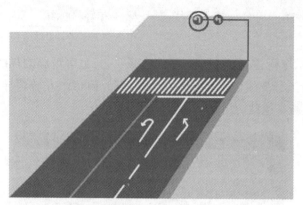

图7.11 停止线

② 中心黄色双实线:表示严格禁止车辆跨线超车或压线行驶(中心黄色单实线是不准车辆跨线超车或压线行驶),如图7.12所示。

图7.12 中心黄色双实线

③ 中心黄色虚实线:表示实线一侧禁止车辆越线超车或向右转弯,虚线一侧准许车辆越线超车或向左转弯,如图7.13所示。

图7.13 中心黄色虚实线

④ 禁止变换车道线:白色实线,用于禁止车辆变换车道或借道超车。如果需要变换车道,请在白色虚线处进行,如图7.14(a)所示。

⑤ 禁止路边长时停放车辆线,如图7.14(b)所示。

⑥ 停车让行线:表示车辆在此路口必须停车让干道车辆先行。标志为两条白色平行实

线和一个白色"停"字,如图7.14(c)所示。

⑦ 减速让行线:表示车辆在此路口必须减速让干道车辆先行。标志为两条平行白色虚线和一个白色倒三角形,如图7.14(d)所示。

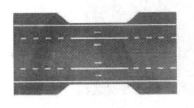
(a) 禁止变换车道线

(b) 禁车路边长时停放车辆线

(c) 停车让行线

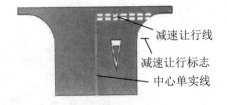
(d) 减速让行线

图7.14 禁止变换车道线、禁止路边停放车辆线、停车让行线、减速让行线

⑧ 非机动车禁驶区标线:用于告示骑车人在路口内禁止驶入的范围,如图7.15所示。

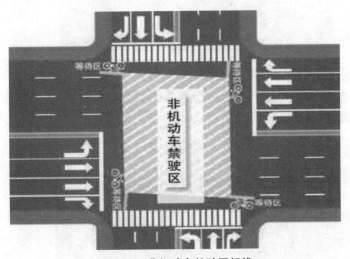

图7.15 非机动车禁驶区标线

⑨ 导流线:表示车辆需按规定的路线行驶,不得越线或压线行驶,如图7.16所示。

图7.16 导流线

⑩ 中心圈：用于区分车辆大、小转弯及交叉口车辆左右转弯的指示，车辆不得压线行驶，如图7.17所示。

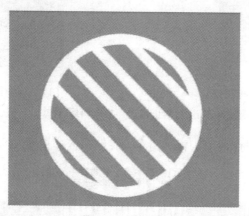

图7.17 中心圈

⑪ 网状线：用于告示驾驶人禁止在设置本标线的交叉路口（或其他出入口处）临时停车，以防交通阻塞，如图7.18所示。

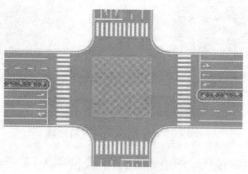

图7.18 网状线

⑫ 禁止调头标记：黄色，用于禁止调头的路口或区间，如图7.19所示。

图7.19 禁止调头标记

⑬ 车种专用车道线:则由黄色虚线及文字组成,用于指示仅限于某车种行驶的专用车道,其他车种及行人不得进入,如图7.20所示。

图7.20 车种专用车道线

(3)警告标线

警告标线是用以促使车辆驾驶员以及行人了解道路特殊情况,提高警惕,准备防范或采取应变措施的标线。

① 车行道宽度渐变段标线:用于警告车辆驾驶人路面宽度缩减或车道数减少,应谨慎驾驶,并禁止超车,如图7.21所示。

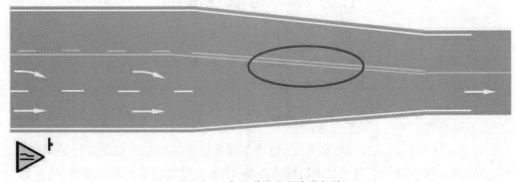

图7.21 车行道宽度渐变段标线

② 接近障碍物标线:用于指示路面上有固定障碍物,警告车辆驾驶人谨慎行车,绕过路面障碍物,如图7.22所示。

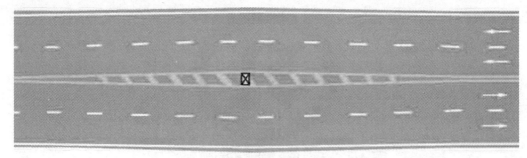

图7.22 接近障碍物标线

③ 减速标线:用于警告车辆驾驶人前方应减速慢行,如图7.23所示。

图7.23 减速标线

④ 近铁路平交道路口标线:用于指示前方有铁路平交道口,警告车辆驾驶人谨慎行车,此标线仅用于无人看守的铁道路口。

任务7.2 考取驾驶证

机动车驾驶人考试内容分为道路交通安全法律、法规和相关知识考试科目(又称理论考试,以下简称科目一)、场地驾驶技能考试科目(俗称桩考,以下简称科目二)、道路驾驶技能和安全文明驾驶常识考试科目(俗称路考,以下简称科目三)。考试内容和合格标准全国统一,根据不同准驾车型规定相应的考试项目。

2013年1月1日起,由公安部颁布的《机动车驾驶证申领和使用规定》(公安部令第123号)正式实施。驾考取消小汽车过单边桥等项目,增加安全文明驾驶常识考试,记满12分5年内不得考大客车,吸毒3年内不得申请驾驶证,道路考试不得超过5次等新规则。

7.2.1 科目一

科目一考试就是让考生熟悉一些道路交通的基本知识,考试的内容包括道路交通安全法律、法规和规章;交通信号及其含义;安全行车、文明驾驶知识;高速公路、山区道路、桥梁、隧道、夜间、恶劣气象和复杂道路条件下的安全驾驶知识;出现爆胎、转向失控、制动失灵等紧急情况时的临危处置知识;机动车总体构造、主要安全装置常识、日常检查和维护基本知识;发生交通事故后的自救、急救等基本知识,以及常见危险物品知识。

科目一考试总时间为45分钟,考试试卷由100道题目组成,题型为判断题和单项选择题,满分100分,90分及以上为合格。考试试卷由计算机驾驶人考试系统按《机动车驾驶证工作规范》规定的比例关系随机抽取、组合。考试中要注意答题时间,切勿心存侥幸,还要记得在点击下一题后,前一题就不能修改了;考试时坐姿要端正,保证面部能被摄像头抓取。科目一考试没有次数的限制。科目一考场如图7.24所示。

图7.24 科目一考场布局

7.2.2 科目二

科目二,又称小路考,是场地驾驶技能考试科目的简称。小车C1、C2考试项目包括倒车入库、侧方停车、坡道定点停车和起步、直角转弯、曲线行驶(俗称S弯)五项必考(部分地区还有第六项高速领卡)。

大车A1、A2、A3、B1、B2考试项目包括桩考、坡道定点停车和起步、侧方停车、通过单边桥、曲线行驶、直角转弯、通过限宽门、通过连续障碍、起伏路行驶、窄路调头,以及模拟高速公路、连续急弯山区路、隧道、雨(雾)天、湿滑路、紧急情况处置。

科目二考试主要为了使驾驶人掌握基础的驾驶操作要领,具备对车辆控制的基本能力;熟练掌握场地和场内道路驾驶的基本方法,具备合理使用车辆操纵机件、正确控制车辆运动空间位置的能力,能够准确地控制车辆的行驶位置、速度和路线。在科目二考试中,很容易出现一些细节错误,在平时练习中就要细心,考试时要更加谨慎。

1. 倒车入库

倒车入库要求在运动中操纵车辆从两侧正确倒入车库。在考试过程中,车辆进退途中不得停车。从道路一端控制线(车身压控制线)倒入车库停车,再前进出库向另一端驶过控制线后倒入车库停车,最后前进驶出车库。在考试中不按规定路线、顺序行驶的,不合格;车身出线、倒车不入、中途停车的,不合格;超过4分钟未完成倒车入库的,不合格。倒车入库简图如图7.25所示。

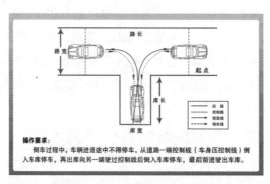

图7.25　倒车入库简图

2. 坡道定点停车与起步

坡道定点停车与起步的考试要求在坡度≥10%、坡长≥30 m的坡道上的固定位置停车,考察方向、制动、离合器三者的协调配合。目的是为了培养机动车驾驶人准确判断车辆的位置,正确使用制动、挡位和离合器,以适应在上坡路段停车与起步。

在考试中,要注意加速踏板、驻车制动器和离合器踏板的协调;上坡前应在最短时间内把方向调正;在上坡时应右转向场地右侧靠,使车右侧与道路右边一条实线平行,车身侧面与该实线距离不得超过30 cm,且不能压到实线,如图7.26所示。

图7.26　坡道定点停车与起步

在考试中需注意:车辆停止后,汽车前保险杆或者摩托车前轴未定于桩杆线上,且前后超出50 cm,不合格;车辆停止后,汽车前保险杆或者摩托车前轴未定于桩杆线上,且前后不超出50 cm,扣10分(原规定扣20分);车辆停止后,车身距离路边缘线30 cm以上,扣10分(原规定扣20分);车辆启动后,车身后溜30 cm且不超过50 cm,扣20分;车辆启动后,车身后溜50 cm,考试不合格;坡道熄火,扣20分;车辆停止后,30秒内未启动车辆,不合格。

3. 直角转弯

直角转弯是考核机动车驾驶人在急变路段驾驶车辆时,正确操纵转向、准确判断车辆内、外轮差的能力。

直角转弯的基本操作:将车辆停靠在直角转弯起始位置,挂入1挡,松开手刹,缓慢抬起离合器并保持半联动状态开始匀速行进,保持车身与道路左侧边缘线20 cm的距离,并保持车辆匀速前进,然后看车辆右侧车门中间门锁前面一点(切记此点),右前侧道路右面边缘黄线一到此点立即停车,向右打死方向盘后,再启动汽车以半联动匀速状态转弯慢行,转过弯感觉车快正时,慢慢向左转回正方向盘,车子回正停直即可。

注意要调整右后视镜位置,尽量压低,能侧身看到右后胎为好;车子即将进入直角弯时尽量放慢速度;左雨刷器支点贴着直角弯左线前行,这个点根据每个人的身材不同,会有差异,主要是为了保证左轮胎与直角弯左线的距离在15~20 cm,并且保证车身正。

另外,等车头过了直角弯前横线后,转头观察直角弯内线延长线在车窗门把位置时,停车;方向盘向右打死,车子缓慢前行,顺利完成直角弯,在这里需要注意的是在转弯的时候最好能注意观察右后视镜,在右后轮快到内直角弯时,观察右后轮是否会压线,如果有可能压线,马上将方向盘回正,车子前行,右后轮过直角弯点,再向右打死,完成直角转弯。

在考试过程中,车轮触轧突出点,不合格;车轮每触轧道路边缘线一次,扣20分;借助倒车完成作业,扣10分。直角转弯如图7.27所示。

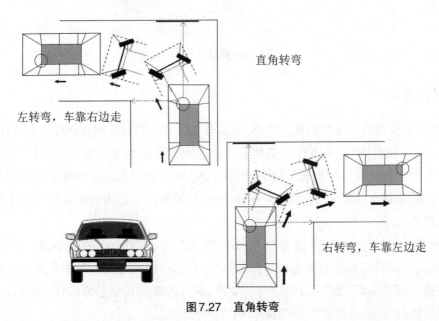

图7.27 直角转弯

4. 曲线行驶

曲线行驶考试要求车辆在规定宽度的S形路面上行驶,不得触轧路边缘线,方向运用自如。考核的是机动车驾驶人操纵转向、控制车辆曲线行驶的能力。目的是为了培养机动车驾驶人转向能力及对车轮轨迹运行的掌握技能。

曲线行驶的基本操作：在进入弯道前，降低车速，用1挡或2挡驶入S形路，车辆与路右侧保持0.5 m左右的距离，适当修正方向（留出左侧内轮差的足够距离）；进入第一个弯道，车辆沿道路的右侧进入弯道（距左侧路边缘约1 m），保持匀低速行驶，向左打方向盘，车辆由靠右侧行驶变为靠左侧行驶；两个弯道交接处，回正方向盘；进入第二个弯道，车辆左侧车轮保持与路边缘线0.5 m的距离，适度修正方向；出弯道时，回转方向盘，进入直线行驶。

在考试驶进弯道时，应提前减速、靠右行；转动方向盘不能过快过急；应尽可能选择转弯半径大的路线行驶；应避免使用制动，特别是使用紧急制动；看后视镜，一定要学会看后视镜，还有就是把离合器掌握好，使用半离合联动。

在考试过程中：车辆驶出边缘线，不合格；车轮轧路边缘线，不合格；中途熄火或停车，不合格。曲线行驶如图7.28所示。

图7.28　曲线行驶

5. 侧方停车

侧方停车是在城市中经常遇见的情况，很多地方将原有的街道两旁划成停车位，成为侧向停车位。新交规实施后，侧方停车全部采用地上的标线作为车库边界。学C1驾照的学员，侧方停车的车位长度是车辆长度的1.5倍加1 m。将车辆开至与前进方向平行的车库前方，然后向右后方倒车入库，中间不能有任何停顿，只要在这个范围内侧方停车入库没过库位边线的，都算通过。

这种侧方位停车有一些特殊的要求：一要判断位置，车位有时大、有时小，要判断自己的车能否停进去；二要快，很多时候是在马路上停车，后方可能还有其他车在等着和看着你停车，因此不能"慢条斯理"，要"速战速决"；三要准，前后方都是其他车的前脸或尾厢，位置不好把握，一旦碰上，自己和对方都会有损失，所以要很准确。

侧方停车有两个地方需要注意：一是左右后视镜要调整好，左边后视镜尽量压低，能看到左边的后轮就行，右边后视镜能看到车身即可；二是车内后视镜要调整，要调整到抬头可以看到车的后挡风玻璃中间。侧方停车如图7.29所示。

图7.29 侧方停车

在考试过程中:车辆入库停止后,车身出线,扣100分;行驶中车轮触压车道边线,扣10分;未停车于库内,扣100分;起步未开左转向灯,扣10分;中途停车,扣100分。

科目二考试满分为100分,设定不合格、减20分、减10分、减5分的项目评判标准。符合下列规定的,考试合格:报考大型客车、牵引车、城市公交车、中型客车、大型货车准驾车型,成绩达到90分的;报考其他准驾车型成绩达到80分的。

科目二考试一次,成绩不合格的,可以补考一次。不参加补考或者补考仍不合格的,本次考试终止,申请人应当在十日后重新预约考试。在驾驶技能准考证明有效期内,科目二和科目三道路驾驶技能考试预约的次数不得超过五次。第五次预约考试仍不合格的,已考试合格的其他科目成绩作废。

7.2.3 科目三

科目二顺利通过就可以开始科目三的学习。大型客车、牵引车、城市公交车、中型客车、大型货车、小型汽车、小型自动挡汽车、低速载货汽车和残疾人专用小型自动挡载客汽车考试项目有上车准备、起步、直线行驶、加减挡位操作、变更车道、靠边停车、直行通过路口、路口左转弯、路口右转弯、通过人行横道线、通过学校区域、通过公共汽车站、会车、超车、调头、夜间行驶。

大型客车、中型客车考试里程不少于20 km,其中白天考试里程不少于10 km,夜间考试里程不少于5 km。牵引车、城市公交车、大型货车考试里程不少于10 km,其中白天考试里程不少于5 km,夜间考试里程不少于3 km。小型汽车、小型自动挡汽车、低速载货汽车、残疾人专用小型自动挡载客汽车考试里程不少于3 km,并抽取不少于20%进行夜间考试;不进行夜间考试的,应当进行模拟夜间灯光使用考试。

科目三考试注意事项:起步前检查车门是否完全关闭,调整座椅、后视镜,系好安全带,检查驻车制动器、挡位,启动发动机。检查仪表,观察内、外后视镜,侧头观察后方交通情况,开启转向灯,挂挡,松驻车制动,起步。起步过程平稳、无闯动、无后溜,不熄火。根据道路情况合理控制车速,正确使用挡位,保持直线行驶,跟车距离适当,行驶过程中适时观察内、外后视镜,视线不得离开行驶方向超过2秒。根据路况和车速,合理加减挡,换挡及时、平顺。

以下情况被视为不合格:遮挡、关闭车内音视频监控设备的;不按考试员指令驾驶的;不能正确使用灯光、雨刮器等车辆常用操纵件的;单手控制转向盘时,不能有效、平稳控制行驶方向的;行驶中空挡滑行的;不按交通信号灯、标志、标线或者交警指挥信号行驶的;等等。

以下情况会被扣10分:起步时车辆后溜,但后溜距离小于30 cm的;操纵转向盘手法不合理的;起步或行驶中挂错挡,不能及时纠正的;转弯时,转、回方向过早、过晚,或者转向角度过大、过小的。

安全文明驾驶常识考试内容包括:安全文明驾驶操作要求、恶劣气象和复杂道路条件下的安全驾驶知识、爆胎等紧急情况下的临危处置方法以及发生交通事故后的处置知识等。

安全文明驾驶常识考试与科目一的步骤是相同的,只是考试内容会有些不同,而且其考试只有50道题,满分还是100分,题目以案例、图片、动画等形式为主,题型为判断题、单项选择题和多项选择题。

科目三道路驾驶技能和安全文明驾驶常识考试满分分别为100分,符合下列规定的,考试合格:报考大型客车、牵引车、城市公交车、中型客车、大型货车准驾车型,成绩达到90分的;报考其他准驾车型成绩达到80分的。

任务7.3　新交规的变化

7.3.1　完善了驾驶证实习期管理制度

① 扩大了实习期管理范围,将增驾新取得大型客车、中型客车、牵引车等驾驶证的驾驶人一并纳入实习期管理。

② 明确了实习期陪驾要求,在实习期内驾驶机动车上高速公路时,必须由持相应或者更高车型驾驶证3年以上的驾驶人陪同。

③ 规定所有车型驾驶证在实习期内有记满12分记录的,予以注销实习车型的驾驶资格。

④ 规定大中型客货车驾驶人实习期结束后,要参加安全文明驾驶等知识考试,接受交通事故警示教育;大中型客货车驾驶人在实习期内违法记6分以上的,实习期限延长1年;在延长的实习期内再次记6分以上但未达到12分的,注销其实习的准驾车型驾驶资格。

7.3.2　加大了交通违法行为惩处力度

为进一步加大对严重危害交通安全的违法行为的惩处力度,新交规对校车、大中型客货车、危险品运输车等重点车型驾驶人的严重交通违法行为提高了记分分值,记分项由38项增加至52项。不但新增了14个涉及校车管理的记分项,还提高了许多交通违法行为的扣分标准。具体扣分细则如下:

1. 一次记6分的行为

① 驾驶机动车违反道路交通信号灯通行的(原来记3分)。

② 驾驶营运客车(不包括公共汽车)、校车载人超过核定人数未达20%的,或者驾驶其他载客汽车载人超过核定人数20%以上的。

③ 驾驶中型以上载客汽车、危险物品运输车辆在高速公路、城市快速路上行驶超过规定时速未达20%的。

④ 驾驶中型以上载客汽车、危险物品运输车辆在高速公路、城市快速路以外的道路上行驶、或者驾驶其他机动车行驶超过规定时速20%以上未达到50%的。

⑤ 驾驶货车载物超过核载质量30%以上或者违反规定载客的。

⑥ 驾驶机动车运载超限的不可解体的物品,未按指定的时间、路线、速度行驶或者未悬挂明显标志的。

⑦ 机动车驾驶人不按照规定避让校车的。

2. 一次记12分的行为

① 驾驶营运客车(不包含公共汽车)、校车载人超过核定人数20%以上的。

② 上道路行驶的机动车未悬挂机动车号牌的,或者故意遮挡、污损、不按规定安装机动车号牌的(原来记6分)。

③ 使用伪造、变造的机动车号牌、行驶证、驾驶证、校车标牌等。

④ 驾驶营运客车在高速公路车道内停车的。

⑤ 驾驶中型以上载客汽车、危险物品运输车辆在高速公路、城市快速路上行驶超过规定时速20%以上的,驾驶机动车行驶超过规定时速50%以上的。

⑥ 连续驾驶中型以上载客汽车、危险物品运输车辆超过4小时未停车休息或者停车休息时间少于20分钟的。

⑦ 未取得校车驾驶资格驾驶校车的。

7.3.3 完善了吸毒驾驶员管理措施

① 将原来"吸毒成瘾尚未戒除不得申请驾驶证"的规定,明确为"三年内有吸食、注射毒品行为或者解除强制隔离戒毒措施未满三年的"不得申请驾驶证。

② 明确取得驾驶证后具有正在执行社区戒毒、强制隔离戒毒或者社区康复措施的三种情形的,视为吸毒成瘾未戒除,予以注销驾驶证。

③ 明确持有驾驶证有吸毒后驾驶机动车行为的,予以注销驾驶证。

新交规除上述内容外,还对驾考进行了调整,加大了驾驶难度,提高了驾驶员的考试标准,考试场景更贴近实际道路,传统的背口诀、对标杆等应试培训教育模式已不再适应新的考试要求。这样的调整极大地避免了驾驶员新手因不熟悉交规和驾驶操作而引起的交通事故,保障了驾驶员及路人的安全。

自2013年1月1日新交规施行起,全国严重交通违法行为大幅减少。各地交管部门加大了对闯红灯、严重超速、故意遮挡号牌等主观故意性强违法行为的查处力度,严格执行记分,严肃处罚严重危害交通安全的违法人员。同时,交管部门对一些轻微交通违法行为以教育为主。从各大城市高峰时段道路通行情况看,机动车经过道路路口基本能够做到提前减速慢行,礼让行人和非机动车,自觉遵守交通信号,路口通行秩序有了较大改观。自新交规实施以来,路口死伤交通事故降幅明显。

任务7.4　汽车安全驾驶

7.4.1　安全驾驶技巧

1. 保持适当的车距

科学研究表明从观察交通环境、判断各种因素到采取措施以及制动滞后和持续制动,约需12秒时间,如果你的车速是60 km/h,那么需要200 m的缓冲距离,如果你在开车时和前后车的车距太近,那么遇到突发事件时,很有可能导致撞车。当然现在城市里由于车辆多,不可能有这么多的空间,所以车距上可以缩短一些,但是不能小于50 m。

2. 不要一遇到情况就急刹车

急刹车使汽车在很短的时间内停止运行,这样会产生很大的惯性,可能导致人员的伤害。另外,后面有汽车跟随的话,可能会因后面的车辆反应不及时,而导致相撞。

3. 把好方向盘

在驾车时控制方向盘的最好方式是把两手放在方向盘的3点和9点的位置上,并且不要太过用力。

4. 适当调整后视镜

调整时不要在中央后视镜中看到自己,其中侧后视镜调整至下位置是把远处的地平线拉于中央,左、右位置则调整至车身占据镜面范围的1/4。这样既可以完全掌握车后的情况,也不会因为反光等问题影响视线。

汽车驾驶的技巧还有很多,在开车时要多多注意。

7.4.2 驾驶盲区与避险

汽车驾驶盲区是指在行车过程中,驾驶员视线受到限制的区域。由于驾驶盲区内可能有障碍物、行人或车辆存在,极易导致道路交通事故的发生,因此,汽车驾驶盲区被视为驾驶员获取道路交通信息的主要障碍之一。

1. 常见的汽车驾驶盲区(以小轿车为例)

根据产生的原因,汽车驾驶盲区可分为车外驾驶盲区和车内驾驶盲区两大类。

(1)车外驾驶盲区

它指的是当车辆在道路上行驶时,由于公路线形、路旁建筑物、路旁的植物、路旁的车辆等阻挡了驾驶员视线,而造成的驾驶盲区。

在行人、自行车与汽车混行的区域,尤其是街道转角、巷口、小区和里弄出口、立交桥后面等驾驶盲区,随时会出现行人、自行车或其他车辆,如果缺乏防范,即使车速不快,也会给行人或骑车人造成严重伤害。

当公交车刚驶离站台,很多乘客下车后往往会强行穿过公交车头到道路对面,由于视野被公交车遮挡,形成驾驶盲区,其他车辆在超越或前行时就可能造成事故。

(2)车内驾驶盲区

车内驾驶盲区又可分为前盲区、后盲区、车底盲区、外后视镜盲区、车柱盲区、涂色膜盲区等。

前盲区是指驾驶员因车头而看不到车辆前方的位置。造成汽车前盲区的因素有车身高度、座椅高度、车头长度、驾驶员的身材等。如果不能很好地估计和控制前盲区的距离,是很容易发生追尾事故的。前盲区的距离约为100 cm。

后盲区是指从后车门开始向外侧展开大约30度的区域在后视镜的视界以外。通俗说法是如果后车的车头在前车的后车门附近,在前车的后视镜里是看不见有车的,如果不注意,极易发生刮蹭和追尾事故。后盲区比前盲区的危险性更大。后盲区的距离约为350 cm。

车底盲区是在车内根本无法看到的区域,同时各种各样的雷达也都无法探测到,这往往会造成较大的安全隐患,假如有小朋友或者猫狗在车底,不注意就会酿成惨剧。

外后视镜并不能完全地收集到车身周围的全部信息,因为外后视镜的视觉区都存在着或多或少的盲区,右边的后视镜盲区很多人都知道,左侧后视镜的盲区似乎很少有人提起。从辅路上主路时,从左后视镜没看到车辆,假如加速大角度切上最内侧车道的话,就很容易与正在最内侧车道的车辆发生碰撞。

A柱(指前挡风玻璃和前车门之间的支柱)盲区。A柱在设计时主要考虑两方面的因素:一是它遮挡驾驶员视线的角度问题,二是A柱的刚度问题。既要保证A柱的刚度,又要减少对驾驶员的视线遮挡程度,这个矛盾在设计中很难平衡,出现视野盲区也是不可避免的。车辆快速行驶时,A柱盲区可以忽略不计,车速越快A柱盲区相对越小。

B柱(指前车门和后车门之间的支柱)盲区。B柱盲区主要是在车辆的右侧,当车辆在行驶中,需要大角度拐到外侧时,B柱会遮挡视线,有可能与右侧正常行驶的车辆发生碰撞。

玻璃上的深色膜。大部分车主购买新车后都会选择加装防爆膜,尤其加装一些颜色较深的膜,因为大部分人认为颜色深的膜隔热与防紫外线性能比较好,但是这些颜色深的膜会造成视觉的盲区。在夜间行车时,玻璃上颜色深的膜会影响车辆两侧的视觉清晰度。

2. 如何有效避免驾驶盲区危险的发生

(1) 保持正确坐姿,养成良好习惯

进入驾驶室前,要养成绕车观察一圈车辆周围与车底的习惯,车辆起步时,要按几下喇叭。坐姿正确会将驾驶盲区压缩到最小范围,否则盲区会增大,甚至一些不该有的盲区也会出现。

(2) 牢记开转向灯,规范驾驶操作

灯光是汽车和汽车交流的最方便的语言,驾驶操作要规范,无论后面有无来车,起步、停车、调头、转弯、变更车道等必须要提前开启转向灯。如果车速比较慢,也可以用侧头或回头看(即视线离开前方)的方法观察车辆左右两侧及后方的交通情况,但回头看的时间不能超过2秒。

(3) 控制跟车距离,保持安全车距

如果前车比较大或者前车的后窗贴了深色的太阳膜,使你无法透过其后窗看到更前方的路况时,更加要保持合适的安全距离,通常要保持4秒的车距,也就是说,你用4秒的时间,可以从现在的位置追上前车目前所处的位置。

(4) 熟知驾驶盲区,合理分配注意力

要熟知汽车驾驶盲区的位置、距离及大小,尽可能与其他车辆或者障碍物保持足够的盲区安全距离。资料表明,在静止状态,人的视野可达到210度左右,但真正看得清楚的有效视野只有70度左右。车速越快,视野则越窄,当车速达到100 km/h时,视野就只有40度左右了,能看清的只有正前方很窄的范围。另外,人的视距集中点也有主要和次要之分,在行车过程中主要注意的是前方的情况,同时也会扫描路边的行人和障碍物。因此,驾驶员要经常切换主要注意力和次要注意力。

(5) 采取预见性驾驶

驾驶员不仅要遵守交通法规,还必须能够针对汽车驾驶盲区的特点,预测盲区内不断变化的交通情况中可能发生的危险,并能准确无误地进行驾驶操作,减少或避免交通安全隐患。

(6) 加强安全教育,消除心理盲区

有些驾驶员驾龄比较长,自认为驾驶技术比较好,忽视安全教育,放松了警惕,这种心理上的安全盲区极易导致交通事故的发生。因此,每个驾驶员都要在思想上树立"安全第一"意识,排除外在因素的干扰,避免分心走神而造成人为的心理盲区所带来的危害。

(7) 加装辅助设备,减少驾驶盲区

加装倒车雷达,可以探测到车后的安全距离约为120 cm;加装广角后视镜,可以在很大程度上减少后视镜的盲区,满足超车、变更车道的需要;加装超车警示系统,在左右后视镜的方位,有两组LED灯,如果有其他车辆靠近,该方向的LED灯组就会自动闪亮,能够有效提示驾驶员注意该侧。当驾驶视线不清晰时,应及时降低车速并打开车窗,注意观察。

综上所述,汽车驾驶盲区是不可避免的,对车辆行驶安全造成巨大的危害,驾驶员若能了解驾驶盲区的特点及危险性,时刻遵守交通法规,保持谨慎的驾驶态度,规范驾驶操作,并采取预见性驾驶,就能在很大程度上避免汽车驾驶盲区所带来的交通安全事故。

7.4.3 不良驾驶行为

① 拐弯、并线、起步、停车不打转向灯。

② 强行插队:看到前面堵车,遂驶入非机动车道,等快到路口时再强行并线,先妨碍自行车和行人再妨碍其他车辆。

③ 远光灯、雾灯常亮:夜晚驾车在照明良好的市区道路上,开着远光灯或又开远光灯又开雾灯甚至不开大灯只开雾灯,严重影响对面车辆和前车驾驶员的判断能力。

④ 随意乱停车:停车随意,不顾及其他司机的感受,违背交通驾驶规则。

⑤ 抢行:左、右转弯的车辆非要抢在直行的车辆前通过,支线上的车辆不让干线上的车。

⑥ 在快车道里慢行:在快车道里慢慢地开,严重影响道路通行能力,以内环线高架道路尤甚。

⑦ 雨后行车不减速:雨后行至积水路面不减速,更有甚者加速通过,致使水花四溅,溅得过往行人一身水,此行为严重影响了自身以及他人的生命安全。

⑧ 向车外抛掷杂物、吐痰:这种行为是没有公德心的表现,不顾及后果,令人气愤。

⑨ 乱鸣喇叭:在堵车的路上,许多司机没有耐心,狂按喇叭,影响道路交通秩序,违背了文明驾驶的规则。

⑩ 仗车欺人:这就是所谓马路上的"欺软怕硬",个别高档车的驾驶员似乎觉得自己"高人一等",仗着车好欺负普通车,开"霸王"车。

7.4.4 安全行车注意事项

1. 正确控制车速

正确控制车速是安全行驶的一个必要条件,所谓"中速行驶,安全礼让",讲的就是这个道理。一般来说,许多司机会根据自己所驾驶车辆的车型和性能,经过实践和测试,摸索出自己最喜爱、感觉最自如的车速。如果这种行车速度能够符合交通法规适合交通环境,即可把这个车速定为自己的安全车速。

当然,城市与乡村不同,山区与平原不同,正确控制车速还必须注意下列行驶环境:

① 密切观察沿途交通标志,遇有限速标志时,须严格按标志规定行驶。

② 根据行驶道路状况和运行条件,灵活掌握和控制车速,该快就快,该慢就慢。

③ 在交通拥挤、车辆较多、车流已有自然速度节奏的道路上行驶,要使自己的车速随车流速度行进,不要性急超车。

④ 尽量保持车速的稳定,避免高速超车和低速慢行。汽车载重量轻、道路条件好时,车速可适当高一些;汽车载重量大、道路条件差时,车速就必须降低一些。

⑤ 行驶中,车速与同向行驶车辆间距相适应。在不同天气、道路、车速条件下,与前车间距也不相同,间距大小以能确保安全为适度。

2. 减速会车

车辆在没有设置中心分隔护栏的道路行驶,与前方来车交会时,应适当降低车速,并选择比较空阔、坚实的路段,靠路右侧缓行交会通过。在视线不良的情况下会车时,要降低车速,开近光灯,即使是在路面较宽的双车道,也应该慢速交会。

如果在行驶前方的道路右侧有障碍物,要根据已车距障碍的距离、速度以及道路状况,决定是加速越过障碍后会车还是减速慢行甚至停车让对方车先行,以错开两车越过障碍物的时间,避免在障碍物处会车;如果对越过障碍的判断没有把握,则应降低车速,缓行至障碍物近处,不要忙于超过,让对面来车通过障碍后再继续行驶;如果估计两车要在障碍物处会车,应主动减速、停车、调整车体位置或倒车让路,不要抢行堵住来车行驶路线;如果可能在路面较窄或道路两侧均有障碍的情况下会车,则应根据对方来车速度和道路条件预选交会路段,正确控制车速,以保证两车在选定的路段交会。

会车时,必须注意保持足够的安全侧向间距,做到"礼让三先"——先慢、先让、先停,绝对不可抢行争路,互不相让,以致形成僵持局面。一般情况下的会车,须遵守下列规则:空车让重车,单车让拖挂货车,大车让小车,货车让客车,教练车让其他车辆,普通车让执行任务的特种车,下坡车让上坡车(当下坡车行至中途而上坡车尚未上坡时,上坡车应该让下坡车)。

夜间会车时,要按规定把远光灯改为近光灯,交会时要减速,防止碰撞前方右侧的行人和骑车人。

会车时,还要特别注意道路上的行人和非机动车情况,看清预计会车地点的行人动态,当行人被来车挡住时,要防止这些行人忽略本车,因此,要鸣号示意。总之,在有行人处会车时,必须防止发生各种突发情况,做好随时停车的准备。

3. 不可强行超车

超车,是驾车行驶中的正常现象。但是,超车又是比较复杂和危险的操作过程,因此,必须具备一定的条件才能进行。

根据交通法规的规定和实践经验,超车应选择道路宽直、视线良好、道路两侧均无障碍,被超车前方150 m以内没有来车,并在交通法规许可的情况下进行。超车时,须先开左转向灯,向前车左侧靠近,并鸣喇叭(禁止鸣喇叭地区和夜间须用变换远近光灯示意)通知前车,确认安全及前车让超后,加速并与被超越车辆保持一定的横向间距,从左侧超越。超越前车后,不可向右急转动方向盘,应保持超车时的速度,在超出被超越车20 m以外再开右转向灯,驶回原车道。

在下列地点或情况下,不得超车:
① 被超车示意转弯、调头时。
② 在超车过程中,与对面来车有会车可能时。
③ 被超车正在超车时。
④ 行经交叉路口、人行横道、漫水桥、漫水路时。
⑤ 通过胡同(里巷)、铁路道口、急弯路、窄路、窄桥、下陡坡时。
⑥ 遇风、雨、雪、雾天能见度在30 m以内时。
⑦ 在冰雪、泥泞的道路上行驶时。
⑧ 喇叭、刮水器发生故障时。
⑨ 牵引发生故障的机动车时。
⑩ 进、出非机动车道时。

在超车过程中,如果发现道路左侧的障碍或横向间距过小而有挤擦可能时,尽量不用紧急制动,以防因路拱发生侧滑碰撞,应稳住方向盘,不要左右转动,在最短的时间内,适当拉开距离,然后再伺机超越,千万不可冒险强行超车。在超越停驶的车辆时,应减速鸣喇叭(在非禁止鸣喇叭地区),注意观察,保持警惕,并留有较大横向间距,随时做好紧急制动的准备,以防止该车突然起步驶入行车道而发生碰撞,或驾驶员突然开启车门下车。尤其是超越停在车站的客车时,更应注意被停车遮蔽处骤然出现横穿公路的行人。

4. 谨慎通过小城镇

小城镇的交通情况各有不同,司机在驾车通过这些小城镇时,注意力一定要高度集中,谨慎行驶,随时做好处理各种情况的准备,特别要注意以下几个问题:
① 小城镇街道一般都不设分道线,机动车、非机动车和行人常常混行,行驶中要主动减速礼让,不要开快车,并尽量避免超车。
② 小城镇一般不设人行横道线,路面也较窄,横穿街道的人很多,加之小摊贩占用街面或城镇居民占用路面晒物品等,必须注意观察、避让,以防止发生轧碰事故。
③ 街道两旁的房屋较低,屋檐伸出长,车辆不可过于靠边行驶。

5.安全通过平交路口

交叉路口是道路网中道路与道路的交叉点。交叉路口分为平面交叉路口和立体交叉路口。

通过有交通标志或信号的平面交叉路口时,司机应注意以下几点:
① 控制行车速度,在行近平交路口时,须在距路口30～100 m的地方减速。注意平交路口的交通标志和信号,服从指挥,绝对不能在停车中抢信号起步,更不能突然加速强行通过。
② 为了保证在平交路口停车后能及时起步,停车时不要关闭发动机。当估计快放行时,应做好准备,允许通行的绿灯一亮,即应起步。

③ 如果要在平交路口转弯,应提前发出转向信号,进入导向车道,夜间须将远光灯改用近光灯,减速慢行,认真观察,小心通过。

当通过没有交通标志或信号的平交路口时,司机应注意以下几点:

① 支路车让干路车先行。支、干路不分的,非机动车让机动车先行,非公共汽车、电动车让公共汽车先行,同类车让右边没有来车的先行。

② 相对方向同类车相遇,左转弯的车让直行或右转弯的车先行。进入环形路口的车让已在路口内的车先行;让行车辆须停车或减速瞭望,确认安全后,方准通过。

6. 安全通过集市和农贸市场

我国的很多城乡都有定期或不定期集市的传统,近几年,为了方便城市居民生活,各个城市的周围大都设立了规模不等的农贸市场,无论是集市还是农贸市场,交通都十分拥挤。行车中如能绕开,应设法绕开;无法绕开时,必须按照通过城镇的一套办法通过。特别要注意的问题是:汽车一定要低速缓行,决不可用汽车挤驱人群;如果遇到传统集市,更要注意尊重当地人民的风俗习惯,切不可贸然行事。如果是在集市高峰时间确实无法通过时,应暂时停车,耐心等候;如果是执行紧急任务又必须通过集市时,则应有人员开道,引导汽车缓慢通过。

7. 安全通过桥梁

在行车中,接近永久性桥梁时,要特别注意桥头附近的交通标志,并遵守有关规定。如果前方有同方向前进的车辆,要与前车保持一定的安全距离,减速通过桥梁。通过桥梁时,尽量不要在桥上停车,以避免阻塞交通。如遇窄桥,且前方来车距桥头较近时,要主动靠边停车让行,待来车通过后再前进;如来车速度较快,虽距桥头较远,也应警惕来车抢先上桥,需提前做好及时停让的准备,避免发生桥上碰撞事故。通过拱形桥时,往往看不清对方来车和道路情况,要减速鸣号,靠右行驶,随时注意对方情况,做好制动准备,切勿冒险高速冲坡。通过吊桥、浮桥、便桥时,如无管理人员指挥,应下车查看,确认没有问题时,再行通过。必要时,可让乘车人员下车步行过桥。不可在桥上变速、制动和停车,以减少桥梁的晃动。

通过设有限制质量标志的桥梁,货运汽车的总质量超过桥梁的负荷量时,须经市政管理部门和公路管理部门的同意,并按交警部门指定的时间通过。

在我国的道路上,有一些桥梁比引道要窄,有的桥梁与道路不在一条直线上,驾驶员稍有疏忽,就有可能使车辆撞上桥栏,甚至翻入桥下。为确保行车安全,通过没有行走过的桥梁时,特别是夜间通过较窄道路上的桥梁时,要谨慎小心,注意观察桥梁情况,时速不得超过20 km/h。

8. 安全通过铁路道口

通过铁路道口时,时速不得超过20 km/h,并应服从铁路管理人员的指挥。

遇有道口拦杆(拦门)关闭、音响器发出报警、红灯闪亮或看守人员示意停止行进时,须靠道路右侧依次停在停止线以外;没有停止线的,停在距最外股铁轨的5 m以外处。

通过无人看守的铁路道口时,必须遵循"一停二慢三通过"的原则,确认安全。如果路口两边有物体挡住视线,看不清两边有无火车驶近时,则应下车察看,不得贸然通过,更不准与火车抢行。

车辆在铁路道口停车等待时,要拉紧制动,以防车辆发生溜滑,与后面的车辆碰撞。火车通过时,应立即做好发动汽车和起步的准备,一旦放行,应立即起步,以免阻塞交通。穿越铁路时,必须一气通过,不得在火车通过区变速、制动、停车。应注意凸出路面的枕木,以防损伤轮胎。握紧方向盘,防止轮胎越过轨道时方向盘发生转动而击伤手臂,如果汽车在铁路上熄火,必须立即设法把车移离铁路。在火车即将来临的紧急情况下,可将变速挡挂入1挡或倒挡,抬起离合器,启动点火开关,用起重机直接将车搬离铁路。如实在没法移动车辆,要迎着火车驶来的方向晃动红色衣物等,以告知火车司机紧急制动,避免发生重大事故。

9. 注意夜间行车安全

① 夜间行车中如遇对向车,不要一会儿踩制动踏板,一会儿向右打轮,要切实注意右侧行人和自行车。与对向车相距150 m时,应将远光灯变为近光灯,若遇对方不改用近光时,应立即减速并连续使用变换远、近光的办法来示意对方;如对方仍不改变,则应减速靠右停车避让,切勿斗气以强光对射,以免损害双方视觉而酿成车祸。

② 夜间行车要注意从左侧横过马路的行人。在城市道路的交通繁忙地段,有时对向车道上排满了等红灯的车,在这种情况下,常常有行人从车队的间隙中跑出来横过马路。

③ 严格控制车速是保证夜间行车安全的根本性措施。由于夜间道路上的交通量小,行人和自行车的干扰也比较少,加上驾驶员的心理状态(如急于快赶等),一般比较容易高速行车,因而很可能发生交通事故。驾驶员应该充分认识到在夜间高速行车的危险性。夜间行车由亮处到暗处时,眼睛有一个适应过程,因此必须降低车速,在驶经弯道、坡路、桥梁、窄路和不易看清的地方时,更应降低车速并随时做好制动或停车的准备;驶经繁华街道时,由于霓虹灯以及其他灯光对驾驶员的视线有影响,这时也须低速行驶;如遇下雨、下雪和下雾等恶劣的天气时更须低速小心行驶。

④ 增加跟车距离。驾驶员在夜间行车时,一是视线不良,二是常遇①中的危险、紧急情况。为此,驾驶员必须准备随时停车。在这种情况下,为避免危险,要注意适当增加跟车距离,以防止前后车相碰撞事故。

⑤ 尽量避免夜间超车,必须超车时,应事先连续变换远、近灯光告知前车,在确实判定前车让路允许超越后,再进行超车。

⑥ 注意避免驾驶疲劳。夜间行车特别是午夜以后行车最容易疲劳瞌睡。另外,夜间行车由于不能见到道路两旁的景观,对驾驶员兴奋性刺激物小,因此最易产生驾驶疲劳,如稍有感觉就应振作精神或停车休息片刻。

⑦ 夏季夜间行车时,尤其要提高警惕,夏季天气炎热,在街道或公路两旁常有人乘凉或露宿,特别是在居民小区的附近,驾驶员必须谨慎驾驶。

 **复习思考题**

1. 道路交通标线的分类有哪些？简要说出各类标线的作用？
2. 驾驶证考试的科目二考试有几项？各项合格标准是什么？
3. 新交规出现了哪些变化？
4. 在哪些地点或情况下不得超车？

汽车名人：丰田喜一郎

1920年丰田喜一郎毕业于东京帝国大学工学部机械科。毕业后，在他父亲的"丰田纺织株式会社"当一名机师。

1921年和1929年丰田喜一郎两次考察欧美国家的汽车工业。

1930年丰田佐吉去世。

1933年9月丰田喜一郎在丰田自动织机制作所一间仓库设立汽车部。

1934年丰田喜一郎购置了几亩工厂用地，造出第一台A型发动机。

1935年丰田喜一郎造出A1型轿车样车。同年8月还造出了一辆GI型汽车。

1936年丰田喜一郎在东京芝浦设立汽车研究所。

丰田喜一郎

1937年在爱知县举田町成立了"丰田汽车工业株式会社"。

1938年11月丰田汽车公司举母工厂正式竣工。

1945年8月二战结束，丰田公司在战争中受到了严重的破坏。

1949年丰田的事业终于驶上了稳定发展的轨道。

1951年5月丰田公司制定了"动脑筋，提方案"制度。

1952年3月27日丰田喜一郎因脑出血去世，享年57岁。

汽车驾驶与安全

项目		班级	
姓名		学号	
小组		日期	

1. 实训要求：
(1) 请选择具有代表性的5个国家(分布在各个洲)的交通规则进行对比分析。
(2) 请分析如何能够做到"安全驾驶"？
(3) 请对你所在地区进行调研，看看常用的交通标志有哪些？(列举至少10个)
2. 实训实施：

自我评价	小组互评	老师评价

项目8　汽车运动与激情——腾云驾"车"

1. 认识汽车运动，了解汽车运动的概况。
2. 了解并熟悉汽车运动的种类。
3. 了解并熟悉世界顶级汽车赛事——F1赛事的相关内容。
4. 了解并熟悉世界著名的汽车赛事运动，体会汽车运动的魅力。

任务8.1　汽车运动概述

汽车运动是在封闭场地内、道路上或野外，比拼速度、驾驶技术和车辆性能的一种运动。最早的赛车比赛是在城市间的公路上进行的，由于公路比赛有极大的危险性，于是专业比赛赛道应运而生。

8.1.1　汽车运动的意义

汽车运动已成为世界人民喜爱的一项运动。1925年7月12日，在德国慕尼黑举行的第一次老式车拉力赛上，81岁高龄的卡尔·本茨驾驶着他发明的三轮汽车参加了比赛，可见赛车运动的魅力。F1汽车锦标赛是全世界最引人注目的赛车运动。自1950年起，在英国银石赛场开始了F1汽车锦标赛，比赛地点覆盖了五大洲十几个国家。近年来，每站吸引超过3.6亿多人通过电视转播观赏。

1. 改善汽车的性能

汽车赛有助于改善汽车的性能。汽车诞生百余年来，很多汽车技术是根据各式各样的车赛所做的大量试验结果发展而来的。赛车场是汽车技术创新的"试验田"。汽车赛可以作为试验汽车新构造、新材料等的重要手段。在比赛中获胜的赛车往往就是制造厂日后生产新车型时参考的样板。

2. 强化的道路试验

汽车赛实质上是一种强化的道路试验。F1赛车的最高车速能达到350 km/h,汽车赛能够使汽车的所有零部件都处于最大应力状态下工作,正常使用条件下几年后才能出现的问题在短短的几个小时之内就能暴露出来,节省了大量的时间。

3. 动态车展

汽车赛可喻为动态车展。F1汽车锦标赛现在每年举行16~18场,分站赛场遍布全世界。赛车是先进技术的结晶,在汽车大赛中推出的每一部新型赛车,都代表着一家汽车公司甚至一个国家在汽车方面的新技术水平。目前,F1赛车发动机最大功率达到669 kW(910马力),最高转速为19000 r/min。高转速、大功率的F1赛车发动机所需要的零部件都需要采用强度高、质量小的特殊合金材料,因此F1赛车发动机造价惊人,不含研发费用,每台可高达15万美元。赛车底盘的许多部件都是由碳复合材料制成的,这种材料具有强度高和质量小的优点。轮胎也是F1赛车的重要部件,目前能为F1赛车提供轮胎的公司只有普里司通和米其林两家。F1赛车的外形是空气动力学的杰作,是在非常精密的风洞中进行数千次试验的结果。赛车展示了尖端汽车技术。

4. 最佳广告

汽车赛是生动真实的广告。一次成功的汽车赛,尤其是国际性高水平大赛,能够吸引成万上亿的观众。在比赛中获胜的赛车和车队可以为汽车制造商和比赛赞助商提供最佳的广告宣传,可以促进产品销售,为企业带来巨大的经济利益。正因如此,许多车队才高薪征聘优秀车手。汽车商和赞助商每年在F1汽车锦标赛上的总投入超过10亿美元。

5. 促进汽车大众化

汽车赛促进了汽车大众化。除职业性汽车比赛外,世界各地的汽车爱好者们还自行组织一些小型的汽车比赛,这对汽车工业的发展有着另外一层意义。许许多多地方性的汽车俱乐部,联系着千千万万名汽车运动爱好者,其广泛性和群众性是汽车大赛所无法比拟的。地方汽车俱乐部组织的汽车赛招徕大量参赛者和现场观众,通过比赛掀起了一阵阵汽车热,使越来越多的人被汽车所吸引,扩大了汽车爱好者队伍,培育了潜在的汽车制造、使用、维修方面的人才和汽车市场。汽车赛使许多人成为汽车迷。

6. 集人与车为一体的综合较量

汽车赛是集人与车为一体的综合较量。与其他体育运动相比,赛车运动不仅是车手个人技艺、意志和胆量的竞争,而且是汽车设计、产品质量的角逐,这种独具特色的双重性运动,更能体现人类精英与高新科技最完美的结合,体现人类对自然的征服能力。

8.1.2 汽车运动的起源

历史上第一次汽车比赛可追溯至1887年4月28日，主办者是法国《汽车》杂志的主编弗谢先生。他举办这次比赛的目的是为了扩大其杂志的影响，增加杂志的发行量。该比赛赛道由巴黎沿塞纳河至努伊，只有一位选手参与，他在没有任何竞争的情况下安全地驶完了全程，最终"夺得"了比赛的胜利。1888年法国《汽车》杂志社再次举办了汽车比赛，全长20 km，驾驶迪温牌三轮汽车的布顿获得冠军，第二名也就是最后一名为驾驶塞尔波罗蒸汽汽车的车手。

被大多数人认可的汽车比赛的诞生日是1894年7月22日，那天，法国《小人物》杂志的新闻负责人皮埃尔·吉法尔在巴黎举办了一场汽车比赛，赛程由巴黎至鲁昂，全长为128 km，有102辆车登记参赛，其中包括德国奔驰、法国标致等著名汽车生产商，最后只有9辆到达了终点，获胜者的汽车平均车速只有24 km/h。

赛车运动非常耗费金钱，因此这项运动就成了富有的绅士们追求刺激的热门运动，参与或者资助赛车运动也成为上流社会的一种时尚。早期的赛车运动非常危险，出于安全的考虑，美国和德国曾先后立法禁止在公路上举办汽车比赛。但是天性浪漫、富于冒险精神的法国人乐此不疲，这也使得早期的赛车运动得以在法国蓬勃开展。

世界上最早使用汽油汽车进行的长距离汽车公路车赛，是1895年6月11日由法国汽车俱乐部和《普·鲁奇·杰鲁瓦尔》报社联合举办的，路程为从巴黎到波尔多的往返，全程达1178 km。参加比赛的汽车共有23辆，其中有8辆汽油车和1辆蒸汽汽车跑完全程．这是世界上第一次有汽油车参加的长距离汽车比赛。第一个到达终点的车手是艾米尔·鲁瓦索尔，历时48小时45分钟，平均车速为24.55 km/h。

在赛车运动的初期，但赛车的安全性能普遍比较差，一旦发生事故，车手就有失去生命的危险。早期的赛车运动大多采取城镇到城镇的比赛形式，赛道就是人们常见的城镇公路，赛车疾驰而过，扬起大量尘土，这是早期汽车比赛常见的情景。观众可以随意在路旁观看比赛，甚至可以肆意穿越赛道，这就大大增加了这项运动的危险性。各类比赛事故不断，颇遭非议，也阻碍了赛车运动的发展。其中最大的一次危机出现在1903年，由法国汽车俱乐部举办的由凡尔赛至波宁多的一次汽车比赛中，赛车扬起的风沙阻碍了车手的视线，一位车手为躲避赛道上突然窜出的儿童，转而冲向了人群，当场撞死3位观众，自己也不幸身亡，从而酿成了赛车史上最早的一次重大事故。由于这次事故的影响重大，法国政府随后禁止了一切汽车比赛。但之后迫于上流社会和赛车迷的压力，法国政府最终作出了妥协，同意恢复汽车比赛，但也制定了一些规则，例如：必须在赛道两旁围上护栏，而且比赛要选在人口稀少的地方。这也是早期封闭赛道的一个雏形。

赛车运动在度过了此次危机之后，迎来了它的平稳发展时期。虽然在赛车运动的初期，各类比赛中不断出现大大小小各种事故，赛车运动的危险性也一度阻碍了它的发展，但赛车运动的魅力并未因此而减弱，反而在经历了种种磨难坎坷之后，迎来了它的平稳发展时期，无论是赛事、赛道或是赛车手，都摆脱了萌芽期的稚嫩，渐渐走向了专业化和正规化。

8.1.3 赛事组织机构

1. 国际汽车运动联合会

国际汽车联合会简称国际汽联(FIA),于1904年6月10日由法国、英国、德国等欧洲国家发起,在巴黎成立,2009年总部迁至瑞士苏黎世。FIA是一个非营利性国际组织,主要致力于协调各国汽车与摩托车组织,帮助驾驶者解决问题并统筹全世界各种汽车与摩托车赛事。FIA举办的大型汽车赛事包括世界一级方程式锦标赛(F1)、世界汽车拉力锦标赛(WRC)、世界房车锦标赛(WTCC)等。

FIA以推动汽车工业发展为宗旨,目前有125个国家的213个俱乐部、协会、联盟和其他赛车机构加入该组织。FIA下设两个部门:交通和汽车部,负责与驾乘人员有关的所有事物,如道路安全、环境和消费者保护等;运动部,管理所有与汽车运动(如Fl大奖赛)有关的事情。FIA的最高权力机构是FIA董事会,由世界各汽车俱乐部主席、各国汽车运动权威组织(FIA成员)负责人构成。董事会选举产生FIA主席、世界交通和汽车理事会及世界汽车运动理事会。两大理事会分别由两个执行主席主持工作,理事会再下设若干个专业委员会,负责具体的事务。FIA于1922年成立了下属机构"国际汽车运动联合会"(FISA),其主要任务是制定有关参赛车辆、车手、路线及比赛方法等相应规则,对比赛纪录进行认可,并为各地举行的汽车比赛做必要的调整或协调。到了20世纪30年代,FISA开始规定比赛发动机的类型和气缸排量以及赛车质量,使比赛趋于公平。1993年FIA机构进行调整,取消了FISA这一机构,汽车赛事由FIA下属运动部直接管理。

FIA每年要在约80个国家安排包括世界大奖赛、世界锦标赛、世界杯赛及地区赛在内的近800场各种国际汽车比赛。国际汽联标志如图8.1所示。

图8.1 国际汽联标志

2. 中国汽车运动联合会

中国汽车运动联合会(FASC)于1975年在北京成立,1983年加入国际汽车联合会。它在国家体育总局的领导下,管理、监督和指导中国汽车运动,促进汽车运动在中国的发展。其标志如图8.2所示。

图8.2　中国汽车运动联合会标志

8.1.4　汽车运动的种类

1. 长距离比赛

（1）拉力赛

拉力赛是在有路基的土路、砂砾路或柏油路上进行,在一个国家或者跨越数国举行的既能检验车辆性能和质量,又能考验驾驶员驾驶技术的长途比赛。比赛在规定日期内分若干阶段进行,每阶段内设置数个测试速度的赛段,每个赛段的长度不超过30 km。每个车组由1名驾驶员和1名副驾驶员（领航员）组成,比赛采用单个发车的方式,以每个车组完成全部特殊路段比赛的时间和在行驶中所受处罚时间计算最终成绩,时间短者名次列前。

（2）越野赛

越野赛,又称马拉松越野赛,是在公路和自然道路上举行的,总长度超过10000 km的比赛。除国际汽联特别批准外,越野赛的赛程不得超过15天,比赛必须在白天进行。比赛采用单车发车方式。比赛每经过10个阶段后至少休息18个小时。必须使用在国际汽联注册的全轮驱动汽车参赛。

2. 环形场地赛

环形场地赛是指起点和终点都在同一地点的场地赛,主要是公路赛。公路赛分为方程式汽车赛、运动原型车赛、耐久赛等。

（1）方程式汽车赛

方程式汽车赛中使用的赛车必须依照国际汽车联合会(FIA)制定颁发的车辆技术规则规定的程式制造,包括车体结构、长度和宽度、最低重量、发动机工作容积、气缸数量、油箱容量、电子设备以及轮胎的距离和大小等。根据方程式赛车的制造程式不同,它分为一级方程式(F1)、方程式3000、三级方程式(F3)、雷诺方程式、亚洲方程式等。

（2）耐久赛

耐久赛也称GT赛,为长时间耐久性比赛。比赛车辆分旅行车和运动原型车两类,并根据发动机的工作容积分为若干级别。GT赛车是美感和动力的完美结合体,保时捷、法拉利、兰博基尼、美洲虎等车企都在GT比赛中建立起它们的名声并让其产品成为世界各国人民梦寐以求的超级跑车。

其中,法国勒芒大赛在世界上是最负盛名的。勒芒位于法国巴黎西南约200 km处,是一个人口约20万的商业城市。这个小城市能够闻名于世界,是因为勒芒24小时耐力赛同世界一级方程式锦标赛(F1)、世界汽车拉力锦标赛(WRC)并称为世界最著名和最艰苦的三大汽车赛事。

3. 无道路比赛

无道路比赛是指在泥土场地进行的比赛,这种比赛需在场地内设置一些障碍,使场地道路崎岖起伏。参赛车辆间隔出发,最后根据每辆赛车的成绩排出比赛名次。

4. 其他形式的汽车比赛

当汽车慢慢融入生活,汽车比赛也逐渐进入生活,形成很多形式。

（1）老爷车比赛

在斯德哥尔摩最重要的老爷车盛事当属亚迪特老爷车大赛。1922年2月12日瑞典第一次汽车赛事在斯德哥尔摩举行。当时的比赛是在一条2.6 km长的冰赛道上进行的,经过几十年的演变逐渐变成了老爷车的赛事。不过,直到19世纪90年代才开始固定每年举办一次亚迪特老爷车大赛。这项赛事也被用来纪念已经逝世的瑞典王子Bertils,他生前也是老爷车爱好者,收藏了不少老爷车。

英国伦敦市每年都要举行一次老爷车比赛,参加这项比赛的都是过了时的旧式汽车。各种各样的老式车同场参赛,吸引着众多观众到场助威,就连皇室成员也前来观赏。令人忍俊不禁的是有些赛车需由人推行一段路之后才能发动起来。

德国从2012开始兴办的博登湖经典车拉力赛,被称为"最美老爷车比赛"。其赛事的起点和终点均设置在位于瑞士、奥地利、德国交界处的博登湖畔,这里景色优美迷人,整个赛事在这个区域进行。2018年的比赛,共有180辆车辆参赛,生产年份从1929~1996年,横跨67

年。其场面如图8.3所示。最"年长"的车型是1929年生产的Marmon罗斯福赛车,也就是说,这辆汽车已经89岁了。最"年轻"的参赛车辆是1996年的梅赛德斯-奔驰SL320。只要是20年以上车龄的车辆都有资格报名参加,而越"年长"的车型,发车排位越靠前。

图8.3　2018年德国博登湖经典车拉力赛

(2) 汽车足球比赛

美国和德国等国家兴起一种新式足球运动。参赛的运动员不用脚踢球,而要开动"甲壳虫"一般的汽车追击足球,把足球撞进对方球门。这种比赛用的球比一般足球大,运动员都戴着防护盔甲,车身周围也加有防护设备,以防相撞时发生意外。其场面如图8.4所示。

图8.4　汽车足球比赛

（3）毁车比赛

毁车比赛于1947年从美国兴起。比赛时共有8个队参加，每个队上场4辆旧的普通型轿车。比赛采取一次性淘汰制，三轮赛出冠军。规则要求，只要参赛两队各自所出的4辆汽车中，能够有一辆最先绕长4000 m的跑道跑完5圈到达终点就算该队获胜。因此，在比赛一开始参赛各队就要采取各种措施来阻止对手的车辆前进，甚至使其瘫痪，以保证自己队的车能到达终点。比赛过程中险象环生，防不胜防，汽车被对手撞下跑道，甚至两败俱伤的现象司空见惯。比赛结束时，赛场上大部分汽车已被毁，剩下的一两辆勉强行驶，摇摇晃晃开到终点就算获胜。

为了取得比赛的胜利，各队的4名队员一般都有明确分工：一名队员作为奔跑手，任务是避开对手的围追堵截，尽快到达终点；一名队员作为阻挡手，不惜牺牲自己，也要千方百计地阻挡对方汽车，掩护奔跑手跑向终点；另外两名就是撞击手了，任务是一路横冲直撞，尽量多地撞坏对方的车辆。当然，在发生意外的情况下，相互之间的角色也可能转换。

任务8.2　一级方程式锦标赛

世界一级方程式锦标赛（F1），是国际汽车运动联合会（FIA）举办的最高等级的年度系列场地赛车比赛，是当今世界最高水平的赛车比赛，与奥运会、世界杯足球赛并称为"世界三大体育盛事"。

F1的第一次正式比赛是1950年的英国银石大奖赛，当时英国皇室亲临观看，意大利车手法里纳赢得第一个F1大奖赛冠军。同时，他也是当年的车手总冠军，即F1历史上第一个车手总冠军获得者。

8.2.1　F1赛车

在一级方程式赛车中获胜的最基本条件是车队需要拥有性能优良的赛车，F1赛车为单座的特制赛车，座舱是敞露在外的，巨大的轮胎也是暴露在车身外面的，没有翼子板遮挡。F1赛车不能在普通道路上行驶，在汽车厂的流水线也不生产，而是由各赛车公司或车厂的赛车运动部单独设计和制造的。

一辆赛车从概念设计到制作完成需要2.5万小时的工作。顶级F1赛车在制造过程中需要生产数目惊人的零件，如宝马-威廉姆斯车队，在12个月中生产了大约20万个零件。F1赛车可以在2.5秒内从0加速到100 km/h，在5秒钟内达到200 km/h；F1赛车有很强的制动特性，可以在3.5秒钟内从时速300 km/h减速到0 km/h，刹车距离为65 m。使一辆赛车从315 km/h减速到185 km/h所需要的能量，相当于让一头大象往上跳10 m的能量。F1车手在比赛期间要换挡超过3000次，宝马车队曾经统计过在大奖赛期间一台引擎大约要点火八百万次。

目前,F1赛车基本规格如下:

① 鼻锥:赛车前段与前轴中心线间的距离不得超过1200 mm,宽度限制在1400 mm以内。

② 四轮:一级方程式赛车必须有四个轮子,其宽度不能超过360 mm,车身不能盖住轮子。

③ 座位与全装备安全带:六点安全带是法定必备的,并须经过国际汽车联合会(FIA)的批准。

④ 双管路制动系统:制动系统分为两条独立的管路,当一条管路发生故障,另一条仍能继续起作用。

⑤ 耐冲击车身:像普通汽车一样,每种新款赛车的样车都必须经受破坏试验。

⑥ 安全油箱:油箱必须是可变形又刺不破的,这个像膀胱一样的东西是用凯夫勒强化橡胶制成的,油箱的出油管必须是自动端油式。

⑦ 最多为12缸:发动机排量限制为3000 mL,汽缸数不超过12个。不允许采用涡轮增压(1977年被引进,1988年全面禁止),只允许用往复式活塞发动机,此条款禁止使用旋转(即转子发动机)技术。后翼板:后悬不能超过1000 mm,宽度限制在500 mm以内,而高度不超过800 mm。

⑧ 变速器:前进挡至少有4个,最多为7个,必须要有倒挡。

⑨ 悬架:不允许采用镀铬的悬架横臂和拉杆。

⑩ 减重的限度:一级方程式赛车规定最小重量(包括车手)为595 kg。没有长度限制,但规定了前悬和后悬的最大值。宽度不得超过1800 mm。从车架最低部分算起的总高度不得超过950 mm。

8.2.2　F1比赛赛程与积分规则

1. F1赛程

为了对正式比赛中赛车的发车顺序进行排位,需要在比赛前专门举行排位赛,以单圈最快者排在首位,获得杆位。

决赛当天,车手先可进行23圈的自由练习,用以检查车子各部分的工作情况。半决赛前半小时各赛车进入排定的起跑位置。赛前5分钟,开始倒计时,当剩下最后1分钟时,发动机开始启动,绿旗挥下后赛车起步,进行最后一圈热身赛,但中途不准超车,也不准更换赛车。待大家跑完后仍按原顺序排好,静待即将开始的大决战。绿灯一亮,决赛正式开始,赛车似脱缰的野马,尽全力向前冲去。为安全起见,每辆赛车的尾部必须安装一只红色信号灯,而且在整个比赛过程中要一直开启。

比赛中车手的赛车如果发生意外,轻度的可以重新回到比赛,严重的退出。如赛车熄火,车手能在10秒内重新发动,还可以继续比赛。当赛会认为事故或环境引起危险时,会舞动黄旗,此时出事地点不许超车。赛车在比赛中途可以进维修站换胎、加油或维修。进维修站的时间算入比赛时间。为了清洁赛场的大气环境，FIA规定所有赛车只准使用无毒无铅汽油。

2. 积分规则

2013年12月，FIA批准世界一级方程式锦标赛(F1)的新规则。自2014年起，收官站将给予双倍积分，F1车手将分配固定车号，增加比赛中进站罚停5秒处罚，2015年启动车队预算帽。从2014年开始，F1将对全年排位最好的车手颁发杆位奖。

F1最快单圈积分规则：从2019赛季开始，如果一位车手以前十名完赛，且同时他也创造了比赛的最快单圈，那么他将获得一个额外的积分。这一规则曾在1950~1959年期间使用，2019赛季该规则在时隔60年后重回F1。

驾驶赛车的车手为一个人。比赛时22辆赛车根据排位比赛的成绩排列起跑顺序。当五盏红灯熄灭时，22辆赛车同时出发，跑完规定圈数（每场为超过305 km的最小圈数），时间短者获胜。

F1的年度总冠军分为两种，车手总冠军及车队总冠军。计分方式为积分制，车手与车队的积分都是累计的。车队积分则以两位车手积分累加。假如比赛未完成2圈，车手不会获得积分，并且赛事干事有权要求修复赛车或者使用备用车（如果该年规则允许使用）重新发车。假如比赛在达到全部赛程的75%被迫中止而无法完赛时，则积分必须乘上1/2。根据各站赛总积分，决出本年度车手及车队的世界冠军。若最终积分相同，则比较分站冠军数、亚军数、季军数，直到一方比另一方多为止。如果依旧相同，还要比较正赛最快圈速的多少、杆位的多少，终极的方式是通过抽签决定的。

8.2.3　F1赛道

F1赛道是封闭式的，比赛在一个完全与外界隔绝、封闭的范围内，以固定的路线绕圈进行。大部分F1的场地都是专门用来进行各类车辆比赛的赛车跑道，但也有以一般市街道路围成，只在举办F1比赛时才封路做出的市街赛道。

FIA规定F1专用赛道为环形，每场比赛距离为300~320 km。为安全起见，赛道两旁一般铺设宽阔的草地或沙地，以便将赛道与观众隔开，同时也可作为主道的缓冲区。FIA规定赛场不允许有过多、过长的直道，目的在于限制高速，以免发生危险。F1赛场地理环境迥然，有的建在高原上，那里空气稀薄，用以考验车手的身体素质；有的则是由街道串成的赛场，路面相对狭窄曲折；有的赛车场路面显得宽阔，但有上下坡以考验车手的技术；还有的赛场建在树木葱郁的树林中，那里跑道起伏大，车手很难控制赛车。FIA要求各赛场的救护人员必须分布在全场的每个角落，争取在出事后尽快跑进现场，进行抢救。

根据赛场的不同，比赛分为街道赛和场地赛。意大利米兰附近的蒙扎赛道就是著名的街道赛道，没有比赛的时候是正常的公路，每当F1赛季来临时，整条公路就会被密封，专门用作F1比赛。

目前，F1共有18个分站赛，也就意味着全球有18个赛道用于F1比赛。每个赛道的周长不等,最短的是摩纳哥的蒙特卡罗街区赛道,单圈长度为3.3 km,最长的是比利时的斯帕赛车场,单圈长度为7 km。

中国站的上海国际赛道位于嘉定区安亭镇东北,距安亭镇中心约7 km,东至漳浦河,西至松鹤路、东环路,南至宝安公路,北至规划中的郊区环线高速公路,总面积约5.3 km²,如图8.5所示。赛车场赛道总长度为7 km左右,由一级方程式赛道和其他类型赛道组成。一级方程式赛道整体造型犹如一个翩翩起舞的"上"字,它既有利于大马力引擎发挥的高速赛道,又具有能充分体现车手技术的弯道。赛车场看台容纳观众规模约20万人,其中带顶篷的固定看台约有5万个座位,其余为露天看台。

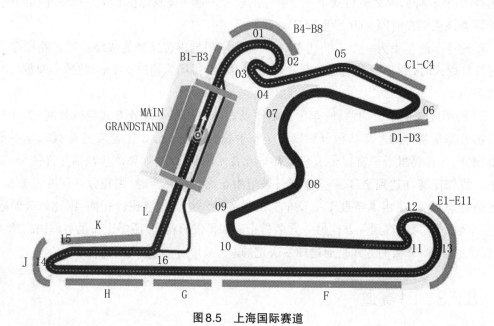

图8.5 上海国际赛道

8.2.4 F1旗语

为有效指挥车手比赛,尽可能地防止赛场上各种事故的发生,F1比赛采用旗语来传递重要的信息,通过在赛道旁挥舞不同颜色的指挥旗来传递不同的信息,见表8.1。

表8.1 旗帜与旗语

旗帜	含义	旗帜	含义
黄旗	1. 代表前方车道上有障碍物提醒车手要小心驾驶; 2. 障碍赛车停在赛道一侧,或不在赛道上,黄旗会静止不动;障碍物在赛道上,黄旗就会来回摇动,以提醒车手准备改变方向;赛道被彻底堵塞,则会摇动两面黄旗	黑白方格旗	1. 表示比赛或者练习赛结束了,所有车手都要返回检修车道或者集中到出发区; 2. 对比赛的冠军,将会为他挥舞黑白方格旗;对于冠军之后的车手,黑白方格旗将会静止出示

旗帜	含义	旗帜	含义
红旗	表示比赛或者试车因某种原因提前结束或暂停	红黄竖条纹旗	红黄竖条纹旗代表赛道前方路面有油,或者路面较滑,车手应该小心驾驶,直到信号旗收回为止
蓝旗	表示后方有车辆正在接近,并且准备超车	白旗	表示前方有慢速行驶的车辆,可能是一辆救护车、拖车或是赛会安全车辆
黑旗	表示车手在跑完这一圈之后必须回到维修站并由车队指挥向维修区裁判报到	绿旗	表示赛道存在的障碍已经得到清除,比赛恢复正常,车手可以恢复正常速度比赛
黑白对角旗	通常伴随着一个号码旗,表示对该车手违反体育道德行为的警告	黑底橘色圈旗	表示车手需要立即与维修站取得联系

8.2.5　F1赛车手

根据国际汽车联合会(FIA)规定,参加F1比赛的选手,必须持有"超级驾驶执照"。每年,全世界有资格驾驶F1赛车的车手不能超过100名。因此,为了跻身F1赛场,每名车手必须过五关斩六将,先是小型车赛,然后是三级方程式,接着是二级方程式,这一切都通过了,才能获得"超级驾驶执照",成为F1车手。

F1车手是体魄强健的运动员,车手承受的强大离心力和驾驶一般车辆有天壤之别,不仅要体能状态优于常人,更要有沉着冷静的头脑。

1. 胡安·曼纽·方吉奥

胡安·曼纽·方吉奥(如图8.6所示)是一位阿根廷赛车手。与其后大多数F1车手不同,他在盛年才开始自己的职业生涯,在他参加的大多数比赛中,他都是最老的车手。在他的职业生涯中,几乎是在没有任何防护设备的情况下参赛。

1934年时,他驾驶自己改装的1929款福特A型车开始了他的车手生涯。在阿根廷国内比赛中,他驾驶Chevrolet赛车勇夺1940年和1941年两届阿根廷国家冠军。在阿根廷汽车运动俱乐部和阿根廷政府的资助下,他在1949年第一次远赴英国参赛。

他曾统治了F1运动的第一个10年。他赢得了5届F1世界冠军——这项纪录一直保持了46年。他曾在4支车队赢得冠军,这是一项恐怖的纪录。他被很多人认为是"历史上最伟大的赛车手"。

图8.6　胡安·曼纽·方吉奥

2. 埃尔顿·塞纳

埃尔顿·塞纳(如图8.7所示)是巴西职业赛车手。他以自身的勇敢和智慧驰骋赛场10年,创造出了不凡的成绩,成为当时世界上最优秀的赛车手,被誉为"赛车王子"。

1960年3月21日埃尔顿·塞纳出生于巴西圣保罗。和大部分成功车手一样,他出生在一个经济富足的家庭。作为成功商人的父亲经营着一家汽车配件厂,并且是狂热的赛车运动爱好者。所以4岁时塞纳就开始接触花费不菲的卡丁车运动,并展现出了惊人的天赋,13岁时开始参加卡丁车赛,14岁时拿下了圣保罗卡丁车赛青少年组的冠军。

但塞纳的赛车之路并不是一帆风顺的,在21岁获得福特方程式的年度总冠军之后,父亲经营的生意出了问题,这也阻断了塞纳的赛车之路。没有了经济支持,想继续赛车事业就变成了痴人说梦,塞纳被迫选择退役。但仅仅4个月后,父亲意识到赛车或许是儿子毕生的热爱,他选择不惜一切代价继续资助塞纳的赛车事业。塞纳回到英国继续自己的福特方程式赛车生涯。1982年在英国锦标赛和欧洲锦标赛中,他16次获得杆位,23次创造最快圈速并22次赢得冠军。

随后塞纳便接到了F1车队的试车邀约,但他并没有接受,而是选择在F3赛事中继续磨炼自己。1983年塞纳参加了英国F3锦标赛。全年20场比赛他取得了15次杆位,13次分站冠军,凭借出色的表现获得了锦标赛的年度总冠军。这也让塞纳获得了足够的信心,从而在次年正式加入F1世界锦标赛,并于1988年、1990年、1991年三度夺取F1世界冠军。

1994年5月1日伊莫拉赛道的Tamburello弯道,成了车迷心中永远的痛。"赛道很滑且没有足够的散热","这部车难于驾驭,极不稳定",赛前他对家人、车队、媒体不止一次地提到自己的担忧。前一天就有车手在那里出事,塞纳也表示出了对那个弯道的顾虑,"那里实在是太危险了,水泥墙那么厚谁撞在那都会死……"。时速300 km/h的威廉姆斯赛车冲出赛道重重地撞在了水泥护墙上,黄绿相间的头盔垂落在那里。在被送往医院4小时之后,埃尔顿·塞纳被正式宣布死亡,严重的头颅创伤和动脉爆裂令医生无力回天,一代车神就此陨落。埃尔顿·赛纳在10年的F1职业生涯中参加了161场比赛,获得41次冠军、65次杆位、3次世界冠军。他死后巴西总统为他进行了国葬,有超过100万民众为他送行。

塞纳之所以被后人封为车神并不仅仅因为他的驾驶技术,更多来自他对于赛车的纯粹热爱。塞纳从不避讳承认他为了赢会不惜一切代价,如不断地寻求更好的车队、更快的赛车;只有对手,没有队友。

图8.7　埃尔顿·塞纳

3. 迈克尔·舒马赫

迈克尔·舒马赫(如图8.8所示),1969年1月3日出生于德国许尔特,德国一级方程式赛车车手,现代最伟大的F1车手之一。在他头16年的职业生涯中,几乎刷新了每一项纪录,总共赢得7次总冠军。

舒马赫的父亲为砖匠,是一个卡丁车场的负责人,母亲在卡丁车赛场周围经营一家快餐店,这样的条件使他自幼即有机会从事卡丁车运动。在父母和环境的影响下,舒马赫从小就喜欢赛车,在6岁的时候就获得了家乡卡丁车比赛的冠军。尽管家庭经济条件不甚富裕,但舒马赫的父亲仍然替他争取到了足够的赞助,使得舒马赫很早就得以展露他的才华。舒马赫从1983年开始参加卡丁车比赛,1984年、1985年他连续两年取得德国青少年卡丁车总冠军,1986年德国青年卡丁车季军,欧洲卡丁赛亚军,欧洲卡丁车决赛季军。

1987年舒马赫正式开启了他的职业赛车生涯,1994年和1995年他代表贝纳通车队两次夺得当年F1世界冠军。1996年舒马赫转战到了法拉利车队,由此开启他职业生涯真正的高光时刻。在队期间,他获得7个总冠军、91个分站赛冠军、68个杆位、155次登上领奖台。在舒马赫的带领下,法拉利车队几乎垄断了F1赛事整整5年。

2006年迈克尔·舒马赫宣布退役,2010年初,舒马赫正式宣布复出,加盟前身为布朗车队的梅赛德斯车队。2012年10月4日舒马赫在铃鹿再次宣布退役。

在赛道上一次次躲过死神的舒马赫却在赛道外发生了意外。2013年12月29日他在法国阿尔卑斯山区滑雪时发生事故,头部撞到岩石,严重受创陷入昏迷,成为了植物人。2018年12月在遭遇滑雪事故5年后,车王舒马赫从昏迷中苏醒。2019年9月12日舒马赫在前往巴黎某医院接受干细胞治疗后神志清醒。在2020年国际汽联年终颁奖典礼中,迈克尔·舒马赫获得国际汽联主席特别贡献奖。

图8.8　迈克尔·舒马赫

4. 费尔南多·阿隆索

费尔南多·阿隆索(如图8.9所示),1981年7月29日出生于西班牙阿斯图里亚斯奥维耶多,西班牙F1车手,两届F1世界冠军得主。

1984年3岁的费尔南多·阿隆索开始接触卡丁车,7岁时参加儿童卡丁车比赛,1994年获得西班牙卡丁车赛冠军,他的才华得到了各界的注意。1996年蝉联西班牙卡丁车赛冠军,并夺得世界卡丁车赛冠军,1997年再度获得西班牙卡丁车赛冠军。1999年开始参加欧洲F3,夺得6个分站冠军,8次创造最快圈速。

2000年参加F3000比赛,获得匈牙利站亚军,比利时站冠军;2001年他正式加入F1。他进入F1的年代是那个令人望而生畏的红色垄断的时代,舒马赫和法拉利统治着那个时代。然而,他就是那个终结"红色王朝"的男人,并且在2005年和2006年两个赛季蝉联年度世界冠军。2010年他来到了法拉利,肩负起车队复兴的重任,然而那是属于红牛和维特尔的时代,法拉利始终没能拿出一辆极具竞争力的赛车,但阿隆索依然将赛车推到了极致,在2010年和2012年两度将红牛和维特尔"逼到悬崖边"。在西班牙人心目中,阿隆索就是他们的民族英雄。

图8.9 费尔南多·阿隆索

8.2.6 F1车队

车队是参加汽车比赛的集体,要想参加F1汽车大奖赛,就必须先注册成立一支专业赛车队。F1赛车队的人数有多有少,多的有200多人,少的也有40人左右。成立和运作一支F1车队所需的费用非常高,虽然开支惊人,但如果车队名次较好,它们能得到的企业赞助及广告收入也是惊人的。

目前的F1车队可分为两类:厂商车队(如法拉利、丰田),能独立制造F1赛车所需的90%以上零件;非厂商车队(如红牛一、二队),主要提供赞助及负责比赛的一些事项。

1. 法拉利F1赛车队

法拉利F1赛车队是法拉利汽车公司的赛事部门。自1929年建队以来,这支车队参加一级方程式赛事的同时,也参加一些其他赛车比赛,包括运动车比赛。从1950年一级方程式赛大奖赛建立以来,这是赛事历史上现存最古老也是最成功的车队。作为制造商,法拉利总共16次赢得车队冠军。

2. 迈凯伦F1赛车队

迈凯伦F1赛车队是F1车坛的老牌强队,从1966年就开始参加F1大奖赛,一共获得过8次车队总冠军和11次车手冠军。赛纳是曾经在迈凯伦车队效力的最著名的车手,他在迈凯伦夺得了三个世界冠军。迈凯伦耗资31亿欧元打造了全新技术中心。它是一级方程式赛车中最为成功的车队之一,是法拉利车队的主要竞争对手,获得过多次车队总冠军和车手冠军。

3. 威廉姆斯F1赛车队

威廉姆斯F1赛车队是于1977年成立的,车队成立初期一共只有17个人,其中包括车手人数。威廉姆斯车队从设计第一辆FW06赛车开始,一直发展到现在,已经成为了F1大奖赛上一支不可忽视的劲旅,这也是F1中屈指可数的私人车队。

威廉姆斯车队在20世纪70年代才进入F1赛场,晚于法拉利和迈凯伦。其起家时的预算少得可怜,但弗兰克·威廉姆斯是最执着的赛车迷之一,不论财务状况多么严峻,他同帕特里克始终维持着这支独立车队不放弃。

4. 梅赛德斯-奔驰F1赛车队

梅赛德斯-奔驰F1赛车队是2009年时成立的一级方程式车队,其前身为罗斯·布朗创立并参加2009年世界一级方程式锦标赛的布朗车队。2014年、2015年、2016年、2017年连续四年夺得F1车队冠军。

布朗车队于2009年3月6日成立,前身是本田车队。布朗车队在参赛的第一年便获得车手、车队双料冠军。2009年11月17日德国汽车制造商梅赛德斯-奔驰宣布收购布朗车队75.1%的股份,将车队更名为梅赛德斯大奖赛车队。2012年队伍将队名中的"GP"标志移除并更换为"AMG"(奔驰旗下的高性能改装部门),而车队的全名也更改为梅赛德斯AMG马石油F1车队。

5. 宝马索伯F1赛车队

宝马索伯F1赛车队是2006年进入F1的新车队。2005年末,原先只是作为威廉姆斯车队引擎提供者的德国宝马汽车公司收购了瑞士人皮特·索伯旗下的索伯车队,成立了自己公司的官方车队。同时,为了纪念皮特·索伯对F1运动做出的贡献,宝马公司将新成立的车队命名为宝马索伯车队。2006年车队第一次以宝马索伯车队的名义参加了一级方程式的赛事,赛车使用宝马引擎、米其林轮胎。

除上述车队外,还有其他著名车队如红牛F1赛车队、卡特汉姆F1赛车队、印度力量F1赛车队等。

任务8.3　其他汽车赛事

8.3.1　法国勒芒24小时汽车耐力赛

法国勒芒24小时汽车耐力赛同世界一级方程式锦标赛(F1)、世界汽车拉力锦标赛(WRC)并称为世界最著名和最艰苦的三大汽车赛事。自从首届比赛于1923年举行以来,除了第二次世界大战前后的几年以外,勒芒耐力赛从未间断过。

一般耐力赛只有500~1000 km,而勒芒24小时汽车耐力赛约5000 km。勒芒的赛道是一条环形跑道,全长13.5 km,由高速公路和街区公路封闭而成,如图8.10所示。在赛道上有一段长约6 km的直道,赛车在这段直道上的时速可高达390 km/h,在24小时的比赛中,车手们要在这段直道上高速行驶6小时,对赛车的性能和车手的耐力都是极大的考验。不同于别的赛车运动,勒芒24小时汽车耐力赛不仅需要一台最快的赛车,还需要赛车兼具速度和稳定性。同时它还必须很省油,比赛中尽量少地进站加油有利于获得胜利。

图8.10 勒芒赛车场

比赛一般从第一天的下午四点开始,一直持续到次日的下午四点,历时24小时。每部赛车由3名赛手分别驾驶(1980年中期以前为2名赛手),即采用换人不换车的方法,所有的加油、换胎和维修时间都包括在24小时以内。最后,行驶里程最多的赛车获胜,一般一昼夜下来,成绩最好的赛车行驶的里程将近5000 km。

由于勒芒耐力赛是全球各种耐力赛时间最长的比赛,而且选手驾车在同一环行赛道上要不停地转上350多圈,比赛显得单调、乏味。不论车手、维修还是观众,在下半夜的时候都会变得疲惫不堪。因此这场比赛被称为"最辛苦、最乏味的赛事"。大多数观众是带着宿营车或帐篷前来观战的,赛场旁的30个大型停车场每次比赛都停满了10万辆汽车。赛场周围有设施齐备的餐饮、娱乐和休闲场所,以及销售仿制的各大车队服装、帽子的铺位,让车迷们在这里如同过节一样。观众可以在餐厅里一边吃着可口的食物,一边观看窗外时速高达300多千米的赛车飞驰而过,这堪称赛车界里独一无二的情景。

8.3.2 达喀尔拉力赛

达喀尔拉力赛被称为勇敢者的游戏、世界上最艰苦的拉力赛。作为最严酷和最富有冒险精神的赛车运动,达喀尔拉力赛为全世界所知晓,受到全球5亿人以上的热切关注。1977年达喀尔拉力赛的创始人泽利·萨宾在沙漠中迷了路,无意间发现了一个很适合进行拉力赛的地方,于是他于1978年创办了该项赛事。无论专业选手还是业余赛车爱好者都可自由参赛,共同竞技。

首届达喀尔拉力赛于1978年12月26日出发,比赛穿过阿尔及利亚、尼日尔、马里,经过10000多千米的长途跋涉,于次年1月14日抵达塞内加尔首都达喀尔。当时共有170辆赛车参赛,其中只有74辆赛车顺利完赛。

巴黎达喀尔拉力赛的正式法语名称为Le Dakar,每年的赛会都以赞助商或地区名称冠名。该比赛为多车种的比赛,共分为摩托车组、小型汽车组(包括轿车和越野车)以及卡车组,赛车的号码依次以1,2,3开头。如105,表示摩托车组的第5号赛车,308表示小型车组的第8号,512则表示卡车组的第12辆赛车。而工作车则以8为开头数字。比赛路段分布在宽阔甚至漫无边际的撒哈拉沙漠、毛里塔尼亚沙漠以及热带草原,与WRC相比,基本上没有现成的道路。车手和领航员除了依靠组委会的路线图以外,还要借助指南针直至今天的GPS全球定位系统,才能到达和通过每一个集结点。由于维修队不像WRC那样可以通过一般的公路提前到达指定的区域等待赛车前来检修和补给,因此,每个车队都会包租专机携带所有的配件、给养和维修技师,在赛车之前飞抵指定区域(多为简易机场)。几十架分别画有各自车队标志的飞机停在一起,其场景蔚为壮观。当贴满同样标志的赛车来到维修区,便会集中到机翼下进行维修和补给。这时候,又如同小鸟在大鸟的羽翼下休息一样,特别有趣。所以除了比赛极具观赏性以外,达喀尔拉力赛的维修区也是非常值得一看的。该比赛也采取间隔发车的方法。但是,比赛的赛段只有十几个,每个赛段都十分漫长,因此,会在某个赛段出现摩托车、小型车辆和大卡车并驾齐驱的宏大场面。

达喀尔拉力赛的过程异常艰苦,赛手白天要经受40度的高温,晚上又要在零下的低温中度过。而且,除了通常的赛车故障以外,一旦迷失方向,就要面临断油、断粮甚至放弃赛车的局面。因此,这是一场人与自然的真正较量。也正是因为这样,虽然每场冠军的奖金只有4500美元,但还会吸引那些不畏艰险的赛手前来参加。

8.3.3 WRC世界拉力锦标赛

世界拉力锦标赛(WRC)是一项由国际汽车联盟(FIA)组织的,全世界范围的级别最高的拉力系列赛事,第一场赛事于1973年举行。世界拉力锦标赛包括车手世界冠军及车厂世界冠军两个不同的最高奖项,赛段为各种临时封闭后的普通道路,包括山区和丘陵的盘山公路、沙石路、泥泞路、冰雪路等,也有无法封闭的沙漠、戈壁、草原等地段。复杂的地形和漫长的赛程不仅考验车手的车技和经验,还要考验领航员的配合、车辆的性能以及维修的力量。

WRC名气仅次于F1世界顶级赛车运动。很多私人车队也会参赛,通常每一站的参赛车辆约70~100辆,全球约有超过10亿人次通过电视转播或其他媒体观赏这项世界顶级的汽车越野拉力赛事。同时,WRC还以"不要门票的比赛"或"家门口的比赛"而闻名,因为WRC的赛道多是由乡村、野外的砂石、沙漠或者柏油路面组成,比赛时赛车会在村庄中穿行,而观众可站在赛道两侧的安全区域观战,可以"零距离"体验赛车飞驰的刺激。其精彩瞬间如图8.11所示。

WRC可以说是所有赛车项目中最苛刻的一种,因为所有参赛车辆都是以量产车为基础研发制作而成的。目前FIA规定的WRC每年有14站比赛,比赛时间是从每年的1月到11月。

图8.11 世界拉力锦标赛精彩瞬间

8.3.4 WTCC世界房车锦标赛

世界房车锦标赛(WTCC)是FIA于2005年新推出的一项全球性汽车赛事,它的前身为欧洲房车锦标赛(ETCC)。WTCC延续ETCC的Super 2000车辆规则,每站比赛分两回合(每回合8圈)进行,并颁发冠军车手和冠军车厂两个最高奖项。其比赛场景如图8.12所示。

图8.12 世界房车锦标赛比赛场景

为了体现比赛的公平竞争性,世界房车锦标赛赛事组委会对赛车进行了严格的规定。

WTCC的参赛车型必须以至少4座的量产型房车为基础,采用4缸发动机,排量不能超过2 L,而且必须采用自然吸气方式,最高转速不得超过8500 r/min,最大马力也被限定在250~270 kW的区间,可采用5速或6速直齿手排变速箱,每个轮圈的质量被限定在9 kg之内,制动盘的直径也不得超过296.5 mm。

另外,在每场比赛前,赛车和车手都要进行称重,连同驾驶员在内的总质量不得低于114 kg。如果整体质量有出入,将会配以一定重量的压舱物,确保每部赛车和车手的质量相等。

参照车手的总积分和每场比赛的表现,比赛配重的计算方法有两种。车手每取得一个积分都会增加1 kg的配重。在每一站比赛中取得好的成绩,在接下来一站比赛的配重也会相应增加。最新的规则是:单场比赛的前6名会依次加上30 kg、25 kg、20 kg、15 kg、10 kg、5 kg的重量。每一站比赛结束的时候都会根据成绩重新计算下一站比赛的配重。比赛配重的上限为70 kg。

世界房车锦标赛采用分站赛的形式,每个分站比赛分排位赛和正式比赛两部分,正式比赛分两回合进行,每回合约50 km的比赛距离。其中头一天的排位赛成绩将决定次日第一回合比赛的发车顺序。而第二回合比赛的发车顺序则取决于第一回合比赛的成绩,其中第一回合的前8名在第二回合的发车顺序将会被颠倒,即按照第一回合的成绩从第1名到第8名的顺序反向安排第二回合比赛的发车顺序。比赛结束后颁发冠军车手和冠军车厂两个奖项。每个回合最后成绩的前8名可以分别获得10、8、6、5、4、3、2、1的比赛积分。

复习思考题

1. 为什么汽车运动在法国兴起而不是汽车的发源地德国?
2. 汽车运动的种类主要有哪些?
3. F1方程式赛车车身结构有哪些特点?
4. 法国勒芒24小时汽车耐力赛具有什么特征?
5. 你最欣赏的赛车手是谁,为什么?

汽车名人:恩佐·法拉利

恩佐·法拉利(Enzo Ferrari,1898年2月18日—1988年8月14日),法拉利汽车公司创始人,被称为"赛车之父"。

恩佐·法拉利于1898年2月18日出生在意大利北部莫德拉(Modena)的一个小钣金工厂主的家中。他的父亲阿勒法多(Alfredo),不仅是一个技艺超群的铸铁好手,而且是一个赛车迷。在他10岁那年,父亲带他到波伦亚观看了一场汽车比

恩佐·法拉利

赛。集惊险、刺激于一体的惊心动魄的赛车场面深深地吸引了他,他盼望着自己也能成为一名优秀赛车手。13岁那年,他千方百计地说服了父亲,允许他单独驾驶汽车,从此,他与汽车结下了不解之缘。

1916年法拉利父亲因病去世,不久,战争又夺去其兄性命,他本人也不得不应征入伍。第一次世界大战结束,在他退役以后,20岁的恩佐·法拉利面临人生的第一次重创——父亲曾经苦心经营的家庭作坊式钢铁厂关门停产,家庭生活状况直线下降。成为汽车制造厂员工的愿望,也因爱尔法·罗密欧汽车制造公司的冷酷拒绝而化为泡影。面对这尴尬的人生遭遇,恩佐·法拉利并未心灰意冷,反而凭借着对赛车的狂热,在尽心竭力地干好自己分内工作之后,怀着"钟爱跑车胜过家人和挚友,跑车是生命不可分割的一部分"的痴恋,与另一位测试员组成赛车搭档,自费参加了森姆尼赛车队,第一次体验了赛车运动独具的疯狂刺激。他在22岁那年的大奖赛中夺得亚军,并得到了爱尔法·罗密欧汽车制造公司老板的垂青,成为一名"拿生命开玩笑"的试车员。恩佐·法拉利无怨无悔地埋头于自己所钟爱的事业之中。

1947年法拉利创建了自己的汽车制造厂,生产出第一辆车后,他以自己的名字对其进行命名,并以跳马图为商标。在以后的3年时间里,法拉利又相继生产了Tipo166、Tipo195、Tipo212、Tipo225等赛车。由于赛车的性能需要在赛车场上才能得到检验,因此,法拉利积极参加各种汽车大赛,借以检验、宣传自己的赛车。法拉利赛车没有辜负他的期望,先后夺得过多项桂冠:在1951年的迈勒·米格拉尔汽车大赛上,排量4.1 L的Tipo375获胜;在布宜诺斯艾利斯1000 km汽车赛上,排量4.9 L的Tipo410夺魁;1956年经过法拉利改造的蓝旗车一举夺得了世界汽车竞赛的最高荣誉——一级方程式赛车年度总冠军。这一连串的胜利,奠定了法拉利赛车在世界车坛至高无上的地位。

法拉利除了制造赛车并参加大赛以外,还积极策划制造法拉利跑车,从此他的事业就更无法同那惊心动魄的汽车大赛分离了。他设计的F1型赛车,在世界性大赛上共获得100多次胜利,尚没有哪一种赛车能够打破这项纪录。

1988年8月14日汽车界的巨星恩佐·法拉利去世了,终年90岁。他留给后人的是那不朽的事业和艺术品一般的法拉利车。

 **任务工单**

汽车运动与激情

项目		班级	
姓名		学号	
小组		日期	

1. 实训要求:
(1) 查阅资料,梳理中国汽车赛事运动的举办情况。
(2) 了解1~2名中国赛车手及其国际赛事情况。
(3) 查阅资料,梳理最新一届F1方程式比赛的相关内容,包括赛程、参赛车队、年度总冠军获得者、精彩高燃场景等内容。

2. 实训实施:

自我评价	小组互评	老师评价

项目9　汽车时尚与文化——出谋划"车"

知识目标

1. 了解汽车展览会的特点以及世界著名车展。
2. 了解著名汽车网站及其特点。

汽车是人类智慧的结晶,和谐地将科学技术与艺术相统一,绽放出绚丽的文化光芒;汽车与社会有着密切的关系,是社会文化的重要组成部分,汽车是流动的风景,带给人们多姿多彩的文化生活,汽车文化也将以其丰富的内容和独有的魅力不断地影响着人们的生活。汽车展览、汽车网站等汽车活动使汽车作为一种时尚文化吸引了更多的人融入其中。

任务9.1　汽车展览会

9.1.1　汽车展览概况

汽车推广的形式似乎具有无限丰富的内容。除展销会和订货会之外,邀请参观、通报信息、汽车大赛、知识竞赛、无偿赠车、免费用车、组合商店、窗口公司等,都是汽车推广的基本形式。所谓汽车展览,就是一种面向社会公众的汽车推广形式。因此,自汽车诞生之日起,汽车展览就随之而来。一般来说,汽车展览会主要有国际车展和国内车展、厂家车展和商家车展、专业车展和主导车展、固定车展和巡回车展、实物车展和虚拟车展、临时车展和永久性车展等类型。从市场开拓的实践来看,汽车展览由于实现了产品直接与用户见面,便于用户对产品有一个直观而全面的了解,而且在现场就可以签订供销合同,现场成交,效果非常明显。研究表明,在同样的费用条件下,展览所取得的效果是其他促销手段的数倍,这也是许多厂家热衷于参加车展的缘故。不仅如此,近几年来,随着车展的普及,尤其是轿车开始走进普通家庭,汽车展览的参观者已非单纯的经销商,大量的市民也纷纷涌向展览,一饱眼福,相应地带动了与展览有关的消费业发展,形成了所谓的会展经济,它反过来又对车展形成了"推波助澜"的效果,加速了车展的繁荣。

国际车展,是以各国汽车为展销对象的车展;国内车展,是以本国汽车为展销对象的车展。通过汽车展览,不但可以沟通供需、培养汽车文化、促进汽车消费,而且可以彼此观摩、交流经营理念、促进汽车发展。衡量某一车展是否为国际一流车展的主要依据是参展商的规模和级别,汽车展品的档次,首次亮相的新车、概念车的多少,展出面积,配套设施的先进性、完备性,主办方的服务质量,国内外媒体宣传报道量,观众数量和专业水平等。国际车展是国际厂商的一次集体实力秀,也是刺激眼球经济的最好形式。北美国际汽车展、巴黎车展、日内瓦车展、法兰克福车展和东京车展被誉为当今国际五大车展。

中国被公认为是世界上最后一块汽车大市场。中国汽车工业在21世纪以轿车进入家庭为标志,进入了新的发展阶段。汽车展览是一项面向大众的社会活动,汽车知识、汽车文化可以通过展览实现普及,特别是实现汽车文化的培育与传播,对于发展我国汽车工业起到了推动作用。目前,北京、上海、广州、长春、杭州、天津、大连、南京等城市纷纷举办车展。举办和参加汽车展销会,已经成为一项重要的促销策略,受到了汽车生产厂家的高度重视。

9.1.2 世界著名汽车展览

1. 北美国际汽车展

北美国际汽车展的前身是美国底特律国际汽车博览会,至今已经有近百年历史,是美国创办历史最长的车展之一。

1957年欧洲车厂终于远渡重洋而来,首次出现了沃尔沃、奔驰、保时捷的身影,获得了美国民众的高度重视。从此,底特律车展的"王旗"正式树起。

1989年底特律车展正式更名为北美国际汽车展(以下简称北美车展)。每年1月5日左右,北美车展率先在美国汽车城底特律拉开大幕。全球所有汽车大公司都会利用这一平台推出自己的概念车。北美车展"时装"味很浓,几乎成了概念车的天下,其展示的新车如图9.1所示。各种千奇百怪的设计,能想到的、无法想到的,在北美车展上都能见其身影,因此给人以科幻、离奇甚至怪异的感觉。

图9.1 北美国际汽车展上的新车

2. 巴黎车展

巴黎车展起源于1898年的国际汽车沙龙会,1976年以前每年一届,此后每两年一届,在每年的9月底至10月初举行。

巴黎是个浪漫之都，车展也不例外。2012年9月底举行的巴黎车展"法国味儿"十足，每次车展都会有一个展馆展示老爷车。去巴黎车展你会发现，所有散发的车展资料以价格表居多，展会上还会举行二手车拍卖，有人说巴黎车展是五大车展中商业性最强的。

此外，巴黎车展会特别照顾一些不知名的超小型车，这在其他车展上是见不到的。

3. 日内瓦车展

日内瓦车展创办于1924年，是欧洲唯一每年度举办的大型车展，在每年3月份举行。日内瓦车展上的展车不仅是各汽车厂家最新、最前沿的作品，而且参展的车型也极为奢华。

日内瓦车展是各大汽车商首次推出新产品的最主要的展出平台，素有"国际汽车潮流风向标"之称，其展示的新车如图9.2所示。

图9.2　日内瓦车展上的新车

4. 法兰克福车展

法兰克福车展前身为柏林车展，创办于1897年，1951年移到法兰克福举办，每年一届，轿车和商用车轮换展出。

法兰克福车展是世界规模最大的车展，有"汽车奥运会"之称，其展示的新车如图9.3所示。法兰克福车展每两年举办一次，一般在9月中旬开展。在为期2周左右的展会期间，所有能运用的高科技手段都会派上用场，大型互动媒体演示、模拟驾驶等亲身体验活动，让参与者连呼过瘾。

参展的商家主要来自欧洲、美国和日本，尤其以欧洲汽车商居多。法兰克福地处德国，展商以德国企业居多，这与底特律车展、东京车展的地域性如出一辙。也许因为德国是现代汽车的发祥地，来看车展的老百姓不但汽车知识全面，而且消费心理非常成熟。对他们来说，看车展就是逛街，理性实用的成分居多。

图9.3　法兰克福车展上的新车

5. 东京车展

东京车展创办于1954年，是五大车展中历史最短的。东京车展是亚洲最大的国际车展，被誉为"亚洲汽车风向标"，选择在10月举行，其展示的新车如图9.4所示。单数年为乘用车展，双数年为商务车展。东京车展的突出特点是车型种类繁多，不但有展示最新科技的乘用车、动力强劲的赛车，还有改装车、摩托车等，这恰恰体现了日本人的细腻。

由于市场竞争的激烈，精明的日本汽车制造商早已把市场细分成了无数个小块，甚至以性别、年龄层次和特殊需求在同一平台上设计不同的车型。

图9.4　东京车展上的新车

6. 北京国际车展

两年一届的北京国际车展（以下简称北京车展）选择在6月上旬举行，也许是在时间上与其他车展"错位"，也许是想利用夏日的热情来烘托中国汽车市场的红红火火，北京车展的参展商数目庞大，人气极旺，其展示的新车如图9.5所示。一位外商毫不隐讳地说："即使北京车展搭个棚子让人参展，跨国汽车巨头也会趋之若鹜。因为他们看中的不是车展本身，而是中国巨大的汽车潜在消费市场。"

尽管北京国际车展的参展商数目众多，成交额大，人气极旺，但是和真正的国际车展相比，北京国际车展还有很大的差距。

国际五大车展，除日内瓦本土没有汽车工业之外，其他四大车展都是以强大的本土汽车工业为支撑的。北美车展是美国通用、福特、克莱斯勒三大公司独领风骚，东京车展则是丰田、本田、日产为首的日本企业唱主角，法兰克福车展是德国汽车公司的天下，巴黎车展则是雷诺和PSA的节日。本土企业的展台不仅面积巨大，而且展出车型繁多，当然也是人气最旺的。

对照北京车展，国内的几大合资公司虽然也组团参展，但除一汽集团的红旗旗舰抢眼外，其他基本都是跨国公司车型的拼盘，看过跨国公司展台，再看几大合资公司展台，就会感到索然无味，大有重复之感。

本土企业开发的车型只有吉利、奇瑞、长安等为数不多的几款，这不能不说是一种遗憾。

图9.5 北京车展上的新车

任务9.2 汽车网站

9.2.1 汽车网站分类

汽车网站兼顾产业传播、汽车新闻、行业发展、汽车产品宣传等,也为网民提供不同类别的汽车资讯,范围涵盖汽车行业的各个方面,既有面对厂家和商家的网站,也有面对个体用户的网站。根据受众的不同,汽车网站可分为产业类网站、门户网站汽车频道、垂直汽车网站、汽车企业及机构网站等。

1. 产业类网站

受众群体主要是各汽车整车及零部件企业。以中国汽车工业信息网(www.autoinfo.org.cn)为例,它是在原国家经贸委、原机械工业部的领导和支持下成立的,由中国汽车技术研究中心负责承建的大型网络信息服务平台,其主要协助政府部门进行中国汽车行业的信息归口管理工作。其信息服务内容主要涵盖汽车行业统计、政策、法规、生产、销售、汽车消费等领域。

2. 门户网站汽车频道

大型门户网站设立的汽车频道的主要受众是汽车消费者和汽车爱好者。这类网站以汽车消费资讯、导购为出发点,为网民提供全面的汽车新闻、试乘试驾、汽车评测、车型导购、汽车报价、汽车性能和评价等信息,还搭建有各种新车型的展示和网民互动交流平台。这类网站主要有搜狐汽车(www.auto.sohu.com)、新浪汽车(www.auto.sina.com.cn)、腾讯汽车(www.auto.qq.com)、网易汽车(www.auto.163.com)等。

3. 垂直汽车网站

专注于从事汽车行业的网站,如中国汽车网(www.chinacars.com)、汽车之家(www.autohome.com.cn)、车168网(www.che168.com)等。新闻、价格查询(导购)、社区是这类网站的三大支柱,栏目设置与各大门户网站的汽车频道类似。

在相对比较成熟刊物的基础上,衍生出来的服务模式。以汽车之友网(www.autofan.com.cn)为例,它是主要依托于《汽车之友》杂志的优势资源推出的汽车消费网站。还有世界汽车网(www.worldauto.com.cn)、中国汽车报网(www.cnautonews.com)等。

4. 汽车企业及机构网站

机构网站如中国汽车工程学会网(www.sae-china.org)和中国汽车工业协会网(www.caam.org.cn)等。汽车企业也建有自己的网站。

5. 其他汽车网站

还有专注于汽车主题社区的爱卡汽车网(www.xcar.com.cn),专注于汽车配套的中华汽配网等。

9.2.2 著名汽车网站

1. 中国汽车网

中国汽车网是中国汽车报社官方网站。依托中国最大的报业集团——人民日报社强大的媒体优势,凭借中国权威性的汽车专业传媒——《中国汽车报》独一无二的行业资源,汽车网以"全方位汽车行业服务平台"为目标,为行业服务,是汽车行业最受关注的汽车门户网站。

汽车网内容以及时、全面和新鲜的行业新闻和资讯为主,同时联合专业机构实时发布权威行业数据和分析报告,供业内人士参考。汽车网博客和专业论坛,则为行业内人士提供了深入交流、学习的良好平台。

汽车网具有独立的新闻采访权,通过权威、专业、客观的报道,赢得了广大业内人士尤其是企业中高层领导以及汽车技术人员的青睐和信任,独特的行业资源构成了它们得天独厚的优势。

(1) 汽车网基本定位、发展目标和受众

① 定位:为行业内人士服务,做汽车行业内人士最喜爱的专业汽车门户。汽车网依托中国汽车报社传统资源和优势,主攻本行业,在红海中寻求蓝海。

② 发展目标:做网络版《中国汽车报》,既要向中国汽车报学习,又要成为《中国汽车报》的有益补充,做汽车新闻门户,做汽车网络舆论领袖,共同支撑中国汽车报社"中国第一、世界著名"的宏伟目标。

③ 受众:汽车网受众以政府相关部门、汽车行业协会、汽车企业的中高层领导以及广大的汽车行业从业人员、咨询公司、行业管理机构工作人员和相关高等院校师生为主,同时辐射广大汽车用户。

(2)汽车网核心竞争力

① 读者群真正的高端:汽车网全面覆盖汽车行业高端网民,访问用户的文化程度、收入水平高,管理层和专业人员的比例也均高于其他汽车网站,是不同于传统汽车媒体的全新高端门户网站。它是各大汽车企业集团的中层及以上人员必浏览的网站,高层人员最为关注的网络媒体,很多国内外知名的企业家都是汽车网的忠实阅读者。

② 绝对的影响力:凭借中国权威性的汽车专业传媒——《中国汽车报》独一无二的行业资源,以及《中国汽车报》权威性,汽车网的新闻拥有汽车网络领域绝对的影响力。国内外大型的门户网站汽车频道都纷纷与汽车网签署了转载协议,要求转载汽车网上的文章。

③ 具有专业、权威的突出优势:汽车网相对于其他汽车网站的优势表现为更专业、权威、信息真实可靠,尤其是在真实性上远远超过其他汽车网站。此外,作为网络媒体,汽车网与其他传统媒体相比,更加快捷方便,且信息经过编辑筛选和整理,对读者的阅读有指导性,减轻了读者信息加工的负担。

2. 爱卡汽车网

爱卡汽车网是中国汽车第一社会化网络互动媒体,拥有全球最大的汽车主题社区。爱卡汽车日均浏览量达7500万,有效注册用户超800万,开放的互动交流平台超过900个。业务覆盖国内437个城市,囊括海内外近9000余款热门车型的即时资讯、资深评测、权威数据和全面报价,并保持7天24小时不间断更新。爱卡汽车网创办于2002年8月,是国内知名的专业汽车网络媒体,据世界权威网站排名机构提供的统计数据(2020年8月),爱卡汽车网在全球网站排名暂列第146位,在国内汽车类垂直门户中排名前3位。其内容精彩、角度独特的原创类文章,第一时间为汽车厂商与汽车用户提供国内外最新的汽车资讯和论坛精华,被众多媒体频繁转载。

爱卡汽车网本着"让有车的生活更容易"的宗旨,以资讯为纽带,以社区为平台,为每一个普通车主提供权威、丰富的汽车行业动态、实用有效的导购信息以及独具特色的俱乐部社区服务,为汽车厂商、经销商及各种汽车相关产品的服务提供商量身打造网络媒体宣传计划、提供信息发布及网络营销平台。

迄今为止,爱卡汽车网拥有全国、乃至全球最大的汽车主题社区,其中包括85个主流品牌车型俱乐部,国内47个省市和地区分会,49个个性化讨论区。目前爱卡汽车网拥有注册会员600万。作为爱车人购车前和购车后的重要阵地,汽车主题社区提供更具时效性、更真实、更专业的用户体验、汽车资讯、互动交流平台,以及各种优质、优惠的汽车服务。以口碑传播的极强优势,准确把握普通购车用户及车主的心理,吸引了众多的汽车用户,也与许多汽车厂商建立了良好的合作关系,形成了强大的品牌影响力。

作为汽车网络媒体,爱卡汽车网将用户的线上体验与线下实体服务紧密结合,针对用户需求组织自驾游、汽车团购、汽车赛事、知识讲座、试乘试驾等活动,为用户甄选优秀的汽车服务机构和产品提供商。除了爱卡官方组织的活动以外,依托爱卡网络平台,全国爱卡会员每周自发组织各种主题活动近千次,形成了真正的基于网络技术的线上线下互动平台,从而使爱卡汽车网具备极强的活动策划、组织、实施、覆盖及传播能力。

汽车之家成立于2005年6月，为汽车消费者提供选车、买车、用车、换车等所有环节的全面、准确、快捷的一站式服务。汽车之家致力于通过产品服务、数据技术、生态规则和资源为用户和客户赋能；建设"车媒体、车电商、车金融、车生活"4个圈；从"基于内容的垂直领域公司"转型升级为"基于数据技术的'汽车'公司"。

汽车之家深刻理解互联网传播优势，牢牢把握"搜索与互动"这两个新媒体平台最突出的特色，立足于此为用户提供服务。

作为网络垂直平台，汽车之家坚持以产品为核心创造价值、传播价值，是国内唯一做到"为每一款车型建立一个专属网站"的媒体。

作为用户互动载体，汽车之家坚持以产品为核心分众用户、聚众用户，拥有国内领先的垂直网络媒体互动人群。同时通过社区架构和管理的不断优化，更令这一庞大人群有着领先的优质属性。

作为领先的垂直互动媒体，汽车之家坚持以原创为主，为客户需求提供增值的价值服务，和门户网站、搜索引擎形成有力的互补，成功地为大众、丰田、宝马等国际一流知名品牌提供服务。

任务9.3　汽车时尚

9.3.1　概念车

概念车由英文Conception Car意译而来。概念车不一定是即将投产的车型，它重在向人们展示设计人员新颖、独特、超前的构思，并预示未来汽车的设计趋势和发展方向。概念车还处在创意、试验阶段，很可能永远不投产。在这一点上，概念车与时装流行趋势发布会上展示的时装很相似。

因为不是大批量生产的商品车，每一辆概念车都可以更多地摆脱生产制造水平方面的束缚，尽情甚至夸张地展示自己独特的魅力。概念车是时代的最新汽车科技成果，代表着未来汽车的发展方向，因此它展示的作用和意义很大，能够给人以启发并促进相互借鉴学习。由于概念车有超前的构思，体现了独特的创意，并应用了最新科技成果，所以它的鉴赏价值极高。

世界各大汽车公司都不惜斥巨资研制概念车，并在国际汽车展上亮相，一方面了解消费者对概念车的看法，从而继续改进；另一方面为了向公众展示本公司的技术进步，从而提升自身形象。概念车是汽车中内容最丰富、最深刻、最前卫、最能代表世界汽车科技发展和设计水平的汽车。概念汽车的展示，是世界各大汽车公司借以展示其科技实力和设计观念的最重要的方式。因而，概念车也是艺术性最强、最具吸引力的汽车。

通常概念车分为两种，一种是能跑的真正汽车，另一种是设计概念模型。第一种比较接近批量生产,其先进技术已步入试验并逐步走向实用化,因而一般在5年左右可成为公司投产的新产品。第二种汽车虽有更为超前的设计,但因环境、科研水平、成本等原因,只是未来发展的研究设想。

1. 奥迪概念车 Cross Coupe quattro

图9.6所示为奥迪公司在上海车展上推出的Cross Coupe Quattro概念车。奥迪Cross Coupe Quattro在混合车型领域开创了一个全新细分市场,它将高级跑车的设计与动感、四座运动多功能车的宽敞和多功能性完美融合在一起。

奥迪以其独有的方式,利用创新的技术展示了卓越的驾驶乐趣及出色的舒适性。

图9.6 奥迪概念车 Cross Coupe Quattro

2. 雷诺四座运动型概念跑车 Fluence

图9.7所示为雷诺公司面向高端市场的四座运动型概念跑车Fluence。Fluence流畅的车身线条、体贴的车内设计,突出了其简约、感性的特质,延续了法国杰出轿车设计的悠久传统。

图9.7 雷诺四座运动型概念跑车 Fluence

3. 福特 iosis X 概念车

图9.8所示为福特iosis X概念车,它是福特iosis在动感设计理念上的全新延伸车型。作为一款与众不同的新混合型运动概念车,福特iosis X显露出福特汽车未来产品设计的

方向。

在动感设计与三平面视图以及两者相互关系的基本设计要素上,福特iosis X借鉴iosis所有主题和图形元素,在圆顺而有肌肉感的线条上加以变形,使其风格更加粗犷,前脸和肌肉般隆起的曲面奔放而自然,运动员式的肩线孔武有力,整个侧面的细节凹凸有致,充分体现出设计师在这一全新车型领域的大胆尝试,动感设计理念也因此得到进一步延伸与升华。

图9.8　福特iosis X概念车

4. 法国雪铁龙超级概念车C-Metisse

图9.9所示为法国雪铁龙超级概念车C-Metisse。该款概念车是业内鼎鼎大名的雪铁龙品牌的总设计师普路依先生的大作,它融入了雪铁龙最新设计理念,并获得路易·威登(LV)2006年度"最佳经典概念奖"。

图9.9　法国雪铁龙超级概念车C-Metisse

法国雪铁龙超级概念车C-Metisse欧翼式前后车门同时打开时,如雄鹰展翅,又像邀人入座,充满了绝妙想象力。

C-Metisse采用了碳纤维的轻量化车身,拥有六速手自一体变速箱以及独特的前后分离四驱系统。

前轮由最高输出功率达155 kW的3.0 L,V6 HDi柴油发动机驱动,后轮驱动则配置了两台电动机,再加上双高扭矩电子牵引,雪铁龙C-Metisse将性能和环保有效地合二为一,既有从静止加速到100 km/h仅需6.2秒的强劲表现,又有6.5 L/100 km的低油耗表现。

5. Buick Riviera概念车

图9.10所示为上海通用汽车和泛亚汽车技术中心推出的一款具有非凡意义的别克品牌全球概念车,命名Buick Riviera(别克未来)。

Buick Riviera融汇了别克品牌的全球未来设计理念和品牌DNA,并巧妙融入了中国审美元素。作为别克品牌的全球概念车,它由泛亚汽车技术中心主导构思和研发而成,生动描绘出别克品牌未来更加现代、科技、动感的发展趋势。

图9.10 Buick Riviera概念车

6. 奇瑞Shooting Sport

图9.11所示为中国奇瑞汽车公司推出的Shooting Sport概念车。

图9.11 奇瑞汽车公司的Shooting Sport概念车

奇瑞汽车公司将国际先进的造车理念融入Shooting Sport这款概念车中,Shooting Sport结合了跑车的运动、时尚与旅行轿车的空间实用性,既能满足消费者对运动、激情的需求,也能满足他们对高雅、华贵的追求,给人一种年轻、时尚、高质感的新型跑车形象,也诠释了一种激情、高雅的全新的汽车消费理念。

如图9.12所示,该车型在外形设计上,简约、硬朗的线条展示了一种雕塑般的设计风格,凸显Shooting Sport的个性,紧绷的车身线条就像发达的肌肉,使整个车身设计极具运动气息。简洁、明快的轮廓设计增加了车体的稳定性,传达着一种安全感和对道路的全方位控制力。

图9.12　Shooting Sport概念车简约、硬朗的线条

Shooting Sport的侧面采用箭式设计和包裹的quarter light设计,quartet light与边窗及后窗相连,并与后灯系统融为一体,创造出车顶流线型的设计效果。发动机罩的褶皱设计与侧面的线条遥相呼应,隐约的怀旧设计,唤起了人们对曾经的Torino Coupe Fulwin车型的回忆。设计师巧妙地利用了结构和轮廓,使汽车的内部设计与外部轮廓协调一致、融为一体。

客座空间的设计秉承了简约的风格,与之形成鲜明的对比的是,抛光表面和环境照明系统营造的一种高贵气质。环境照明系统在强调细节设计的同时,拓展了车内的空间。真皮与抛光面相结合的设计材料,以及绿色与黄色相结合的色彩组合,为Shooting Sport营造出一种清新、灵动、华贵的感觉。

Shooting Sport仪表盘的外形是一个白色镶边的对称外壳,凸显出其富有运动气息的光滑的绿色元件,而米黄色的仪表盘背景色则彰显了Shooting Sport高贵的一面。仪表盘四周的间隙设计强调了流线效果,设置在方向盘上的各种控制器,不仅方便了驾驶员的操作,而且没有了各种按钮的仪表台显得更加得简洁明了。

类似旅行轿车的尾部设计使得Shooting Sport拥有宽敞的内部空间,多变、多功能行李厢被设计成汽车不可分割的一部分,如图9.13所示。而Shooting Sport创新的将后座分成两个大小不同的可折叠座椅,使得第三个乘客拥有更宽敞、舒适的空间。

图9.13　Shooting Sport宽敞的内部空间

动感的外形、宽敞的空间、舒适的内饰，Shooting Sport的设计精神完美地迎合了既对时尚设计有浓厚的兴趣，又对汽车的功能性和合理性具有较高要求的消费者，从而满足了他们对动感、自由、刺激、华贵的生活方式的追求。Shooting Sport以其多功能的休闲跑车设计，诠释了一种全新的跑车消费理念。

7. 长安概念车CV8

从2003年上海车展的概念车杰勋，到2004年北京车展上的长江鲟和龙腾，再到2005年上海车展SUV概念车御风，再到2006年北京车展上的星晴，长安汽车集团以惊人的研发速度，紧随国际汽车业的发展趋势，以中国汽车行业先锋的角色，引领国内汽车技术发展方向，不断为中国用户开发出具有划时代意义的汽车。

CV8以舒适的驾乘感受和全方位乘员保护为设计理念。整体造型秉承典雅、大气的风格，内部空间宽敞，内饰豪华、工艺精湛，色彩搭配极富层次感，从外到内每个细节都洋溢着时尚、科技和奢华的韵味。这是一款为中国精英阶层量身打造的一款家用轿车，如图9.14所示。

图9.14　长安汽车集团推出的CV8的概念车

9.3.2　汽车美容装饰文化

汽车美容一词源于西方发达国家，英文名称为"Car Beauty"或"Car Care"。汽车美容就是指给汽车进行清洗、打蜡、修复、养护等各项服务，以减轻外界对车身的伤害，大致可分为车身美容、发动机外部美容和车内美容三个部分。在汽车美容的基础上，在汽车表面或室内增加或替换一些附属的物品，以提高汽车的美观性、实用性、舒适性，这种行为就是汽车装饰。

回顾汽车美容装饰的历史，西方发达国家汽车美容装饰业几乎是与中、高档轿车的产生同步出现的，美、英等国于20世纪20年代末、30年代初率先产生汽车美容装饰行业，到20世纪40年代，汽车美容装饰业日益壮大并逐步形成规模。20世纪70年代后期，由于社会消费时尚的流行，以及受猎奇、追求新异思想的影响，人们更加注重自己所有物品的个性化。同时，随着汽车更新速度加快，二手车市场逐渐繁荣，使汽车美容装饰行业得到了迅猛的发展。在这一时期，汽车正以大众化消费品的姿态进入人们生活，汽车美容装饰业开始走向亚洲。

汽车的款式、性能以及汽车的整洁程度,无一不体现出车主的性格、修养、生活观及喜好。许多人想让自己的"座驾"看起来干净漂亮,用起来舒适。到20世纪80年代,汽车美容装饰业在全球已发展成为一支不可忽视的产业大军。而今天的汽车美容由于借鉴了人类"美容养颜"的基本思想,被赋予仿生学的新内涵,正逐步形成现代意义的汽车美容。据不完全统计,1994年美国汽车美容业年产值达到1170亿美元,1999年全美汽车美容业年产值已超过2647亿美元。从汽车美容装饰的发展历程来看,汽车美容装饰业是工业经济高速发展、消费观念进步以及汽车文化日益深入人心的必然产物。

由于我国汽车工业起步较晚,汽车美容装饰业长时间滞后于国外发达国家,传统的单一手工养护方法在我国延续了数十年。直到20世纪90年代初,汽车美容装饰业才在我国出现,此时的汽车美容也只不过是用洗衣粉和高压洗车机冲洗车身、手工打蜡而已,服务项目内容、质量及标准等都很不规范。进入20世纪90年代中后期,我国机动车保有量不断攀升,特别是私家车保有量加大,汽车消费水平也不断提高,汽车美容市场也随之水涨船高,美容店遍布于城市的各个角落。另一方面,大多数私家车主对爱车的日常维护已经从以修为主逐渐转变成以养为主,这也极大地激活了我国的汽车美容装饰市场。国外一些汽车美容公司纷纷将产品投放中国市场,在全国范围内办起了连锁店,各种品牌的汽车美容用品也雨后春笋般蜂拥而至,并造就了一支汽车美容大军,从业人数逐年增加,汽车美容业呈现出一片繁荣景象。目前我国城镇居民已经开始从汽车代步时代向享受汽车文化的时代迈进,大部分地区的城镇居民正在进入汽车消费时代,汽车已不再是人们身份和地位的象征,而成为汽车消费者对个性化、多元化文化取向的集中体现。汽车大规模地进入家庭也为汽车美容装饰行业开辟了更广阔的市场。

汽车美容现在已不只是简单的汽车打蜡、除渍、除臭、吸尘及车内外的清洁服务等常规护理,还包括利用专业美容系列产品和高科技技术设备,采用特殊的工艺和方法,对漆面增光、打蜡、抛光、镀膜及深浅划痕处理、全车漆面美容、底盘防腐涂胶自理和发动机表面翻新等一系列养车技术,以达到"旧车变新,新车保值,延寿增益"的功效。汽车美容的具体服务项目有:

① 贴防爆隔热膜。它包括前风窗、后风窗、侧窗,常用的防爆隔热膜颜色有绿色、天蓝色、灰色、棕色、自然色等。

② 车身美容。车身美容服务项目包括电脑洗车,去除沥青、焦油等污物,上蜡增艳与镜面处理,漆面处理,新车打蜡,钢圈、轮胎、保险杠翻新与底盘防腐涂胶处理等。

③ 内饰美容。内饰美容服务项目可分为车室美容、发动机美容及行李舱清洁等项目。其中车室美容包括仪表台、滤光屏、顶棚、地毯、脚垫、座椅、座套、车门内饰的吸尘清洁保护,以及蒸汽杀菌、冷暖风口除臭、室内空气净化等项目。发动机美容包括发动机冲洗清洁、喷上光保护剂、翻新处理、三滤清洁等项目。

④ 漆面处理。漆面处理服务项目可分为氧化膜、飞漆、酸雨处理,漆面深浅划痕处理,漆面部分板面破损处理及整车喷漆。

⑤ 汽车防护。汽车防护服务项目包括安装防盗器、倒车雷达、静电放电器、汽车语音报警装置等。

⑥ 汽车精品。作为汽车美容服务的延伸项目,汽车精品能满足驾驶员及乘员对汽车内部附属装饰、便捷服务的需求,如车用香水、蜡掸、脚垫、坐垫、座套、把套等的配置,能使汽车美容服务更加贴身贴心,使顾客宾至如归。

汽车装饰分为汽车的外部装饰和内部装饰。外部装饰主要是对汽车顶盖、车窗、车身周围及车轮等部位进行装饰。其主要内容有汽车漆面的特种喷涂装饰,彩条及保护膜装饰,前阴风板、后翼板装饰,车顶开天窗装饰,汽车风窗装饰,车身大包围装饰,车身局部装饰,车轮装饰,底盘喷塑保护装饰,底盘LED灯带装饰。

汽车内部的装饰主要是对汽车驾驶室和乘客室进行装饰,统称为内饰。其主要内容有汽车顶棚内衬装饰,侧围内护板和门内护板的装饰,仪表板的装饰,座椅的装饰,地板的装饰,内室精品的装饰。

总之,随着我国汽车工业的快速发展,汽车文化的日益深入,以及文明程度的不断提高,汽车美容将被越来越多的人所接受,并成为一种时尚。汽车美容装饰行业作为汽车服务业中的一种新兴产业正在崛起,且已成为21世纪的黄金产业。

9.3.3 汽车影院

汽车影院,即观众坐在各自的汽车里通过调频收听和观看露天电影,这是随着汽车工业高度发达后所衍生的汽车文化娱乐方式之一。1933年的6月6日美国新泽西州的Richard M. Holling Shead在他家后院创办了世界上第一家汽车电影院,当时可容纳400辆汽车。他在院子里悬挂了一张电影幕布,用一台1928年出产的柯达投影机往幕布上投影,而声音来源于藏在电影幕布后面的一台收音机。虽然条件简陋,但他成功地解决了车辆在任何角度都可清晰看到影像的问题,由此诞生了可以载入电影史册和汽车史册的汽车电影院。之后,这种娱乐休闲方式随着汽车的普及很快风靡整个北美地区,从而成为独特的汽车文化特色之一。最高峰的1959年,发展到2万座汽车影院。20世纪80年代,作为汽车文化的重要标志,汽车影院已经出现在世界各地,在全世界范围内开始发展,很多发达国家的汽车电影院数量迅速增加。它们通常坐落在城市附近的干道两旁、海滨或旅游胜地。汽车影院的娱乐形式如今已显得更加清新和浪漫,是家庭和朋友聚会的新颖方式,是人们在工作之余放松心情的好去处。

国内最早的汽车影院是1999年3月建于北京的枫花园汽车影院。枫花园汽车影院占地66000 m²,能容纳100辆汽车,每部车的票价是100元。该电影院注重营造休闲环境:别具一格的啤酒花园,轻松的背景音乐,以及燃烧的篝火,增添了野外的情趣。全钢铸造的超大屏幕,呈向前倾斜状。停车场通过科学设计,使各个角度的观众都具有良好的视角,并把电影声音引进汽车内,音量大小由观众自己调节。看到精彩片段时,观众不再是报以热烈的掌声,而是汽车喇叭齐鸣,气势非凡。每辆车还配给一个荧光棒,如果需要什么,可以用荧光棒向服务员示意。2003年汽车电影院在我国悄然兴起,广州、上海、深圳、武汉、南京等地陆续出现了汽车影院。

如今汽车生活离我们越来越近,汽车影院也将更多地进入我们的视线,带给我们激情与梦想。

9.3.4 汽车旅馆

汽车旅馆,来自英文Motel,是"motor hotel"的缩写,又称公路旅馆,它是随着私人汽车增多与高速公路网的建成而逐渐产生的一种住宿设施。汽车旅馆主要建在地处城市边缘主要公路或高速公路沿线或市郊,它可以提供免费的停车场,出入方便,客人住宿手续简便,服务项目有限,价格低廉。由于汽车旅馆提供方便、卫生、经济的服务,尤其适合外出旅行的家庭,因而深受大众欢迎。汽车旅馆与一般旅馆最大的不同点在于汽车旅馆提供的停车位与房间相连,一楼当作车库,二楼为房间,这是典型的汽车旅馆房间设计。

在20世纪20年代初期,公路和汽车在欧美各国进入快速发展阶段,带动了旅游服务业。美国加利福尼亚州商人哈利·埃利奥特经常驱车在圣迭戈至旧金山之间的国家公路上行驶,他发现旅游汽车增多,却没有让游客停车休息的地方。于是,他就邀请建筑设计师阿萨·海因曼在这条公路附近的桑·路易·奥比斯为他修筑一幢汽车游客客栈。1924年由阿萨·海因曼指挥建筑工人按照他设计的加利福尼亚·西班牙复古样式,动工修建一幢备有客房、厨房、食堂、车房和电话的汽车游客客栈,并起名为"汽车游客旅馆"。次年12月12日竣工开业,吸引了不少路过此地的汽车驾驶员和游客来此投宿,有时一天来此投宿的汽车有几十辆,游客达到160人,这就是世界上最早的汽车旅馆。

如今国外已出现了多种汽车旅馆,按汽车旅馆所在的地理位置可以分为公路上的汽车旅馆、市内或市周边的汽车旅馆、疗养地的汽车旅馆、飞机场边的汽车旅馆。而按照功能可分为赌场汽车旅馆、商务汽车旅馆、温泉汽车旅馆、度假汽车旅馆、野营汽车旅馆。然而,无论是哪一种汽车旅馆,均延续早期的定位原则,以中低档消费人群为主要目标,其设计标准也仅相当于国内二星级的标准,旅馆整体设计及内部装修简约至极,没有大厅,规模不大,价格低廉,且拥有固定的消费人群。例如,美国现今很多汽车旅馆仍为2～3层楼房,倾向水平方向发展,外形设计装修都十分简洁、朴素,院落为停车场,若无院落,停车场就设在旅馆一层,汽车旅馆规模一般都不大。随着市场规范和旅馆规模扩大,旅馆功能也相应地开始向娱乐化和舒适化发展,游泳池、咖啡厅、商店等逐渐成为一个完备的汽车旅馆必备的配置。汽车旅馆其他服务也很精细贴心,如提供免费的早点咖啡,以及免收当地的电话费等。目前,汽车旅馆已经成为美国人生活中的一个重要组成部分。

和国外相比,我国汽车旅馆的发展速度则非常缓慢,2003年5月23日中国第一家汽车旅馆"莫泰168"在上海吴中路开业,房价从168元至398元不等,提供了彩电、空调、电话、宽带等设备,省去了一般酒店中的一些设备,如吹风机等。主要目标消费群体直指驾车出游的家庭用户和出差在外的商务驾车人士。近几年,我国汽车工业发展迅速,私家车增多,高速公路网不断完善,旅游形势持续火爆,自驾车旅游盛行,这些都为汽车旅馆的发展提供了合适的土壤,汽车旅馆终于在中国崭露头角。广东高速公路汽车旅馆的筹建并运行,还有河南、浙江杭州等地都把汽车旅馆作为新的发展空间。与国外不同,我国汽车旅馆的要求并不会以廉价作为判断选择的主要标准,而汽车旅馆提供的客房服务可能要求更全面一些,接近于综合性旅馆。目前,国内大力发展的汽车旅馆均分布于市区繁华地带,位于市郊或高速路上的路边店或服务区旅馆从建筑形态上来讲,均不属于现代意义上的汽车旅馆,还只是汽车旅馆的早期形态。

除汽车旅馆之外,还有汽车餐厅和汽车酒吧能给驾车出行人士提供便利服务,为他们提供餐饮及休闲娱乐服务,使驾车者在劳累的旅途中有一种温馨舒适的感觉,并带动了汽车服务业的发展。

9.3.5 汽车模型

汽车模型,是完全依照真车的形状、结构、色彩,甚至内饰部件,严格按比例缩小而制作的比例模型,具有艺术、欣赏和收藏价值,如图9.15所示。据不完全统计,近90年来,全世界的汽车生产厂共推出数万种款式的汽车模型,逐渐发展成为一种风行于全世界的收藏和投资项目。

图9.15 眼镜蛇汽车模型

汽车模型不仅小巧精致,而且有较高的观赏价值和装饰作用,它的每一个设计、每一个零件都可映射出当时的时代环境、科技的发展水平、设计师的风格喜好以及品牌的风格魅力,可用于装饰居室、馈送和收藏,同时也是汽车厂家的广告和礼品。

汽车模型的起源与汽车营销是分不开的。1914年,作为一种新式的促销手段,美国福特汽车公司把新T型车推向市场的同时,推出了世界上第一批汽车模型。当时的本意仅是买一送一。然而出人意料的是,这种被用于赠送的礼品汽车模型一经问世,便受到爱车人士的青睐。继而各汽车生产厂家竞相效仿,在推出新车的同时纷纷推出其车模。一时间,汽车模型风靡全球。1925年出现了别克牌迷你车模型。随即,英国、法国等欧洲国家也陆续出现了各类品牌的汽车模型,甚至出现了专门制造汽车模型的企业。直到今天,汽车模型仍然作为礼品在汽车厂家和经销商中广泛存在。

汽车模型不是玩具,它与真车有严格的缩比(通常比例有1∶12,1∶18,1∶24,1∶43,1∶64,1∶74等),主要使用纯金属或合金材料(以锌合金为主),并辅以橡胶、塑料、木材、树脂等材料,以手工、生产线,精工打造制作而成。它有知识产权和收藏证书,有的还限量发行。制造车模必须获得原厂的授权,其价位从几十元到数十万元不等,既包括轿车、公交车、商务车等,也包括消防车、赛车、坦克等特种车。如今,随着加工、材料、涂料和印刷工艺的进步,汽车模型制作水平也越来越高,在设计手段和生产工艺上与真车几乎一模一样,甚至汽车模型的制造也包含了真车的冲压、焊接、喷漆、总装四大工艺,连座椅都使用真皮或布料,达到和原车别无二致的程度。

汽车模型作为汽车历史和文化的见证者,记载了汽车工业发展与人类智慧的光辉岁月。汽车模型不仅是一种按比例缩小的工业产品,而且更是一种艺术品,它蕴含着深刻的文化艺术内涵及社会背景。从汽车模型中不仅可以欣赏艺术美,而且还可以学习汽车知识、了解汽车发展的历史。

9.3.6 汽车收藏

收藏,能记录人类辉煌灿烂的文明发展史,是人类追溯文化发展历程的一种行为。而汽车作为社会进步和现代化的标志之一,自诞生之日起就注定成为社会文明的一个不可或缺的部分。百年车坛的风云变幻仿佛讲述着一个个娓娓动人的故事,为了不让文明的足迹被历史的烟尘湮没,汽车收藏由此而来,并由此诞生了追溯汽车发展的人与建筑——汽车收藏家与汽车博物馆。

汽车爱好者出于对汽车的喜爱,自发收集汽车或与汽车相关的物品,可以按品牌、汽车制造商或汽车的发展历程收集。甚至在汽车收藏文化的发展过程中还出现了收藏车标、驾照、汽车牌照、汽车喇叭、汽车模型等。这些均无一例外地体现了人们对于汽车文化发展的关注与热忱,即便是汽车上的一些零部件或者附属物品,只要是和汽车相关的,便能引发人们对于汽车的兴趣。这些对汽车情有独钟的人,数十年如一日,呕心沥血地收藏与汽车有关的物品,有的成了名副其实的收藏家。

然而,并不是每一个汽车收藏者都能成为汽车收藏家,与其他物品的收藏一样,汽车收藏家需要的是独到的品位与眼光,并在汽车收藏的过程中深入探究汽车发展的历程。世界上最著名的汽车收藏家是比尔·哈特。哈特把收藏的1300多辆汽车,分别停放在3个足球场那么大的展厅里,并按出厂的顺序依次排列,最早的一辆是1898年制造的奔驰牌汽车。为了维修保养这些汽车,哈特还专门雇佣了各种技工和10多名清洁工。据说每年到他那里参观的人数达30多万。

而为公众展示汽车收藏的场所要属汽车博物馆了。汽车博物馆以记录汽车发展历史和传播汽车知识为目的,对各个时期生产的汽车进行收集、修护、研究和陈列,并向大众提供参观、学习和教育服务。汽车博物馆是一种服务于社会的公益性服务机构,可以开启民智,活跃社会大众的文化生活,满足人民群众精神文化的需求,传播汽车文化。

世界各大汽车公司都有自己的博物馆,如戴姆勒-奔驰汽车公司、大众汽车公司、宝马集团、福特汽车公司等。这些汽车博物馆集科学性、知识性、趣味性为一体,可对人们进行汽车启蒙文化教育。汽车博物馆展品不仅丰富,而且展览形式多样。有些车辆被解剖开来,其内部构造一目了然。在这里人们不仅可以欣赏到不同时期的汽车产品,而且可以通过各种高科技手段,体验汽车风驰电掣带给人们的刺激。因此,可以说汽车博物馆也是一个国家汽车文化的缩影。

2007年1月17日中国第一家汽车博物馆在上海嘉定区安亭镇上海国际汽车城开馆。从远处看，上海汽车博物馆外观酷似叠加的书本（如图9.16所示），其传递给大众的信息是"汽车改变世界"之百年文化的精髓。

图9.16 上海汽车博物馆

1. 中国的汽车网站有哪些分类？
2. 世界著名车展有哪些？
3. 什么是概念车？

汽车名人：饶斌

饶斌（1913—1987年）生于吉林，祖籍南京，原名饶鸿熹。

1950年12月第一汽车制造厂在长春兴建，39岁的饶斌为首任厂长。

1954年9月机械部与教育部、农机部决定在长春建立汽车拖拉机学院，饶斌为筹备委员会主任。

1955年9月长春汽车拖拉机学院建成，饶斌被任命为第一任院长。

1956年7月15日生产出了我国第一批解放牌载重汽车。

1964年饶斌参加了第二汽车制造厂的选址和筹建工作。饶斌在二汽一干就是16年。

饶斌

1969年9月23日第一辆东风EQ140载重车在二汽试制成功。同年12月30日第一辆3.5吨军用越野车也在二汽试制出来。

1979年饶斌调回北京，担任机械部部长。

改革开放之初我国开始准备引进汽车合资项目，饶斌建议由上海承担，生产大众桑塔纳汽车。

在饶斌的主持下,我国又创建了北京吉普车厂等一批中外合资企业,引进奥地利的斯太尔重型汽车技术。

1987年8月饶斌考察上海大众汽车厂,考察过程中心脏病突发。

1987年8月29日饶斌在上海逝世,享年74岁。

汽车时尚与文化

项目		班级	
姓名		学号	
小组		日期	

1.实训要求:
(1)你喜欢参观车展吗?车展上哪些车型会比较吸引你?
(2)请对你所在地区进行调研,大家都喜欢什么颜色的汽车?
(3)你认为汽车是时尚品吗?谈谈你的看法。
2.实训实施:

自我评价	小组互评	老师评价